ジョー・バイデン

約束してくれないか、父さん

希望、苦難、そして決意の日々

長尾莉紗・五十嵐加奈子・安藤貴子〔訳〕

Joe Biden

Promise Me, Dad

A year of hope, hardship, and purpose

早川書房

約束してくれないか、父さん

――希望、苦難、そして決意の日々

PROMISE ME, DAD

A Year of Hope, Hardship, and Purpose

by

Joe Biden

Translated by
Risa Nagao, Kanako Igarashi, and Takako Ando
First published 2021 in Japan by
Hayakawa Publishing, Inc.
This book is published in Japan by
arrangement with
Flatiron Books
through Japan Uni Agency, Inc., Tokyo.

Cover Images © Spencer Platt/Getty Images
Cover Design : Pan Macmillan Art Department
装幀／早川書房デザイン室

ナタリーとハンターに

幸福とは、なすべきことがあり、
愛する人がいて、希望を抱けることだ。
――イマヌエル・カント

目次

第一章　バイデン家の感謝祭

日はしだいに短くなり、私たちの仮住まいのゲートが開いて、ワシントンDCのアメリカ海軍天文台を囲むフェンスに沿って車列が動きだしたころには、空はもう暗くなりかけていた。私たちは天文台の敷地内にある副大統領公邸を出て、アンドルーズ空軍基地に向かっていた。そこにはすでに子どもや孫たちが集まっていて、ジルも私も、毎年恒例の感謝祭の旅に早く合流したくてたまらなかった。副大統領になって五年半。家族は私にとってなくてはならない逃げ場になっていた。家族とのひときは、あたかも台風の目のなかにいるようなものだ。副大統領に就任する前の生活にあった当たり前の平穏さやリズム、この役目をまっとうしたあとに訪れる静かな暮らしを思い出させてくれる。副大統領の職務は冒険に満ちたすばらしいものだったが、ジルも私も、以前の生活をなつかしく思うことが多々あった。ウィルミントンの家が恋しかったし、車での長距離移動中、誰にも遠慮することなく二人で自由におしゃべりできる時間もほしかった。また、自分のスケジュールや行動を自分で決めていた日々もなつかしい。そんななか、休暇や祝祭日、家族の祝いごとは、いくらか平衡感覚を取り戻せる絶好の息抜きの機会となった。そんな小休止を必要としているのはジルと私だけではなく、どうやら家族のほかのメンバーも同じだったらしい。

じつは、ほんの数カ月前にも家族全員が集まり、毎年恒例の夏の旅行で国立公園を訪れていた。だが、グランドティトン国立公園でハイキングや急流下りをし、たっぷり時間をかけてにぎやかな食事を楽しんだ五日間だけでは、大人には不十分だったようだ。最終日に、ジルと私がロッジの部屋で帰り支度をしていると、誰かがドアをノックした。私たちの二男ハンター（愛称ハント）だ。ジルと私がそのあと二人だけで海辺に行き、四日間の休暇を過ごす予定になっているのを彼は知っていた。けれども、少し時間ができたので、もしよかったら自分たち夫婦も一緒に行こうかと彼は考えたのだ。「もちろん、いいよ！」と私たちは言った。すると二、三分後に、今度は長男のボーがドアをノックした。義理の両親が子どもたちの面倒を見てくれることになったので、妻と二人でロングアイランドのビーチ行きに加わったとしても、私たちは気にしないだろうと思ったらしい。「もちろん！」と私たちは答えた。

二人だけで過ごすのをあきらめてほしいと言われて、迷惑に思う親もいるかもしれない。けれども私は、彼らのリクエストを、それまでうまく生きてきた証しだと考えた。大人になった息子たちが一緒に過ごしたいと思ってくれるのだから。そんなわけで私たちは、八月にさらなるすばらしい四日間を海辺でともに過ごした。ところが一一月になるころには、家族で一緒に過ごしたいという思いは、もっと切実で、不安を帯びたものになっていた。そして、毎年恒例のバイデン家の感謝祭を過ごすために、ジルとともにナンタケットに向かう私の胸中は、そんな思いでいっぱいになっていた。

天文台のゲートを通過したあと、装甲を施した政府専用リムジンはいつもどおり静かに向きを変え、私たちに道をあけるために一時的に通行止めにされたマサチューセッツ・アベニューに入っていった。私はドライブウェイの端にうずくまるように立つデジタル時計に目をやった。この公邸に引っ越してきて以来、もう一〇〇〇回は同じことを繰り返しているかもしれない。赤く輝く数字が、メトロノームのように精密に時を刻んでいる。5：11：42、5：11：43、5：11：44、5：11：45……。これが、そこから一〇〇メートル足らずの距離にあるアメリカ海軍天文台のマスタークロックが発信する、わが国の正確な時刻だ。世界各地に軍隊や基地をもつ国防総省にとって、一〇〇〇分の一秒まで同期させた正確な時刻は軍事作戦の遂行に不可欠だ。5：11：50、5：11：51、5：11：52……。

　道を曲がりきったリムジンがスピードを上げると、やわらかな革のシートに体が押しつけられる。時計は一瞬にして背後に消えて見えなくなったが、遠ざかる数字は時刻を表示しつづけていた――5：11：58、5：11：59、5：12：00……。車列は天文台の敷地に沿って半円を描きながら南東へ進み、公邸にともる明かりが葉の落ちた木々のあいだから見えた。私は喜んで数日間の別れを告げた。私たちが公邸を離れれば、世話係を任ぜられた海軍補佐官の多くが自分の家族と心置きなく休暇を過ごすことができるからだ。

　大通りに出た車列はスピードを上げ、オートバイの護衛がほかの車を押しのけていく。ワシントンの南端をなぞるように進み、さまざまな記念建造物《モニュメント》や公共建築が見えてくる。アーリントン墓地、リンカーン記念館、ワシントン記念塔（その向こうにホワイトハウス）、ジェファーソン記念館、アメリカ合衆国議会議事堂。一九七三年以来、私はこの街で公職についてきた。上院議員として三六年、副大統領として六年。けれどもそのあいだ、そびえたつ歴史的建造物の美しさとそこに含まれる意味に無関心になったことはない。それらがいま、やわらかな光を浴びて神々しい後光を放っている。大理石の重厚な建物は私にとってつねに、われわれの理想と希望、そして夢の象徴だった。

ワシントンで働く日々は、初日から誇りと達成感を与えてくれ、四二年近くたったいまもその気持ちは薄れていない。二〇一四年一一月二五日、私はそれまでの職業生活でつねに抱きつづけた意欲と熱意とともに現在の仕事に臨んだ。だが正直なところ、副大統領とはじつに変わった職務だと認めざるをえない。副大統領の職責には、奇妙かつ特異な柔軟性がある。憲法の厳格な定めによって、副大統領はほとんど権限をもたない。彼あるいは彼女に課された役目は、上院の議決が賛否同数になった場合に決定票を投じること（六年近い在任期間で私はまだそれを求められたことがない）と、大統領がなんらかの理由で職務を遂行できなくなった場合に引き継げるよう待機していることである。かつてこの役職に就いたことのある人物が、「バケツ一杯の唾《スピット》ほどの価値もない」と発言したのは有名な話だ（これは不適切な箇所を修正したバージョンであり、実際に使った言葉は「唾《スピット》」ではない）。副大統領が実際にどのような権限をもつかは、大統領がどれだけ副大統領に信頼を寄せているかによってほぼ決まる。

バラク・オバマは、合衆国大統領就任一期目から私に重要な案件を任せてくれ、私は〈二〇〇九年アメリカ復興・再投資法〉や、共和党の上院少数党院内総務であるミッチ・マコーネル上院議員との予算交渉、イラクとの外交交渉などを指揮したが、大統領が私を不安視することはなかった。私は与えられた職務を十分にこなして信頼を得るとともに、それを維持できたと思う。二〇一四年の終わりにも、オバマ大統領はそれまでと変わらず私に助言を求め、それを高く評価してくれているように思えた。つまり私には、歴史の流れを少しでもよい方向に変えるのに自分も微力ながら役立っている、と感じられる日々があったということだ。

その晩、ワシントンの通りを駆け抜けていく車列のどこかに、副大統領の軍事補佐官を乗せた車もあった。その車は、つねに私の手の届くところになければならない「核のフットボール」（核兵器を発射するための認証コードが入ったかばん）を運んでいた。私は、地球上のほぼすべての標的に核攻撃を仕掛けられるコードを扱える、ごく限られた人間の一人だ。副大統領の重大な責任と、私に託された信頼を思い出させるものが、一日も欠かさず、二四時間、私の傍らにあった。

だが、それほどの立場と地位にあるにもかかわらず、感謝祭の休暇が始まろうとしていたその日、自分がいちばんやりたいことを実行する力が私にはなかった。ドライブウェイの端にあるマスタークロックを遅らせ、刻々と変わる赤い数字を止めて、私自身に、家族に、そして誰よりもわが長男に、もう少しだけ心安らぐ時間を与えたい。私は、時を欺く力がほしかった。

感謝祭をナンタケットで過ごすバイデン家の伝統は、一種の外交術として一九七五年に始まった。当時、私は上院議員の一期目で、二人の男の子を育てるシングルファーザーだった。ボーは六歳、ハントは五歳。ジル・ジェイコブスと私は、今後ともに生きていく未来について真剣に話しはじめていた。感謝祭は、ジルと私が一緒に迎える初めての休暇であり、あちこちから招待を受けていた。私の両親は、その日をウィルミントンで一緒に過ごしてほしいと言い、ジルの両親はペンシルベニア州ウィロウ・グローヴに来てほしがっていた。私の最初の妻は、その数年前に、まだ赤ん坊だった娘と交通事故で亡くなっていたが、彼女の両親は、私たちが孫息子を連れてニューヨーク州北部を訪れ、長い休暇をともに過ごすことを望んでいた。どの家族を選んだとしても、誰かの気持ちを傷つけてしまう。ジルも私も、それだけはしたくなかった。そんな秋のある日、私は上院の自分のオフィスで、首席補佐官にこの窮状を説明した。すると彼は、「あなたに必要なのは〝核感謝祭〟ですよ」と言った。つまり、核家族で過ごすという意味だ。ただ、ウェス・バーセルメスはボストン出身なので、実際は「ニュークリア（核）」ではなく「ヌクレ・アー」と発音したため、私とジル、ボー、ハンターの四人だけでどこかに出かければすべて丸く収まるという説明を聞くまでは、彼が何を言わんとしているのか私にはわからなかった。ケープコッドからフェリーで南へ一時間のナンタケット島がお勧めだと言われ、ジルも私も行ったことのない場所だったが、ものは試しと行ってみることにした。

〈ジープ・ワゴニア〉に一ガロン五七セントのガソリンを満タンにすると、息子たちと犬を後部座席に積みこんで、マサチューセッツ州ハイアニスのフェリー乗り場までの六時間ほどの旅に出発した。車の後部座席に押しこまれたままの六時間のドライブは、幼い少年たちにとっては長すぎるが、このときジルはすでに保護者としての有能ぶりを証明しつつあった。彼女は、オモチャと洋服のカタログをありったけ手に入れておき、ボーとハンターが退屈のあまりそわそわしはじめると、それを後部座席にポンと放り投げた。それから三人は、何時間もカタログのページをめくりつづけ、息子たちは北極にいるサンタクロースにお願いしたいクリスマスプレゼントを頭のなかでリストアップしたり、練り直したりしはじめた。そんな二人に向かってジルは、時間をかけてしっかり決めなさい、急ぐことはないと言い聞かせた。

ウィルミントンの自宅を出発して八時間後にようやく着いたナンタケットは、それだけの時間をかけてでも行く価値のある場所だった。一一月の末ということもあり、その小さな島は肌寒かったが、大西洋の潮の香りが強く感じられた。その時期、島は閑散として、ほぼ貸し切り状態で、店舗やレストランも大半が閉まっていた。中心街はせいぜい五ブロックぐらいしかなかったが、私たちは開いている店の店先を眺めたり、店内に入ってみたりしながら何時間も過ごした。私は息子たちに、この旅行中に何か一つずつ買ってあげようと言った――ほしいものをなんでも、妥当な範囲内で。二人は時間をかけて見てまわった。ボーがとくに気に入ったのは〈マレーズ・トゲリー・ショップ〉だった。有名なナンタケット・レッズ――色褪せると、くすんだ柔らかなピンク色に変わっていくコットンパンツ――発祥の店だ。一方のハンターは、店主にちやほやされて〈ノビー・クローズ・ショップ〉にはまった。私たちは、ナンタケットが捕鯨産業の中心地としてにぎわっていたころに建てられた、一三〇年の歴史をもつホテル〈ジャレッド・コフィン・ハウス〉で感謝祭のディナーを楽しみ、そのあと、暖炉のそばでくつろぎながらチェッカー（ボードゲーム）をして遊んだ。翌日は〈泥棒組合《ブラザーフッド・オブ・シーブズ》〉という名のレストランで昼食をとり、町の小さな映画館に行き、ビーチでフットボールをし、車で町へ戻って毎年恒例のクリスマスツリーの点灯を見物した。島を車で一周する〝偵察ドライブ〟に出かけたときは、てっぺんに大きな赤いライトがある電波塔を通過するたびに、私は後部座席の息子たちに向かって、赤い目のモンスターに見つからないように身を伏せろと警告を発した。楽しさのあまり、スコンセット・ビーチの砂丘の上に建つ小さな塩入れ型の家《ソルトボックスハウス》（表側が二階建て、裏側が一階建てになっている家）を見にいった。その家の提示価格は、一九七五年当時の上院議員の給料ではとても手が出せない額だったが、私たちは四人でポーチに立って、「永遠に自然のままで《フォーエバー・ワイルド》」と彫られた木の看板の下で一緒に写真に収まった。車でデラウェア州に戻る途中、私はすでに、来年もまた来ようと考えていた。

ジルと私はそれから一年半後に結婚し、その四年後には娘のアシュリーが生まれた。そして、時はまたたくまに流れ、ボーとハンターは高校、大学、さらにはロースクールを卒業した。ハンターは一九九三年にキャスリーンと結婚し、三人の娘をもうけた。ボーは二〇〇二年にハリーと結婚し、娘と息子が生まれた。ジルと私はもはや、ただの母親と父親ではなく、〝おばあちゃん《ナナ》〟と〝おじいちゃん《ポップ》〟だった。アシュリーは大学院を卒業し、ハワードと結婚した。そして私たちは家族が増えても、毎年、感謝祭はナンタケットで過ごした。孫たちはナンタケットを〝ナナ・タケット〟と呼ぶようになり、大きくなってもそう呼びつづけた。ジープ・ワゴニアでの少人数の旅は、やがて二台か三台の車を連ねたキャラバンとなり、休憩で止まるたびに孫たちは隊列内で移動した。そして最後に猛ダッシュでフェリーに飛び乗ったあとは、海を渡るあいだに味わうホットチョコレートかクラムチャウダーが待っていた。あのころの私たちにはすばらしい年もあれば惨めな年もあったが、何が起きていようと、困難にぶち当たっていようと、そのすべてをいったん脇に置き、私たちはナンタケットで感謝祭を祝った。孫たちの人生においても、感謝祭の旅は物心ついたときからずっと続いてきたもので、彼らにとってそれがいかに重要な行事かがよくわかる。私たちの家には、早くも九月に、まだ木々の葉が色づきもしないうちからかわいい手紙が届きはじめ、どの手紙にも孫たちの筆跡で「ナナ・タケットまで二カ月」「ナナ・タケットまで、あと五週間」などと書かれていた。なかには、みんなで滞在した家やビーチの絵が描かれているものもあった。「ナナ・タケットまで、あと二週間」「ナナ・タケットまで、あとたった五日」

最初に訪れたときの浮かれ騒ぎと行動は、そのまま一家の伝統になった。ダウンタウンでショッピングをして、〈ブラザーフッド〉で昼食をとり、フットボールをもってビーチに行く。私たちはあの小さなソルトボックスハウスを毎年訪れ、木彫りの「フォーエバー・ワイルド」の看板の下で家族写真を撮った。親がわが子の成長の記録としてドア枠に鉛筆で刻む線のように、それらの写真は私たち家族の成長の印となった。最初はたった四人だった家族は、やがて五人になり、八人、一一人になり、ボーの息子のハンター（ボーの弟ハンターの名をとって名づけられた）が二〇〇六年に生まれ、その数年後にはアシュリーの夫ハワードが加わり、一三人の大所帯となった。

感謝祭の旅行では、最初の年に続き、毎回クリスマスリストというすばらしい成果物が生み出された。それは熟慮のうえで、入念かつ真剣に行なう作業だ。誰一人怠けることなく、急がずじっくりと取り組む。プレゼントのカタログは、たいてい北へ向かう道中、タッパン・ジー・ブリッジとコネティカット州ミスティックの中間あたりで登場した。だが、それはほんの始まりにすぎなかった。滞在するホテルや家では、毎晩夕食のあとに長いセッションが行なわれ、感謝祭の翌日の晩にジルが入札を締め切る前に、全員が——子どもたちも、大人たちもみな同様に——クリスマスリストを最大一〇項目、最低一〇項目提出しなければならない。この最後の段階で、私は必ず孫たちにしかられる。

「ポップは二つしか書いてない！　また！」

このクリスマスリスト作成の大事業にちょっとした支障が生じたのは、私が二〇〇九年に副大統領に就任したせいだ。その年、一家はそろって副大統領専用機〈エアフォースツー〉でナンタケットに飛んだ。一年で最も人が動く週に、州間高速道路九五号線をそれまでさんざん運転してきた私としては、この変化は大歓迎だったし、誰よりも孫たちが大喜びするだろうと思っていた。ところが、アンドルーズ空軍基地からナンタケット・メモリアル空港まではわずか一時間あまり。カタログに目を通すには、それだけの時間ではまったく足りなかったのだ。そんなわけで、帰りのフライトでは、休暇が終わりその年のクリスマスリストが無事にジルの手に渡ったあと、一五歳のナオミから三歳のハンターまで、孫たちが縦列をつくってエアフォースツーの私のプライベートキャビンに乗りこんできた。彼らは全員で話し合い、全会一致で、この新たな移動方法は自分たちに不都合だという結論に達していた。「ねえ、ポップ」ナオミがグループを代表して言った。「来年はまた車で行ってもいい？」だが、私を警護するシークレットサービスの長が、考慮すべきこの問題とセキュリティ上の懸念とを比較検討するにあたって、クリスマスリストの話にどれほど感銘を受けたとしても、それによって判断を左右されるとは思えなかった。

二〇一四年の一一月には、家族の誰もが手順を身につけていた。エアフォースツーでナンタケットに飛ぶのは、今回で六度目だった。たいていは別々の車でアンドルーズ空軍基地に向かい、駐機場で落ち合う。二五分間のドライブを経てジルと私が基地に到着すると、すでに全員がそろっていた。私たちのジャーマンシェパード、チャンプが車から飛び出し、滑走路を駆けまわる。革ひもはなし、先導者もなし。チャンプには慣れたものだ。彼はそのままタラップを駆けのぼり、飛行機に乗りこんだ。

エアフォースツーの搭乗口に続く階段はちょうど二人分の幅で、約二〇段ある。その左側をのぼっていくボーを、私はずっと見つめていた。わが長男は、最後に会ったときより少し痩せていたが、数カ月前に力が入らなくなった右の腕と脚はいくぶん回復したように思えた。タラップをのぼっていくのはひと苦労だが、ボーは自力でのぼると言い張った。大丈夫だから、と彼は言いつづけた。実際、一年三カ月前に診断を受けて以来、ボーが弱音をはくのを一度も聞いたことがなかった。「大丈夫」と彼は何度も言った。「日に日によくなっているよ」と。心配そうな顔を誰にも見せないようにと、私は彼に厳命されていた。「父さん、悲しそうな目で見ないでくれ」あるとき、視線に気づいたボーが私をとがめた。彼は断固として言った。「父さん。父さん！ わかった？ そんなふうに見るのは、やめてくれよ」

　エアフォースツーに搭乗して二時間後、私たちは島の友人宅にいて、寝室の割り振りをしていた。宿泊施設に関しては「長子相続制」がわが家の伝統だ。まずジルと私が部屋を選び、ボーとハリー、ハンターとキャスリーン、アシュリーとハワードと続き、そのあと、孫たちに順番が回る。ホワイトハウスの通信チームがすでにひと部屋を占領していた。副大統領はオフィスを離れることがあっても、オフィスのほうは副大統領から決して離れない。通信担当のスタッフは、緊急電話や国際電話に備えて、傍受される危険性のない安全な電話回線に接続し、もしもの場合にホワイトハウスの危機管理《シチュエーションル》室《ーム》とつながる安全なビデオ会議システムを構築していた。

　その日は感謝祭の二日前の火曜日で、夕食のあとでみんなでくつろいでいると、孫たちが「マフィア」をしようとせがんだ。ダイニングテーブルを囲んで楽しめる推理ゲームだ。子どもたちが寝たあと、残った者たちで家族の思い出話をした。ボーとハンターは、もう四〇年も前のある出来事を決して忘れさせてくれない。私はその日、落として砂まみれになったリンゴをボーに食べさせた。ビーチにもっていってはいけないと言ったのに、言うことをきかずもっていったからだ。感謝祭のご馳走を食べすぎて寝てしまったハンターの鼻先に、ボーとアシュリーが七面鳥《ドラムスティック》のもも肉をぶら下げて、目覚めたら真っ先に目に入るようにしたのは覚えてる？　じゃあ、ぼくたちが初めて砂丘でジャンプしたときのことは？　ジルと私がようやくベッドに入ったのは真夜中すぎだった。二人とも幸せだった。家族全員がそろって、四〇年近くのあいだ楽しいことしかなかったこの場所にいるのだから。けれども寝る前に、今回の旅は少し加減しよう、ボーのために活動のペースを緩めたほうがいいかもしれないと話し合った。それでも、いままでどおりにしようと彼が言い張るのはわかっていた。「大丈夫」とボーは言うだろう。「大丈夫だから」と。

誰も口には出さなかったし、出す必要もなかったが、この年の感謝祭はそれまでと違って、いつもどおりにしなければというプレッシャーのようなものがあった。私たちは長年の儀式を忠実に守ろうとした。水曜日の朝は寝坊をして、そろそろ起きてきなさいとナナにせっつかれるまで、いつもどおり部屋でだらだらと過ごした。それから車で町へと繰り出し、いつもと同じ通りを歩き、ほぼ四〇年間欠かさず訪れた店に入った。そして全員が、これぞと思う品をさっそく探しはじめた。毎年そうしてきたように、そのときも私は全員に一つずつプレゼントを買った。いつもどおり、私たちはまず〈ノビー・クローズ・ショップ〉に立ち寄り、そしていつもどおり、私たちが来たことが店主の耳に入る。「ハントはいるかな？」店主のサミーは、私の二男が大学生の娘がいる大の男ではなく、まだ八歳のシャイな少年だったころと同じように大きな声で呼んだ。次は、伝説のサーファーで、サーフボードのデザイナーでもあるスパイダー・ライトが経営する時計店だ。彼もやはり、ボーとハント、アシュリーをずっと前から知っている。次は〈沈没船《サンケン・シップ》〉という土産物店で、ここは子どもたちのいちばんのお気に入りだ。そして次が〈マレーズ・トゲリー・ショップ〉。

　私たちは緩やかに群れをなして移動し、小グループに分かれて店に入った。年長の孫は年下の孫の手を引いて連れて歩いた。私は〈ＨＵＢ〉に寄って、コーヒーと新聞を手に入れたかった。アシュリーとジルは〈ナンタケット・カシミア〉に行きたかった。チャンプは自分にいちばん愛情を示してくれるグループと一緒に、気ままに散歩したかった。私たちは何時間も店を偵察し、途中で携帯電話が何度も鳴る。「いいものがあるから、ちょっと見にきて」。前年から旅行に同行しているホワイトハウスのドクター・ケヴィン・オコナーは、ぶらぶらと店を見てまわる私たちのおかしな行動に呆れ果てていた。「だって、せいぜい四ブロックか五ブロックの商店街でしょう？」きまって彼はそう言った。「ここに来て一時間たちますが、私はもう全部見終わりましたよ。そんなに時間をかけて、いったい何をしているんですか？」

　けれども、また休暇シーズンの人混みのなかに入っていき、人が当たり前にやっていることができてとてもうれしかった。ナンタケットでは、シークレットサービスが私たちと十分に距離をおいてくれたおかげで、まるで本当の自由を得たような気になった。つかの間、すべてが申し分なく思えた。それまでと何一つ変わらないように見えた。

合衆国副大統領との握手やハグ、あるいは自撮りを求める人々によって、私たちの進行速度は緩められた。それに、人々を引き寄せたのは私だけではない。ボー・バイデンはすでに民主党期待の新星だった。彼はデラウェア州司法長官としての二期目を終えようとしていて、二〇一六年の州知事選挙に出馬する意向をすでに表明していた。その発表によって対抗馬は消えた。地元デラウェア州には、民主党予備選挙でボーに挑む準備ができている者など誰もいなかった。彼は州で最も人気の高い政治家と広く見なされ、父親よりも人気があった。デラウェア州の住民は彼のなかに、私の足跡を見ていた。四五歳のボー・バイデンは、言わば「ジョー・バイデン2・0」で、私のよいところをすべて兼ね備えつつ、バグや欠点は巧みに除去されていた。それに彼のそばには、スピーチライターとして、また信頼のおけるアドバイザーとして、ハンターがいた。ボーはいつか大統領選に出馬し、弟の支えを得て勝つことも可能だと私は確信していた。バラクと私が二〇一二年に再選を果たしたとき、二期目が終わったら自分は身を引き、家族の主眼をボーの政治家としての将来に置くことを、私は真剣に考えはじめていた。

いつからかは定かでないが、私はいつのまにか、息子たちを尊敬のまなざしで見つめるようになっていた。二人とも善良で立派な人間で、社会に奉仕したいという信念をもち、それにもとづき行動していた。ハンターは大学三年を終えた夏のあいだ、イエズス会ボランティア隊（JVC）の一員としてベリーズの子どもたちに英語を教えていた。そして大学を卒業して最初の年には、JVCの仕事でオレゴン州ポートランドに赴き、恵まれない地域の救急サービスセンターを一つ任された。イェール大学ロースクールを卒業して最初の就職先はウィルミントンの大手銀行で、そこで幹部候補生になり、出世街道をひた走った。しかし、それからわずか数年後のある晩、彼は私のところへやってきて、もっと有意義なことがしたいから、給料のいい職場を去り、政府の仕事をすることにしたと告げた。二〇一四年の感謝祭を迎えた時点で、彼は国連世界食糧計画アメリカ事務所の代表に就任して三年目に突入していた。

ボーもまた、持ち前のゆるぎない信念と責任感に突き動かされ、同様の道を歩んだ。連邦地方検察局で働く文民であった彼は、みずから志願してコソボの紛争地帯へ赴き、新たに誕生した共和国が独自の法制度と裁判所を構築するのを支援した。さらに彼は三四歳でデラウェア陸軍州兵に加わり、五年後に部隊がイラクに展開したときには、自分も行くと言って譲らなかった。イラクでの任務に全精力を注ぐために、司法長官の職は休むと国防総省《ペンタゴン》に確約しなければならなかったが、ボーは躊躇なくそうした。私としては、そうやって彼がわざわざ危険な状態にまた身を置こうとするのを喜んだとはいえないが、驚きはしなかった。すでに戦場に行って奉仕したのだから、二度は行かなくてもいいんじゃないかと言おうとも考えたが、どうせ彼がこう返すのはわかっていた。「ぼくは入隊したんだよ、父さん。仲間を裏切ることはできない。これは任務なんだ」

ボーはまた、よき父親に徹していた。私のスタッフのあいだで口伝てに広まった逸話がある。それは、かつてナンタケットへの旅で起こった出来事だ。息子のハンターと車列のなかの一台に乗って宿に戻る途中、ボーは〈マレーズ・トゲリー・ショップ〉に急いで立ち寄り、新しいナンタケット・レッズを買うことにした。彼の妻のハリーはよく、ボーは保守的だから派手なレッズは履けないくせに、自分のクロゼットにそれが入っているとうれしいのよと冗談を言ったものだ。その朝、ボーが乗る車が〈マレーズ〉に寄るために車列の本体から外れたとき、幼いハンターが後部座席から声を上げた。

「ねえ、運転手《ドライバー》、いまのとこで曲がるんだよ！」

するとボーが、運転していたイーサン・ローゼンズウィーグに向かって、「ちょっと止めてください」と言った。イーサンはアトランタにあるエモリー大学ロースクールの入学試験事務部長だが、休暇中は時間があれば進んで私たちのために動いてくれた。ボーのことを昔から知っているイーサンには、ボーが動揺しているのがわかった。「いいよ、ボー。たいしたことじゃない。彼に悪気はないんだから」とイーサンは言った。それでもボーは、車を止めるよう強く求めた。息子のハンターにしっかり叩きこんでおきたかったのだ。イーサンが路肩に車を止めると、ボーは車から降り、息子と話ができるよう後部座席のドアを開けた。「いいか、ハンター」断固とした口調でボーは語りかけた。「あの人はイーサンで、私たちの友人だ。人を〝運転手《ドライバー》〟なんて絶対に呼ぶんじゃない。その人がしている仕事の名前で呼んではいけない。それは失礼なことなんだ。いいね、わかった？　よし、いい子だ」

ナンタケットでの初日、ボーは人と交わらずに過ごした。彼のシークレットサービスがじつにうまい具合に壁となって、まわりを遠ざけてくれたのだ。ボーは疲れやすく、人との交流にますます消極的になっていた。右手の感覚がなくなりかけて力が入らず、力強い握手ができなかったし、失語症と呼ばれる症状とも闘っていた。放射線療法と化学療法が、物の名前を正しく呼ぶ機能をつかさどる脳の部位にいくらかダメージを与え、認識能力は完全に保たれているのに固有名詞がなかなか思い出せず苦労していた。体力を取り戻して失語症に打ち勝とうと、ボーは必死に努力していた。毎日のようにフィラデルフィアに通い、理学療法と作業療法を一時間、さらに言語療法を一時間受けていたが、通常の化学療法に加えてそれらを行なっていたのだ。アシュリーはいつもそこでボーと落ち合い、筋力トレーニングやストレッチを受けたり、何枚ものシートに描かれた物の名前を答えたりするボーに付き添った。そしてアシュリーが食事に連れていったあと、ボーは司法長官の職務をこなすために職場に向かった。彼はこの状況に対処できること、快方に向かっていることをみんなに証明しようとしていた。そして私は、彼を信じた。

人間の脳というのはじつに柔軟なもので、ボーは実際のところ、言語中枢に近いほかの領域に物の名前を覚える機能を肩代わりさせるトレーニングをしているのだった。進み具合は遅かったが、彼は決して不満をあらわにしなかった。家族や友人、司法長官事務所のスタッフのなかに、彼が腹を立てたり落ちこんだりするのを見た者はいない。必要なのは少しばかりの忍耐力と、付け加えるいくつかの単語だ。たとえば「市長」という言葉が思い出せなかったとき、彼は「ほらあれ、都市を運営するあの男」と言った。また「ロールパン」なら、「バターをつけて食べる、あの茶色いの」と言った。

ナンタケットで過ごす家族休暇の美点の一つは、申し分のない〝孤立〟を強いられる点だった。上院議員時代はずっと、旅のあいだは電話禁止で、よほどの緊急事態がもちあがらないかぎり仕事をしなかったので、子どもや孫たちは私を独占できた。しかし二〇一四年にはすでに、この伝統は一部崩壊していた。副大統領という立場にある私は、たとえ感謝祭の前後であっても、完全に仕事から解放されることはなかったからだ。たとえばその水曜日、私は町に繰り出す一行から離れ、傍受対策を施した電話でウクライナのアルセニー・ヤツェニュク首相と話すために宿に引き返さなければならなかった。その日、キエフで何が起きたかを、首相は私に早く伝えたがっていた。私はちょうど四日前にキエフにいたのだが、事態は危険な様相を帯びていた。「尊厳の革命」――キエフの独立広場で起きた、市民による大規模な抗議行動――によって始まった動きが破綻し、ウクライナ人は民主主義と独立のための戦いに敗れつつあるように見えた。ロシアのウラジーミル・プーチン大統領は、展開する革命の不安定化を、ウクライナの一部であるクリミアを軍事力で掌握する機会ととらえ、圧力をかけつづけた。そして最近では、国境を越えてロシアの戦車と兵士を送り込み、ウクライナ東部の他州を威嚇し、ウクライナへの天然ガス供給を遮断すると脅しをかけていた。そうなれば、すでにぐらついているウクライナ経済は大幅に弱体化するだろう。新たに選ばれたウクライナの民主主義政権には、プーチンの利己的な圧力に押しつぶされ崩壊する危機が迫っていた。

一方で、ウクライナの新大統領と新首相は、信頼関係に問題を抱えていた。ペトロ・ポロシェンコ大統領とヤツェニュク首相は対立する政党に所属しているため、最近の選挙は熾烈な争いの種となっていた。彼らの支持者たちは依然として政治運営よりも政略的ポイント稼ぎに精力を注ぎ、両派閥は、本来ならば法制度を整備し、プーチンの攻撃に対抗しうる治安部隊を創設すべきときに、無駄な論争にエネルギーを費やしていた。ポロシェンコが大統領に就任して半年が過ぎた一一月末の時点で、ウクライナはまだ運用可能な連立政権を樹立していなかった。早急に連立ができなければ、解散総選挙をするしかない。だが、そうなると厄介な問題が生じる。プーチンの工作員は必ずや、親ロシア派の候補者の選挙運動に資金を投入し、ウクライナにおける真の独立への希望は絶たれるだろう。欧州連合（EU）と北大西洋条約機構（NATO）も、もはや見込みがないと見放し、ウクライナはふたたびロシアの有害な勢力圏に引き戻される可能性が高かった。そうなっては、「尊厳の革命」で多数のウクライナ人が示した勇気も、払った代償もすべて無に帰してしまう。

私は何カ月もかけてポロシェンコ大統領とヤツェニュク首相の両方と個別に電話でやりとりし、政党への忠誠心よりも国家への忠誠心を優先すべきだと説得を試みた。前の週には、かたくなに協力を拒みつづけるとどうなるか、その危険性を二人に理解させようと、丸二日間をキエフに投じた。ちょうど四日前の一一月二二日にキエフを離れるときも、私はまだ問題解決に取り組んでいた。出発間際にヤツェニュクが電話をかけてきたので、一緒に空港まで乗っていかないかと彼を誘ったのだ。私はアルセニーが好きだった。彼は知性派だが――経済学博士だ――浮世離れした学者肌ではない。まじめな若き指導者で、祖国を安全な国境をもつ真の民主主義国家にしたいと真剣に考えていた。この四〇歳の首相には理想主義者的な面もあり、そこを私は高く評価していた。リムジンで空港へ向かうあいだ、私は彼のその部分に訴えかけた。「いいですか、あなたはポロシェンコと一緒にやらなければならない。一つのチームになるんです。別々の路線を進んでいてはだめだ。もし解散総選挙になれば、目も当てられない結果になる。あなたがたはすべてを失うでしょう。いいですか、アルセニー、あなたはもう一歩前へ進まなければならない。そしてみんなを引っ張っていくんだ。あなたならできる。険しい道になるだろうが、あなたにはそれができる」

ヤツェニュクがナンタケットにいる私に電話をかけてきた午後、彼にはビッグニュースがあり、それを私にいち早く伝えたかったのだ。ウクライナの対立政党が組み、新たな連立政権が誕生した。彼が引き続き首相の座にとどまるが、新議会の議長は、ポロシェンコ派のある重鎮が務めることになる。二人はまた、進行中のある事案についても合意していた。「あなたとの約束を守っていますよ、副大統領」と彼は言った。

その日の夕食時に、私はかなりごきげんだった。家族一三人がそろってテーブルを囲みクリスマスリストに取り組んでいるし、キエフで新たな連立政権が樹立されたことがわかったからだ。

感謝祭当日の朝を迎えた私たちは、毎年恒例の「ターキー・トロット」に参加した。島の反対側までの一〇マイル走で、やる気があれば誰でも参加できる。私は孫たちと一緒に自転車でルートを走った。その日は何時間かビーチで過ごし、フットボールのパスをして遊んだ。私はボーの息子ハンターに、ボーとハントがよくジャンプをしていた崖を見せた。ちょうどハンターと同じぐらいのころ、二人はそこから飛び降りてパスをキャッチしていた。ボーとハリーは、子どもたちと四人そろってビーチですてきな写真を撮ろうとしていた。私たちはまた、いつものように写真を撮るためにあの小さなソルトボックスハウスにも行ったが、その土地には警察の黄色いテープが張りめぐらされていた。過去二〇年にわたってスコンセットの崖を毎年一メートルほどずつ削り取っていった大波に、家が流されてしまったのだ。ひどい暴風雨に見舞われる年なら、場所によってはその一〇倍もの土地が流されたかもしれない。「フォーエバー・ワイルド」はついに安全な足場を失い、時を失い、大西洋へ押し流された。あとに残されたのは、土台のごく一部だけだった。

感謝祭の翌日、私たちはまた町に出た。日が暮れるころにちょうどいい場所に陣取って、毎年行なわれるナンタケットのクリスマスツリー点灯式を眺めるためだ。ボーは二〇〇一年の点灯式でハリーにプロポーズし、翌年、二人はナンタケットのダウンタウンの中心にあるセント・メアリーズ教会で結婚式を挙げた。ハリーはつねづね、ボーはそうやって、自分たちが永遠にバイデン家の感謝祭に参加しつづけるように仕向けたのではないかと疑っていたが、その作戦は成功だった。二人はその週末に一二回目の結婚記念日を迎えるが、ハリーが感謝祭に参加しなかったことは一度もなかった。ボーがイラクに駐留していた年でさえ、家族の伝統を守り、みんなでナンタケットへ行こうと彼女は主張した。

しかし、一家そろって町を散歩するあいだも、私はいつのまにか、重くのしかかりはじめていた問題のことを考えていた。そのころ私は、さまざまな方面から多くの質問を受けるようになっていたのだ。それは、二〇一六年の大統領選への出馬に関するものだった。数週間前にはオバマ大統領からも、定例のランチの席でいきなり、どうするつもりかと単刀直入に尋ねられた。もし出馬しないとしたら何ができるかを、いろいろ考えてみたことがあるかと彼は言った。あなたはまだ影響力を発揮できるから、外交政策のための財団やセンターを設立することもできるだろうし、これまでしたことのない、たとえばちょっとした金儲けなどもできるだろう、と。「(出馬について)もう肚を決めたのか?」大統領執務室《オーバルオフィス》のすぐそばにある個室で私とテーブルを挟み、大統領は率直に尋ねた。そのとき私は、「いや、まだだ」としか答えられなかった。

ある日、ナンタケットの町を歩きながら、私は息子たちに二〇一六年のことを切り出した。二人は出馬してほしくないのではないかと感じていた私は、そう伝えた。するとボーは、ただじっと私を見つめ、「話し合いが必要だね、父さん」と言った。そんなわけで、その晩、家に帰ったあと、キッチンのテーブルを囲み三人で話し合った。

出馬しない理由はいくらでもあり、その筆頭が、まだ見通しの立たないボーの健康状態だ。それに、いま家族を大統領選の試練にさらすことを息子たちは望んでいないのではないかと私は本気で思っていたし、彼らの判断を私は重視し、信頼していた。「父さんは完全に誤解してる」ナンタケットのキッチンで席に着くなり、ボーは言った。「出馬しなくちゃだめだよ。ぼくは出てほしい」。ハントも同意見で、「ぼくたちは、選挙に出てほしいんだ」と言った。それから三人で一時間語り合った。息子たちは、私がどういう準備を進めているのか、どのタイミングで公表するのがいいのかを知りたがった。私の側近たちの一部からは、出馬するつもりなら早急に、二〇一五年の頭には公表すべきだという強い声も上がっていた。だが、私は思う。あのときは三人とも、ボーの状態を見極めるまでもう少し時間がほしいと思っていたのだと。いつ決断するかはともかく、自分たちが出馬に賛成だということはわかってほしいと息子たちは言った。有力候補のなかで最も準備が整っているのも、最もうまく国を導いていけるのも私だと、ハンターは何度も繰り返し言った。しかし、私が意表を突かれたのは、強い確信と力のこもったボーの言葉だった。ある時点で彼は、私には出馬する責任がある、それが私の義務だと言ったのだ。「義務」という言葉を、ボー・バイデンが軽々しく用いたことはなかった。

日曜日、帰宅の途につくためにエアフォースツーに搭乗したとき、私たちはみな幸せそうだった。文句なしの五日間だった。完成したクリスマスリストは、ジルが大事に保管している。じつにすばらしい旅だった。ジルと私は、その日の午後に海軍天文台に帰り着き、カーブを描く中央階段をのぼって二階に行き、二人きりのときに使う気楽な居住エリアに落ち着いた。そこは狭い空間で、やや雑然としていたが、おもに公的な目的のためにデザインされた邸宅のなかにある、私たちのささやかな家だ。リビングルームには、ウィルミントンの自宅の書斎にあるのとそっくりな革のソファを置き、棚にはお気に入りの本や家族の写真を並べてあった。部屋の片隅にある小さなテーブルは二人だけのディナー用で、日の長い夏のあいだも、私たちはそこにキャンドルをともして食事をした。

本当のわが家のように思える場所でソファに腰かけ、くつろいだ気分で旅を振り返ろうとした。けれども、ある映像がどうしても頭を離れなかった。あの「フォーエバー・ワイルド」の小さな家が、無慈悲な自然の力と逃れようのない時の流れに足元を削り取られ、もはやその場に立ちつづけることができなくなる姿が何度も脳裏に浮かんだ。柱が折れる鋭い音が耳に響き、引いては押し寄せる波に容赦なく執拗にたぐり寄せられ、水面を漂い、やがて海に飲みこまれていく家が目に見えるようだった。これまでと何も変わらない感謝祭は二度と訪れないだろう。私は日記帳を取り出し、書きはじめた。その年、私にはどうしてもほしいクリスマスプレゼントが一つあったが、リストには書かず胸にしまっておいた。「二〇一四年一一月三〇日、午後七時三〇分、天文台にて。ナンタケットから帰宅。どうか二〇一五年も、またみんなで一緒に過ごせますように。ボー。ボー。ボー。ボー」

第二章　目標をもつ

二〇一三年の夏、脳の病変を示すスキャン画像を見たときのボーの反応には、安堵が含まれていた。自分の身に起きていることの理由がようやくわかったのだ。三年前のある朝、目を覚ましたボーは、口がきけず、右半身が動かせなくなっていた。すぐに病院に運ばれ、最初のスキャンでは脳に血栓が確認された。ところが、救急処置室に入ってわずか数時間後、医師たちがまだ最適な処置を検討しているあいだに、脳卒中特有の症状が消え去った。「ほら父さん、見て」検査室でストレッチャーの上から私を呼び、ボーは右の腕と脚を上下に動かしてみせた。まるで奇跡のようだった。ホワイトハウスで私を担当するドクター・ケヴィン・オコナーは、ボーの身に起きたのはおそらく〝トッド麻痺〟と呼ばれるものだろうと考えた。脳卒中の発作のあとでよく見られる後遺症だ。誰も明確な説明はできなかったが、血栓の兆候は完全に消失し、ボーにはなんの障害も残らなかった。

それから数年のあいだ、ボーはなんの問題もなく過ごしていたが、そのうちに、長めに走ったあとなどに奇妙な感覚やめまいを覚えるようになった。当初、彼は脱水症状かもしれないと考えたが、症状は悪化した。情緒が不安定になることもあり、幻聴もあった。あとで知ったのだが、走っている途中でジェットエンジンの音があまりにもリアルにありありと迫ってきて、思わず道路脇で身をかがめたこともあったという。これはイラクでの従軍に起因するパニック発作か心的外傷後ストレス障害（PTSD）なのか、それとも頭がおかしくなりかけているのか……ボーはそう思いはじめていた。そういうわけで、気がかりな結果ではあっても、脳の左側にある大きな塊の輪郭は、少なくとも正気を失いつつあるのではないという安心感を彼に与えたのだった。

その腫瘍は、シカゴでの画像検査で確認された。ハンターの一家と合同で休暇を過ごしていたときに、ボーにふたたび脳卒中に似た症状があらわれたあとのことだ。私たちは、ボーをフィラデルフィアにあるトーマス・ジェファーソン大学病院に連れていった。そこのドクターたちはすでにボーと面識があり、それに、アシュリーの夫ハワードも頭部・頸部専門の外科医としてかかわっていた。神経科医たちは一連の検査やスキャンを行なったのち、良性腫瘍から、治る見込みのあるリンパ腫、治る見込みのない膠芽腫《こうがしゅ》（グリオブラストーマ）まで、考えられる診断の範囲を示した。念のため最悪のケースも覚悟しておいたほうがいいと医師たちにそれとなく言われたときにボーが真っ先に示したのは、「なんなんだ！」という怒りの反応だった。その後、全員がそれぞれなすべきことに着手した。

ハワードとケヴィン・オコナー（彼はみんなから〝ドク〟と呼ばれていた）は専門家と電話で話し、どういう診断が下るにしても、どこで治療を受けるのがベストか助言を仰いだ。ドクもボーと同じく軍務経験者で、陸軍特殊部隊デルタフォースの医師として本格的な戦闘に関与していた。プレッシャーを受けてもたいてい落ち着いている彼も、膠芽腫の可能性もあると知ったときにはわずかに動揺を示した。もし膠芽腫ならどの病院に行くのがいちばんいいかとジルが尋ねると、ドクは問いへの答えを考えもせずに（最悪のケースだとは信じまいとしたためだ）、「それが〝モンスター〟なら、どこへ行っても同じですよ」と即答し、それを聞いたジルは泣き出してしまった。

だが、ドクはボーにはうまく対応してくれた。最初の数日、自分が置かれた状況を把握しようとしていたボーが、現実的な恐怖をじわじわと感じはじめていたころだ。ボーは何度かドクをつかまえ、誰にも聞こえないところで正直な見立てを求めた。するとドクは、「いずれにしても状況はよくないが、そのうちはっきりしたことがわかるだろうし、診断がつけば対応策を立てられる」と答えた。

「本当に？」

「本当だ。きみは良好な状態だ。現に克服している人はいるし、そういう人はみなきみのような人だ。若くて、体力があり、健康で。だから打つ手はある」

「ありがとう、ドク」とボーは言った。「軍隊生活に感謝しないといけないな」

その数日後、私たちがボーをヒューストンにあるＭＤアンダーソンがんセンターに連れていったころには、診断専門医全員の見立てが膠芽腫に傾きつつあったが、彼らは確信がもてずにいた。ボーを見ていると——日に焼けて、ハンサムで、健康そうで、いつになく一週間分の無精ひげを生やしていた——なんらかの深刻な病気を抱えているなどとは想像もできなかった。私の目には、幼いころからずっと変わらない、健康で元気いっぱいのボーに見えた。その日もボーは外に出て一〇マイルの距離を走れただろうし、調子もすこぶるよさそうだった。ＭＤアンダーソンの麻酔医は、翌日に行なう予定の手術（腫瘍を摘出して、本当に膠芽腫かどうかを判定する複雑でリスクの高い手術）について説明するために一時間とってくれたが、ボーはわずか二〇分後には彼を送り出した。「わかりました」とボーは言った。さっさとやってしまいましょう！　その晩、ヒューストンで、近くの大きなイタリアンレストランに入ったが、店にいた人は誰も、私たちが危機に直面しているなどとは思いもしなかっただろう。私たちは食べ、ときには笑い、希望を抱いていた。ボーとハリー、ジルと私、ハントとキャスリーン、アシュリーとハワード、みんながひとつになっていた。

ボーは、状況の深刻さを甘く見ていたわけではない。MDアンダーソンで撮影した最新のスキャン画像には、左側頭葉に大きな灰色の塊が映っていて、腫瘍は発話や認知機能、動作をつかさどる脳の領域を縫うように広がっている可能性があった。それでもボーは、自分自身とその予後より、むしろ家族みんなを気にかけているようだった。妻と子どもたちを、弟と妹を、母を、そしてこの私のことまで心配していた。長時間に及ぶ難しい手術を受けるために、ブレインスイート（MRI装置を搭載した脳神経外科手術室）に運ばれていくとき、ハワードとドクも付き添っていた。するとボーは、ドクの手を握り、「ドク、どうか父さんを支えてほしい」と言った。

「ボー、きみがそばにいてお父さんを支えてあげなくちゃ」

「冗談は抜きで。ドク、何があっても父を頼む。約束して。本当に」

ボーが手術室にいるあいだ、私たち家族は病院の患者担当スタッフが親切に用意してくれたカンファレンスルームに案内された。部屋にはシークレットサービスのためのスペースも十分にあり、安全な電話回線も確保できた。MDアンダーソンのチームは私たちがプライバシーを保てるよう手を尽くしてくれ、それは願ったりかなったりだったが、その待合室へと続く通路が、どこか非現実的な雰囲気を添えた。私たちは迷路のような廊下をいくつも通っていったが、どこもみな淡いベージュ色で、それが無限に続くかに思えた。天井のパネル型照明は、まぶしい白色蛍光灯だった。いままで足を踏み入れたこともなければ想像もしたこともない場所にいる、家族全員がそう感じていたと思う。多くの情報が一気に押し寄せてきた。この病気は、知らなければならないことが多すぎる。私はつねにそう感じていた。必要なことをすべて学べるだけの時間があるだろうか？　案内者に従って長い廊下を進んでいくあいだに、徐々に自制心がなくなっていくのが感じられた。どこにも窓はなく、地平線を眺めることも、予測可能な未来に目を向けることもままならない。誰もひと言も発しなかった。

ようやくカンファレンスルームに到着し、長い待ち時間に備えて腰を下ろした。

私たちは、ドクター・レイモンド・サワヤの評判を耳にしてMDアンダーソンにやってきた。覚醒下開頭術として知られる手技では世界屈指と言われる神経外科医だ。この術式では、発話や認知機能、運動機能を損なうことなく脳腫瘍の大半を摘出できる。患者は手術中ほとんど意識があり、ドクター・サワヤが小さな電極で腫瘍の輪郭を探るあいだ、フラッシュカードに描かれたシンプルな物の名前を答えたり、麻酔医と何気ない会話をしたりする。ボーがもし、急にゾウや車の絵を認識できなくなったり、力が入らない、あるいはまったく話ができなくなったりすれば、深刻なダメージを与えずにその部分を切除することはできないとわかる。ボーには、この不安な手術に何時間も耐えるだけの強さが必要だった。ドクター・サワヤと彼の麻酔医は、ボーを落ち着かせるのに協力できるよう、ハワードとドクが手術室に入るのを許可してくれた。さらに彼らは、終始リラックスしたユーモラスな雰囲気を保ってくれたようだ。「いいですか」と医師の一人が言った。「ブレインスイート内で起きたことは、ブレインスイート内の秘密ですよ」

ドクター・サワヤは、ボーの腫瘍の周囲を探って切除する場所を探す一方で、小さな組織片をラボに回した。腫瘍の切除に取りかかる前に生検の結果を待たなければならなかった。がんがリンパ腫だと判明すれば、控えめな切除ですむだろう。リンパ腫は放射線療法と化学療法で消滅するからだ。だが、膠芽腫の場合、それらを多量に投与してもほとんど効果は出ない。そのため、検査結果が膠芽腫と出たなら、取れるだけ取ってしまわなければならない。ドクター・サワヤが過去三〇年間で治療した患者のなかには、長期生存者が七〇人以上いた。生存者とそうでない者を分けるのは、最初の手術で除去された腫瘍の量なのだ。腫瘍の九八パーセント以上を切除できた場合、患者が病気を克服できる可能性は大幅に高まったが、それをいくらかでも下回ると、困難な闘いはそのぶん過酷なものとなった。

午後一時すぎ、ドクター・サワヤが私たち専用の待合室にやってきた。ボーが手術室に入って七時間以上が経過し、私たちはみな疲れきって、ほぼ無言の状態だった。ドクター・サワヤは長身で品のよい男性で、言葉には、若い時分にシリアとレバノンで過ごした名残がかすかに感じられた。彼の態度や物腰はいつも堂々としていて、手術の結果に満足しているのが見て取れた。ドクター・サワヤは、ゴルフボールよりも少し大きい腫瘍を切除し、ボーは一つも問題なく手術を切り抜けたと説明し、頭の左側の傷跡を除けば手術前と変わらないだろうと言った。発話にも、認知機能にも、運動機能にも影響は出ていないと。ただし、よいニュースばかりではなかった。腫瘍がわずかに拡散していて、全部取りきることができなかった。動脈壁のすぐそばからごく微細ながん細胞が検出されたが、切除しようとすればボーに取り返しのつかない深刻なダメージが残るとわかっていたからだ。次のニュースはさらに悪かった。ずっと悪かった。生検の結果、医療チームの予想通り、ボーの腫瘍は間違いなく膠芽腫だと判明したのだ。脳腫瘍のなかでグレード4に位置づけられる、最も深刻なものだ。ドクター・サワヤがそのニュースを伝えたとき、私は部屋の後方、隅のほうにいたが、家族が誰もこちらを見ていないのがありがたかった。私はうなだれて床を見つめていた。打ちのめされた思いだった。ロザリオを握りしめ、神に祈った――これに立ち向かう力を、どうか私にお与えくださいと。

ボーは、その日の午後遅くに目を覚まし、意識もはっきりしていて、夜にはもう固形食を食べていた。翌朝、彼はベッドから出て歩き回り、すでに家に帰りたがっていた。しかし、理解しなければならないことがたくさんあり、決めなければならないこともたくさんあった。私たちを託されたのは、MDアンダーソン屈指の神経腫瘍医、ドクター・W・K・アルフレッド・ユン。これからは彼がボーの主治医となる。ドクター・ユンは香港育ちだが、アメリカに渡って医学を学んだ。母親と二人のきょうだいをがんで亡くし、彼自身もがんを克服した生存者だ。つまり、彼はこの病気との闘いに身を捧げた真の戦士であるとともに、がん患者の気持ちもよくわかっていた。

ドクター・ユンの手元には最新の病理レポートが出そろい、ボーの腫瘍の遺伝子検査は最悪中の最悪の結果を示していた。なんと、彼には腫瘍の増殖を遅らせるのに重要な役割を果たす変異遺伝子が欠けていて、逆に増殖を加速させる変異遺伝子が二つもあった。ドクター・ユンは柔和な人物だが、ボーに対して包み隠さず率直に接した。「われわれは攻めの治療プランを立てるつもりですが、あなたならうまく対処できるでしょう」と彼は言った。「あなたは若く、健康です。それは予後にとって望ましい要素です。しかし、あなたが挑むのは厳しい闘いですよ。この先、長い闘いが待っています」

どれくらい時間があるのか、ボーはドクター・ユンにその判断を求めなかった。また、家族の誰も尋ねなかった。私たちはみな、膠芽腫の標準的な予後についてはすでに調べていた。膠芽腫は通常、術後六〜七カ月で再発し、診断後の平均余命は一二〜一四カ月だ。そして、おそらく一〇〇人に二人は、長期にわたって腫瘍が消滅した状態である「寛解」に達する。つまり、なかには病気に打ち勝つ人もいる、、ということだ。私たちは、みずからにそう言い聞かせた。ボーだって、そうならないとは限らない。

膠芽腫の治療法が目覚ましい進歩を遂げつつあることも、ドクター・ユンとMDアンダーソンのチームが実験的治療の最先端にいることも、私たちは知っていた。その分野の第一人者とされるほかの医師たちにも接触できるはずだ。一国の副大統領なら、その国のほぼすべての医師や医学研究者を電話に出させることができるだろう。経験上、それはわかっていた。私は助けやアドバイスを求めるのをためらうつもりはなかった。ボー自身もまた、強力な支援ネットワークをもっていた。妻のハリーはゆるぎない強さを発揮し、それまでどおりの生活を維持し、子どもたちが健康で安全に暮らせるようにした。彼女がボーを支え、決して望みを失わないよう励ましの言葉をかけつづけたのも私は知っている。ジルは母親らしく、たえずボーに目を配り、不快感や痛みをもたらすものがあれば、本人が口に出す前に気づき、楽になるよう手を尽くした。アシュリーはフィラデルフィアでの治療に付き添い、妹として無条件の敬愛を捧げた。ハンターはボーの秘密兵器だった。兄を守るために生まれてきたような彼は、その使命を果たした。どんな犠牲を払ってでも。そしてボーも、必要なときにはいつもハンターがいてくれると知っていた。口に出して言う必要などなかった。幼いころから、二人はつねに互いのために存在し、それは大人になっても何も変わっていない。それどころか、絆はより深まっていた。「できることなら、ぼくが身代わりになりたいよ、ボー」。手術の日、ハンターは兄にそう言った。それが心からの言葉だと、私たちはみな知っていた。有望だが効果が証明されていない新たな治療法のうち、リスクを冒してでも試す価値があるのはどれか。その部屋にいる全員のなかで、ハンターだけは決して、難しい選択を迫られたボーに決断を促したりはしなかった。そして、ボーがすべてを打ち明けられる唯一の相手もハンターだった。ボーは私にも、ほかの誰にも弱音をはかず、「大丈夫。ぼくは大丈夫」と言いつづけたが、ハンターにだけは嘘偽りのない本心を、生々しい恐怖を打ち明けることができた。

だが、それ以上に大事なのは、私たち全員がボーに従い、彼の言うとおりにしたことだ。勝ち目があろうとなかろうと、ボーは闘う決意をしていた。「誰にもパーセンテージの話をさせないで」と、ボーはハンターと私に向かって言った。「わかった？　ぼくはこいつに勝つ、何がなんでも。ぼくたちはこいつに勝つんだ。勝算がどうこういう話など聞きたくない」

手術の二日後、私たちが病室で退院の準備をしているところに、ドクター・サワヤがふらりとあらわれ、幸運を祈るとボーに言葉をかけてくれた。ボーは彼を抱きしめ、ドクター・サワヤも抱擁を返した。この二人は明らかに、戦いに似た何かをくぐりぬけたのだ。それから少したってドクター・ユンがやってきたとき、私は彼を脇へ連れ出し、父親ならば誰しもするはずの質問をした。「息子はいま何をするべきでしょう？　どう暮らしていくべきなんでしょうか？」

ボーは前向きに、希望を捨てずにいるべきだとドクター・ユンは言った。家に帰り、診断前にするつもりだったことをするべきだと。ボーはデラウェア州知事に立候補するつもりだったのだと私が言うと、「では、家に帰って知事に立候補しなさいと伝えてください」と彼は言った。「これから先も生きていく前提で暮らすんです」

私は家族みんなにその言葉を聞かせたかったので、ボーの病室の外の狭い廊下に全員を集め、そこでドクター・ユンにもう一度、これは難しい闘いになるだろうが、希望はあると説明してもらった。ユンはそう言いながらボーを見ていたと思うが、メッセージは家族全員に向けたものだった。私たちはこの病気に生活のすべてを支配されてはならない。家に帰って、未来があるものとして暮らすように、とドクター・ユンはボーに言った。「知事に立候補すること。目標をもつこと」

それからはほぼ毎日、私は自然とそのアドバイスを実行していた。目標をもつこと。どんな問題が降りかかろうと、私は自分なりの目標を定め、しっかりとしがみついた。それを手放し、ボーの闘いのことで頭がいっぱいになってしまえば、世界がすべて崩壊してしまいそうで怖かった。私はこの国を、オバマ政権を、家族を、自分自身を、そして誰よりも、ボーを落胆させたくなかった。

第三章　なぐさめ

二〇一四年のクリスマス目前の土曜日に、二人の警察官が殺害された。そのうちの一人の葬儀がニューヨークで営まれることになり、ホワイトハウスは私が大統領代理として参列するのが最善だと判断した。大統領は例年どおり、ミシェル夫人と娘たちを連れて生まれ故郷のハワイに休暇旅行中で、わざわざ一一時間ものフライトをへて激しい論争の渦中に乗り込むのは賢明でないと考えたのだ。私は代理で参列することに同意した。そのような席で弔辞を述べたりするたびに、私自身の悲しい記憶が呼びさまされたし、また、ボーが診断を受けてからは不吉な予兆めいた意味合いさえ帯びていたが、参列しなければならないのはわかっていた。そんなわけで、私はクリスマス前の最後の数日を弔辞の準備に費やすことになった。ニューヨークの状況を快方に向かわせるためには、偏りのない完全に公正な言葉でなければならない。ニューヨーク市の制服警官、ラファエル・ラモスとウェンジャン・リューが殺害されたことによって、これまでも同じことがたびたび繰り返され、すでに破綻していた警察と黒人コミュニティとの関係は一気に引き裂かれた。二人の警官は、ブルックリンでただ静かにパトカー内に座っていたところを単独犯に射殺された。二人は職務を遂行していただけだった。「要するに、二人は暗殺された。彼らの制服が標的となったのです」二人の警官の死を発表するさい、ニューヨーク市警本部長ビル・ブラットンはそう語った。「彼らは不意に襲われ、殺害されました」

その無分別な行為が報じられたのは、二週間以上も続くデモのさなかだった。ますます規模を拡大しつつあったそのデモは、ニューヨークにおける警察の残虐行為に対する抗議行動だ。デモの火種となったのは、ある警官がエリック・ガーナーという四三歳のアフリカ系アメリカ人男性を窒息死させた事件で、ことの一部始終が携帯電話で録画されているにもかかわらず、警官を起訴しないとした大陪審の決定だ。ニューヨークのビル・デブラシオ市長は、大陪審への批判とならないよう留意しながらも、ガーナーの家族および、わが子が警官と遭遇することを案じなければならない非白人の子をもつすべての親に対して、あえて同情を表明した。市長はさらに、自分とその妻が混血の息子に対して、警察とかかわる場合に必ず守るよう言い聞かせている注意事項について詳しく語った。何かを命じられたら、すべて言われたとおりにすること。急に動かないこと。携帯電話を取り出そうとしないこと。「私は長年、心配しつづけなければなりませんでした。ダンテは今夜も無事でいられるだろうか？……近隣のどこかで起こる犯罪や暴力という痛ましい現実だけではなく、彼らの保護者として（われわれが）信頼を置きたい、まさにその相手から身を守れるだろうかと」と市長は語った。それに対し、市最大の警察官組合代表のパトリック・リンチは、市長は警察を犠牲にしたとすぐさま非難した。

ラモスとリューが射殺されたとの報を受け、デブラシオ市長はブルックリンの病院に駆けつけ、双方の家族や友人たちをなぐさめた。市長は殺害行為を強硬に非難し、たえず糾弾しつづけたが、それはオバマ大統領も同じだった。「地域社会を守るため、日々、身を挺して任務に励む警察官に、われわれはつねに感謝し、敬意を払わなければなりません。どうかみなさん、暴力や人を傷つける言葉を拒み、人を癒す言葉……祈り、根気強い対話、そして亡くなった方々の家族や友人に寄り添う言葉に耳を傾けましょう」と彼は呼びかけた。しかし、事態はすでに収拾のつかない状態になっていた。

銃撃事件の数時間後にテレビ出演したニューヨーク州選出の下院議員ピーター・キングは、見るからに動揺していた。キング議員は穏当でひたむきな政治家だが、今回のひどい殺人事件に対してはよほどの怒りを覚えていたのだろう、彼はあるインタビューで、大統領とニューヨーク市長の言葉はおざなりで誠意のないものだったと語っている。「選挙で選ばれた役人たちはいまこそ、法の執行にたずさわる人々の味方に立ち、警察官と大陪審の名誉を傷つける行為を終わらせなければならない」とキングは述べ、大統領と市長もまた問題の一部であると暗にほのめかした。元ニューヨーク市長のルディ・ジュリアーニは、銃撃事件のわずか数時間後には、すでにいきり立っていた。そして長年の経験から、多くの報道機関が言いたいことを言わせてくれると知っていた彼は、大統領が銃撃犯に許可を与えたと主張した。警官を見つけて殺し、ガーナーをはじめ、警察とかかわり合いになって殺された者たちの仇を討つと犯人がソーシャルメディアで予告していたことがわかったのだ。「われわれは四カ月のあいだ、大統領が先頭に立って、みんなが警察を非難すべきだと宣伝活動を行なってきた」というジュリアーニの言葉は、卑劣であるばかりか、明らかにまちがっていた。だが、警察官組合のパトリック・リンチの発言は、よりいっそう芝居がかっていた。「今夜は多くの人の手が血に染まっている」と彼は言った。そして「抗議を装い路上での暴力を扇動し、ニューヨーク市警の警官たちが日々行なってきた努力を無にしようとした」すべての人を非難し、「彼らの手を染める血は、市庁舎の階段から、市長室から始まっている」と述べたのだ。

銃撃事件が起きたあと、ジュリアーニ、リンチ、その他数名はただ痛烈に批判を繰り返すばかりで、エリック・ガーナーの不当な死に抗議して行進し、現場の道端に設置されたラモス巡査とリュー巡査の献花台を訪れて二人に敬意を表する大勢の高潔なニューヨーク市民に心を動かされることはなかった。そうした市民のなかに、殺されたガーナーの娘もいた。真に理解できる者として深い同情の気持ちを示そうとやってきたのだ。「私はみずから歩み出て、私たちが味方であることを、ご家族にぜひともお伝えしなければなりませんでした。同じ悲劇を味わったすべての家族に、祈りと哀悼の意を捧げます」。二二歳のエメラルド・スナイプス＝ガーナーが見せたこのすばらしい態度を、全国民が誇りに思ったに違いない。

一二月二七日、土曜日に営まれるラファエル・ラモスの葬儀に出席するために、私がニューヨークに向かったとき、街は一触即発の状態だった。何百人ものニューヨーク市民が、殺害された警察官に敬意を表するデモの中断を拒んだ。「人種差別的な警察の脅威」と書かれたプラカードを掲げたある行進の主催者は、「自分たちは誰かを冒瀆するつもりはありません。けれども、今日ここに集まったのは、われわれに抗議行動をやめさせようとするのがいかにばかげた、非道で、侮辱的なことかを示すためです」と語った。そのころ、ラファエル・ラモスの葬儀に出席し、同業の仲間であった彼とその同僚たちへの支援を表明しようと、全国各地の警察官がニューヨークに向かっていた。二万五〇〇〇人もの警察官が、葬儀に参列するためにクイーンズ地区に集結しつつあり、地元ニューヨークの政治家のなかには、昨今、警察官は「非常に危険な」状態に置かれていて、「背中に射撃の的を背負っているようなものだ」と訴えつづける者もいた。その一方で、リンチやジュリアーニたちはなおも、警察官をはじめすべての人々に、問題はあくまでもデブラシオ市長やオバマ大統領にあると納得させようとしていた。

デブラシオ市長は、政府を代表して私が出席するのを喜んでいるようすだったが、それは私が警察や人権団体と緊密な関係にあると知っていたからだ。銃撃事件の数日後、私は市長から電話を受け、警察と黒人コミュニティとのあいだに広がる不信感への対処に手を貸してほしいと依頼された。じつをいえば、とうてい不可能に見えても、両者の溝を埋める方法はあると私にはわかっていた。私はかつて、地元デラウェア州をはじめ全国各地で、同様の橋渡しをしたことがあった。溝の両サイドには必ず扇動家《デマゴーグ》がいた。それはやむをえないのだが、彼らが大多数の意見を代表しているわけではない。私はつねに、問題の解決は可能だと考えていた。何が問題かが明らかだったからだ。双方が現実的かつ正当な不安を抱えていた。不安が問題なら、それを解決するのは知識だ。両者がそれぞれ、他方が抱く懸念を理解するよう努めなければならない。

犯罪率が爆発的に上昇した八〇年代後半、私が新たな、しかし実際にはずっと昔からある治安維持の概念を推進しはじめたのは、そうした理由からだ。それは、警察官にふたたび通りを徒歩で巡回させ、店主や近所の子どもたち、地域の人々と顔見知りにさせる方法だった。そうすれば、人々も警官の顔を覚え、彼らを信頼するようになる。われわれはすでにその概念から移行し、歩いて回る代わりに警官が単独でパトカーに乗って巡回するのが新たな方式となっていたが、一流の犯罪学者たちは従来のやりかたに地域警備《コミュニティ・ポリシング》（警察と住民の協力によって、地域の防犯や治安を改善するアプローチ）という新しい名称を与え、これを提唱していた。しかし、それを実行に移すには、かなりの苦戦を強いられた。というのも、八〇年代後半から九〇年代前半は、共和党政権が権限の委譲について語りはじめていた時期で、地方が行なう事業はすべて、連邦税ではなく独自の財源でまかなわなければならなかったからだ。さらに、犯罪は地方独自のものだとの主張もなされ、私は仲間の議員たちに、地方で起きる犯罪の大半は麻薬の蔓延によって引き起こされるもので、麻薬問題は連邦政府の責任だと認識させなければならなかった。こうして、いくらか時間はかかったが、私はついに一九九四年に犯罪法案を起草し、地方警察官を一〇万人増員する予算を盛り込んだ。そして、この対策は功を奏した。

暴力犯罪の件数が、一九九四年の約二〇〇万件から二〇〇〇年には一四〇万件まで激減したのだ。全国の殺人発生率も約半分に減っている。警察と黒人コミュニティとの関係もまた、完璧な状態にはほど遠いものの、大幅に改善された。しかし、コミュニティ・ポリシングはみずからの成功の犠牲となった。犯罪が減るにつれて、警備に重点を置くべきだとする世論の圧力も下火になり、世論調査によれば、犯罪はアメリカ国民が政府に対策を求める最優先課題の座から大きく下落した。つまり、ブッシュ政権が発足し、地方への権限委譲を求める声がふたたび高まったとき、犯罪は完全に地方の問題であるという主張に対して、もはや大きな反発は起きなかったのだ。地方警察に連邦予算を投じるより、そのぶん富裕層の税金を下げればいい、というわけだ。

そのころの私は、ときどき孤独を感じながら、地域の安全を保つのは芝を刈るのと同じだと、たえず人々に警告を発しつづけていた。よく晴れた夏の週末、きれいに刈られた芝はじつに美しい。それから一週間放置すると、芝が少し伸びてくる。一ヵ月たつと、伸び放題だ。夏じゅう放置しようものなら、手のほどこしようがなくなってしまう。

まさに、それと同じなのだ。パトロール警官の数が減るにつれて、案の定、警察と黒人コミュニティのあいだの緊張感は増していった。もはや、警官が車から降りて人々と接することはあまりなくなった。車に乗ったまま一人で巡回することがますます多くなり、治安の悪いエリアでは当然ながら警戒を強め、ときには、軍隊あるいはそれに準じるレベルの過剰な武装を行なうこともあり、そうなると彼らは市民の保護者ではなく侵略者のように見えた。注目を集める死亡事件のドラマチックな映像がテレビのニュースでたえず流れ、ソーシャルメディアを通じて山火事のように拡散した。ニューヨークのエリック・ガーナー窒息死事件、ファーガソンのマイケル・ブラウン射殺事件、クリーヴランドで一二歳のタミル・ライスが射殺された事件。そして今度はラモス巡査とリュー巡査が殺害された事件がメディアをにぎわせ、警察と黒人コミュニティが互いの基本的な人間性を認めることがますます困難になった。

パトカーに乗った警官は、街角でフード付きパーカーを着た一五歳の少年を見かければ犯罪者予備軍と見なし、いつか有名な詩人になるかもしれない、チャンスを与えられるべき物書き志望の若者とは考えない。一方で、地域の人々はパトカーに乗った婦人警官を脅威と見なし、バスケットボールのコーチをし、日曜学校で教え、無事に帰宅して三人の子どもたちを寝かしつけることを何よりも強く願い、その願いをかなえる権利を十分にもつ母親だとは考えない。

巡回パトロール警官の増員と育成に力を注ぐ、すでに効果が実証済みの政策に立ち戻るときが来た、と私は考えた。ラモス巡査の葬儀の数日前、私はデブラシオ市長に、コミュニティ・ポリシングに関する統計データを送りましょう、年が明けて激しい抗議活動が収まったころにでも、よければ話し合いの場を設けませんか、ともちかけた。

オバマ大統領は、警察と彼らが奉仕するすべてのコミュニティとの関係を改善する方法を見いだそうと熱心に取り組み、非常に具体的な政策方針を示した。しかし、問題解決よりも政治的なポイント稼ぎに重点を置く人々が多すぎて、またパトリック・リンチやルディ・ジュリアーニたちの攻撃にあって、公正な審理を受けることはほぼ不可能だった。

この問題に長年たずさわってきた私は、よい政策はつねに必要だが、それだけでうまくいくことはめったにないとわかっていた。私は双方と人間関係を築き、信頼を得るよう、長い時間をかけて懸命に取り組んできた。そうすれば、状況がどれだけ悪化しても、警察と地域社会の双方を説得できるからだ。私はつねに、みんなの視点を理解するよう努めてきた。「これはあなたにしかできない仕事ですよ、ジョー」ニューヨークで銃撃事件が起きた直後、オバマ政権で教育長官を務めるアーン・ダンカンは言った。「あなたは両方のコミュニティから一目置かれていますからね」アーンは私を買いかぶりすぎだったかもしれないが、彼の励ましは、私が公職のどこに引かれ、これほど長いあいだたずさわってきたかを思い出させてくれた。公務員の第一の務めとは、人々を一つにまとめる手伝いをすること。私はそう信じるにいたっていた。とりわけ危機的な状況や困難な分裂状態にある場合、関係するすべての人に敬意を払い、前へ進むための安全な方法を見つける手助けをするのがわれわれの役目だと。公職に就いて四五年たっても、その基本的理念は変わることなく私に意欲を与えてくれた。

そのきらめく冬の朝、ジルとともにエアフォースツーでワシントンを発ち、ニューヨークへ向かうあいだ、私は準備した追悼文の最後の手直しをして、メモを書き込んでいた。葬儀は生きている者のためにあるというのが私の持論で、哀悼の意を表する者の務めは、遺族が味わった喪失の大きさに理解を示し、愛する人が残した功績は失われていないと彼らが理解できるよう手助けすることにあると考えていた。私はまた、決して一人ではないと遺族にわかってもらえるよう精一杯の努力をした。今回、私はまずラモスの遺族に対してそれを行なわなければならなかったが、より大きなファミリー、すなわちラモス巡査の葬儀を見守る大勢の警察官のためにもそうしなければならなかった。ニューヨークの、そして全国の警察官が怒り、悲しんでいた。なかには、多くの人々に反感を抱かれ、心底傷ついた者もいた。自分たちの職務が人々の信望と尊敬に値するものであることを、彼らに思い出させる必要があった。私はつねづね言っているのだが、警察官というのは、何をするかだけではなく、どのような人間であるかが問われる職業だ。私は小学校のころすでに、将来は警察官になりそうなクラスメイトを見分けることができた。近所で誰かが襲われたら、彼らは助けに駆けつけ、誰かがいじめられたら割って入った。彼らはほかの人たちを守りたい人間なのだ。

私は紙に書かれた文字をペンでなぞりながら、どこでひと呼吸おき、どの言葉を強調するかを書き入れていった。「私の経験上、そしてきっと、いま制服姿でこの声に耳を傾けてくださっているみなさん全員に当てはまると思いますが、人が警察官になる理由はみな同じで、それは義務感です。人を助けることができると、そう考えたからです。それがアメリカのあらゆる法執行機関に通底する一つの要素だと私は思います。今回のようなことが起きるたびに、国民はみな、みなさんの勇気ある精神に気づかされるのです」。その土曜日の朝、九時半ごろにクイーンズ地区にあるクライスト・タバナクル教会に到着したとき、私は最後にもう一度スピーチ原稿に目を通していた。どことなく商店を改装してつくられたように見えるその教会は、外で待つ大群衆を収容するには小さすぎた。その場には二万人を超える人が集まっていたが、その大半が制服を身につけ、周囲の通りや駐車場に静かにたたずみ、高い位置に設置された大型スクリーンに葬儀の模様を伝える衛星画像が映し出されるのを待っていた。

身の引き締まるような冬の日で、車を降りると、空気はぴんと張りつめたように冷たかった。気温は五度近くに上昇しつつあったが、それでもまだだいぶ寒く、くっきりと澄み渡る青空はまるでクリスタルのようで、いまにも千々に砕け散りそうに見えた。案内係に連れられてジルとともに教会内へ、さらに最前列の席へと進むあいだ、私はその福音派教会の暗い屋内に目を慣らそうとしていた。この教会はラファエル・ラモスの心の拠り所であり、導きの場所でもあり、殺されたとき、彼はあと何時間かでボランティアのチャプレン（教会外の施設や組織で働く聖職者）になるプログラムを修了するところだった。席につくと、祭壇の前に置かれた台に安置されたラモス巡査の棺に、もう少しで私の膝が触れそうだった。弔辞を述べるほかの人々はすでに着席していて、そこには市長のほか、市警本部長のビル・ブラットンとニューヨーク州知事のアンドリュー・クオモがいた。知事の顔を見たとき、かすかに胸が痛んだ。デラウェア州の司法長官として任期の最後の日々を送るボーを思い出したからだ。フィラデルフィアでの連邦検察官時代からデラウェア州の司法長官時代を通じて、ボーは毎日犯罪問題に取り組み、さらにまた、今回のような致命的な悲劇を回避するために、警察と地域社会との関係を改善しようと懸命に努力を重ねてきた。彼も私と一緒にここに来て敬意を表したいと切望していたのだが、病気の影響がだいぶ出はじめていた。「よくなるまで待つよ、父さん」とボーは言った。

最初に弔辞を述べる私の名が呼ばれ、壇上に立つと、聴衆は無言のまま静かに着席した。まず、ラモス家の人々のほうを向き、私の家族からの飾らない率直な哀悼の意を伝えようとしたとき、目の前に座っている、父親を亡くした二人の息子さんたちの姿が目に入り、私は一瞬言葉を失った。まだ十代、親を亡くすには早すぎる。私は二人から目を離すことができなくなっていた。そこに座ってじっとこちらを見上げているのが、幼い日のボーとハンターのように思えたからだ。そして、母親を亡くした息子たちが味わった打撃の大きさを思い出し、二人がその苦しみを乗り越えたことが私にとってどれだけ重要な意味をもったかに気づいたのだ。さらにまた、いかに政治家として、公的な立場としてこの場に臨んでいようと、私がここニューヨークで果たすべき本来の使命は個人的なものなのだと悟った。ラモス一家の悲しみにそのときの政治的かけひきが影を落とすようなことになれば、私は使命を果たせないだろう。「立派な息子さんたちですね」と私は言った。あれほど入念に用意した原稿からはすでに逸脱していた。「ずっと前に、私にも同じようなことがありました。

お母さん、大丈夫です」私はマリッツァ・ラモスに言った。「息子さんたちはきっと乗り越えます。私はいま、国民を代表して哀悼の言葉を述べていますが、国じゅうの人が同じ気持ちでいるはずです。私自身の経験からいうと、いまはどんな言葉や行ないをもってしても、その悲しみや喪失感、孤独を和らげることはできないでしょう。けれども、マスコミが報じているように、ご主人と同業のお仲間が二万五〇〇〇人以上、それだけ多くの人が、いまこうして、そしてこれから先もずっとあなたを支援してくれることに、いくらかでもなぐさめを見いだしてほしいのです。彼らはずっと味方です。まれに見る結束の固い仲間なのです」

このスピーチをするにあたって協力してくれたライターは、引退したニューヨーク市警の刑事の息子さんで、時間をかけて、ラファエルの人生と、彼にとって息子たちがどういう存在だったかを調べてくれた。「ジャスティン、そしてジェイデン」と、私は二人に向かって語りかけた。「お父さんはきみたちを心から誇りに思っていました。いまはとても信じられないかもしれない。けれども、お父さんは生涯ずっと、きみたちの人生の一部でありつづけることをわかってほしい」それから若き未亡人のほうを向き、長年のあいだに無数の遺族に対してそうしてきたように、私はこう断言した。「私はまた、自分自身の経験から知っています。いつかきっと、必ず、ご主人の思い出があなたの目に涙をもたらす前に、唇に笑みをもたらす日がやってきます。そのときが来たら……もう大丈夫。そんな日が来るとは、いまはきっと信じられないでしょう。けれども、私は約束します。必ず、必ず、そうなる日は来ると。その日ができるだけ早くあなたに訪れるよう、祈っています」

そのころにはもう原稿から話が外れていたが、主旨はまったく見失っていなかった。「私はこれまで、あまりにも多くの警察官のあまりにも多くの葬儀、われわれの安全を守ってくれるあまりに多くの勇敢な男女の葬儀に参列して弔辞を述べ、遺族の悲しみを目の当たりにしてきました。残念ながら、このような悲劇が起きてようやく、彼らの友人や隣人、そしてそれまで彼らを知らなかった人までもが思い知るのです。われわれの生活をよりよくするために、彼らが日々いかに孤独な献身を続けてきたかを……。警察官とその家族は、ある種特別な人々です。彼らがこの世に存在することを、神に感謝しなければなりません。

ミセス・ラモス、あなたのご主人、そして彼の同僚は、〝ニューヨークが誇る世界一〟と称されるニューヨーク市警の一員でした。それは根拠のない呼び名ではありません。ニューヨーク市警はおそらく、世界で最もすばらしい警察組織と言えるでしょう。世界一の警察。彼らはみずからその称号を勝ち得たのです……。

ニューヨークの街をパトロールするのは地球を一周するようなもので、エレベーターのない三階建てのアパートに高層マンション、一〇〇万のキッチンから漂うにおいには一〇〇の伝統が息づいています。静寂に満ちた通りに、一〇〇の言語であふれかえる通り……ささやき、叫び、笑い、泣き声。世界のどの都市よりも活気に満ちたこの街……世界の灯台の役目を担うこの混沌たる奇跡の街のいたるところに、さまざまな人々の声がみなぎっています。

暗殺者の弾丸は、二人の警官だけを、あるいは警察組織だけを標的にしたのではありません。標的はこの街を、中国系移民の息子と、聖職者を目指すヒスパニック系が一緒にパトロールをするこの街を標的にしたのです」

それから私は、耳を傾けてくれているすべての人に向かって、アメリカ最大の、そして最も多様性に満ちたこの都市こそが、バラク・オバマという名の若き大学生が才能を開花させる一助となったことを忘れないでほしいと語った。わが友人である大統領がここニューヨークで学んだものは、政治家としての彼のキャリアの土台となっている。「黒人のアメリカも、白人のアメリカも、ラテン系のアメリカも、アジア系のアメリカもない。〝アメリカ合衆国〟があるだけだ」と、その名を全国に知らしめた一〇年前のスピーチで彼は語った。

ジルと私がクライスト・タバナクル教会の外に出たとき、空はさっきよりも明るくなっていた。私たちは通りを渡った場所で、多くの人で埋めつくされた大通りをラファエル・ラモスの棺が運ばれていき、霊柩車に乗せられるのを待った。先導車の屋根からまぶしい光が反射していたが、陽射しそのものは和らいだように感じられた。私が立つ場所のそばには、いつのまにかキング下院議員を含む要職者が集まっていて、右手後方にはルディ・ジュリアーニがいた。彼は大統領をこきおろさずにはいられなかったのか、「政権内にも、少なくとも理解者はいたわけだ」と私に向かって言った。

私は余計なことは言わず、「大統領が理解していますよ」とだけ答えたが、ジュリアーニの耳に届いたようには見えなかった。

バグパイプの演奏が始まり、ニューヨーク市警のヘリコプターが隊形を組んで頭上を飛んだ。そして儀仗兵がゆっくりと、旗で覆われた棺を、後部ドアを開けて待つ霊柩車のほうに運んでいった。通りの向こう側にジェイデンとジャスティンの姿が見える。寒さにあらがうように黒いスーツのボタンを閉めて、眉をひそめ、母親の手をしっかりと握っている。遺族以外の私たちにできるのは、胸に手を当て、黙ってその場に立つことだけだった。棺が車に収められ、旗が家族の手に渡されると、霊柩車は墓地へ向かって動きだした。やがて車が大通りの角を曲がって見えなくなると、道を埋めつくす警官たちのあいだから、「ジョー！」「ヘイ、ジョー！」と声が上がりはじめた。「副大統領！」と呼びかける者は一人もいない。まるで顔見知りのように、「ジョー！」「ヘイ、ジョー！」だ。制服姿の人々が、男も女も握手を求めてやってきた。たまにぐいと引かれる感触があったのは、オートバイで横を通りすぎる警官が、手を伸ばして私の手に触れていくからだ。こうして、その日の前半は終わった。だが、最もつらい場面はまだこれからだった。

ジルと私には、ニューヨークを離れる前に立ち寄る場所がもう一つあった。容易でないのはわかっていたが、どうしても寄りたいと私が希望したのだ。私たちは車で四五分かけて、ブルックリンのグレーブゼンド地区に向かった。殺害されたもう一人の警察官、ウェンジャン・リューの家族を訪ねるためだ。亡くなったとき、彼はまだ三二歳で、新婚の妻と両親と一緒に暮らすのに十分な広さの家を購入したばかりだった。リューの葬儀が遅れているのは、中国にいる親族の大半が、ニューヨークに来るのに必要な旅券等の取得手続き中だったためだ。私は葬儀には出席できそうにないが、せめて遺族を訪ねて弔意を表したいと思ったのだが、車列がジャマイカ湾、ブライトン・ビーチ、コニーアイランドに沿って進んでいくうちに、リュー家の人々のためにできることはもっとあるという思いが強まっていった。

長年のあいだに、私は気づいていた。自分自身のつらい日々がありありとよみがえりはするが、私の存在は多くの場合、突然の予期せぬ喪失に苦しむ人々にいくらか慰めを与えることができるということに。特別な力がそなわっているわけではなく、私がすでにそれを経験しているからだ。当時私は三〇歳、上院議員に選出されたばかりで、胸を躍らせながらワシントンでスタッフの面接をしていた。妻と一歳半の娘が交通事故で亡くなったという知らせが入ったのは、そのときだった。クリスマスを一週間後に控え、買い物に出かけたときの事故で、車にはボーとハンターも乗っていた。二人は一生治らない障害を負うこともなく回復したが、何週間も入院しなければならなかった。当初、悲しみはとうてい耐えきれないものに思え、癒えるのに長い時間がかかったが、私はその過酷な試練を乗り越えた。多くの支援を得て、どうにか人生と家族を建て直すことができた。だから私が遺族に語りかけるとき、それが経験にもとづく言葉であることを彼らは知っている。私が悲しみの深さを理解していることが、彼らにはわかるのだ。

年を重ねるにつれて、いつだって、何も言わず心の痛みにじっと耐えている人が大勢いるのだと理解できるようになった。たとえば、二〇一四年の最後の数日間、私はアメリカ東端にあるハイウェイを高速で移動していたわけだが、その一年間だけでも、二五〇万人以上の国民が死亡したという純然たる事実を考えればわかるだろう。そのうち五分の一はがんで亡くなっている。それはおそらく、苦痛をともなう長く悲惨な闘病の末の死で、家族は無力感にさいなまれながら見ているしかなかったことだろう。また、私の地元であるウィルミントンの人口の二倍もの人が、なんらかの事故で亡くなった。それまで元気に生きていた人が、翌日には永遠にいなくなってしまうのだ。二〇一四年には、約四万三〇〇〇人の成人と十代の若者が自殺した。アルコール関連死は三万件を超え、薬物関連死は五万件近く、その数は年々増加していた。薬物による死者の大半は四〇歳未満だ。また、この年の銃による死者は三万四〇〇〇人に迫り、その三分の二は自殺もしくは事故だ。例年どおり、二〇一四年にも一パーセント弱の国民が亡くなった。だがこの単純な統計値では、生身の人間に起きたリアルで複雑な物語はほとんど伝わらない。死者はただの数字ではない。ラファエル・ラモスのような人間であり、さっき私が目の当たりにしたように、その死は家族の人生にぽっかりと大きな穴をあける。そして彼には、これからチャプレンとなって（何千人とは言わないまでも）何百という人生を少しでもよい方向に変えるチャンスは決して訪れないのだ。

亡くなった人のほぼ全員が、その死によって深く大きな傷を負う人を少なくとも一人か二人は残して逝ったと考えてみてほしい。なかには、それが一〇人、二〇人というケースもあるだろう。圧倒的な喪失感を耐えしのびながら、私が得たような支援をどこからも得られずに暮らしている人がいったいどれだけいることか。彼らは毎朝起きて、一歩を踏み出し、また一歩、一歩と重ねていく。仕事を続け、日々の雑事をこなし、片親として子どもを育てる――多くの場合、文句一つ言わずに。こうした人々が、一つの軍隊をなす兵士の数ほどいるのだ。私の推測では、常時わが国の国民の一〇人に一人が新たに大切な人を失い、深刻な苦しみを味わっている。ただの統計値を引き合いに出しているのではない。私が開く政治イベントではいつも、張られたロープの後ろに立つ人々のなかに彼らの姿が見える。瞳の奥に、「どうか、どうか、助けてください」と懇願に近い何かを秘めて……。そんなとき、ただ黙って彼らの前を通りすぎ、個人的なかかわりはいっさいもたず、スケジュールから外れないようにするのが、より実際的なやりかたなのだろう。われわれ政治家はみな、移動にかなりの時間を費やし、現代生活と個人的野心が求める務めを果たすべく、つねに走りつづけている。だから私は、助けを必要としている人々のために、ちょっとした言葉や行為で何かができないかとつねに考えている。ほんの少しのあいだ立ち止まり、じっと目を見つめ、抱きしめ、あるいは「わかっているよ」「きみは一人ぼっちじゃない」と伝える。それくらいなら、さほど時間はかからないはずだ。

私たちが到着したとき、九人の制服警官がウェンジャン・リューの家の外に立ち、警備に当たっていた。ニューヨーク市警はまた、通訳も手配していた。リューの両親が中国からアメリカにやってきたのは二〇年前だが、英語を話すのが苦手で、母語である広東語で話すほうを好んだからだ。彼らは息子が頼りだった。一家がアメリカに移住したとき、ウェンジャンは一二歳だったため、英語とアメリカの文化を十分に学ぶことができた。一人っ子として育った彼は、両親がこの新しい世界でうまく生きていけるよう助け、導いた。亡くなった時点でもそれに変わりはなく、三カ月前には、自身の新婚旅行にさえ両親を連れていったほどだ。

リュー家の息子は、移民のサクセスストーリーとなった。ウェンジャンがニューヨークに来て最初に買った記念の品は、自由の女神のステッカーだった。その後、彼は大学で会計学を勉強したが、二〇〇一年九月一一日に起きたワールドトレードセンターへの攻撃のあと、警察官になろうと決意した。亡くなったとき、彼は新婚で、自分の家をもち、七年目の経験豊富な警官として念願の仕事をしていた。しかし、問題は彼が何を成し遂げたかだけではない。彼が何を夢見ていたかだ。ウェンジャン・リューは一家の未来であり、彼と新婚の妻はすでに子どもをもつことを話し合っていた。彼の息子や娘たちは、しっかりとした土台からスタートし、頼もしい父親に導かれながら、自分たちの目標に向かって歩み出すことができただろう。外の小さな階段をのぼって彼の自宅へ入っていくとき、私はその失われた未来を感じていた。

ウェンジャンの妻と両親が、ジルと私をリビングルームにゆったりと迎え入れられるように、二〇人ほど集まっていた近親者たちはキッチンの椅子に腰かけていた。私たちが部屋に入っていくと、父親は私を抱擁し、顔に触れた。小柄で痩せ型の彼は、気丈にふるまおうと懸命に努力していた。「ありがとう」と私に何度も何度も礼を言い、一方で彼の妻は、少し離れたところで丁寧におじぎをした。「ありがとう」ずっと私のそばを離れず、ウェイ・タン・リューは言った。「ありがとう。ありがとう」

リュー巡査の妻のペイ・シャ・チェンはとても若く、とても美しかった。彼女は〝サニー〟と呼ばれていた。英語は母語ではないがとても流暢なので、彼女が家族の言葉を代弁した。彼女の歓迎は静かで、ためらいがちだった。生涯の愛を捧げる相手であり、親友であり、ヒーローでもあった男の死に動揺しているばかりでなく、自分の家にアメリカ合衆国の副大統領とその夫人がいることに、少々怖気づいているのがわかった。それでも、緊張が解けるのにさほど時間はかからず、まもなく彼女は、私たちに見せたいものがあると言い出した。それは、夫婦の寝室にあるという。ジルは日頃から、人のプライベートなスペースに立ち入るのをためらうが、どうしても見てほしいとサニーは言い、私たちの手を引いて三人で寝室へ入っていった。

サニーが私たちに見せたかったのは、三カ月前の結婚式の日に屋外で撮影された、抱きしめあう二人の写真だった。その写真の大きさに、私は胸を打たれた。なんとも幸せそうな姿だ。どれだけ誇らしい気持ちで、二人はそこに堂々と写真を飾ったのだろう。そしていま、サニーはそれを見てどれほどの悲しみを味わっているのだろう。以前の私がそうだった。彼女とまったく同じだった。いまでも鮮明に思い出すのだが、妻のネイリアを亡くしたあと、私は二人の寝室のクロゼットを開けることができなかった。ふと枕に残る彼女のにおいを感じたときや、以前は彼女の歯ブラシがあった空っぽの空間を見たときの苦しみは、いまでも忘れない。私はその寝室にとどまることができず、家を売って逃げ出した。サニーはどうやってこれに立ち向かうのだろう。これから苦難を乗り越えなければならない彼女が気の毒だった。

私はサニーを脇へ呼び、彼女が直面していることについて助言をした。ネイリアを亡くしたあと、私が予想外の人から受けた最高の助言を、彼女にもお裾分けしたのだ。その人物は元ニュージャージー州知事で、思いがけず電話をくれ、奥さんを亡くしたときのことを話してくれたのだった。彼はかなり長いあいだ、状況はもう二度とよくはならないと思っていたのだそうだ。奥さんが亡くなって半年が過ぎてもまだ、彼女のことを思いつづけ、死を告げられたときと変わらない惨めな思いが続いていたという。どん底状態がこのまま一生続くのではないかと恐れていた経験から、私もきっと同じ思いでいるはずだと考えたのだ。彼に言われたとおり、私はカレンダーを用意し、毎晩寝る前にその日の欄に数字を書き入れた。死を告げられた日と同じぐらい悪い日なら「1」、人生最高の日なら「10」だ。「10」の日があると期待してはいけない、と彼は言った。そのカレンダーをじっと眺めたりしてもいけない、ただ毎日、数字を書き入れるだけだと。そして半年ほどたったら、その数字を方眼紙に書き写してグラフにする。結果は、彼の言ったとおりになった。悪い日は依然として悪いままだが、時間とともにその間隔がどんどん開いていていた。

私はまた、みんなに伝えようとしていることを、サニーにじっくりと語った。ウェンジャンときみが大好きだった野原のそばを車で通りかかったり、花を見たり、彼がスーツを脱いでクロゼットにしまうときのにおいがふと漂ってきたり、何かの歌が聞こえたり、誰かの歩き方が目にとまったりして、すべてが一気によみがえる瞬間が訪れるだろう。けれどもいつの日か――それがいつかは誰にもわからないが――そうしたものに触れても泣きたくならないことに気づく日が、笑顔になれる日が来る。「思い出がきみの目に涙をもたらす前に、唇に笑顔をもたらす日がきっと来る」と。同じ状況にある人々に、私がいつも語りかける言葉だ。その日は必ず来る、私はサニーに断言した。その時きみは、一つ山を越えたことに気づくだろうと。

寝室を出る前に、彼女に私個人の電話番号を渡し、こう告げた。「いまはみんながそばにいて、きみを支えてくれる。みんなの愛情に包まれて忙しい日々を送り、することがいろいろあって、それでいくらか気が紛れるだろう。だが、六週間、一二週間と日がたつにつれて、ほかの人たちはみな、ふだんどおりの生活に戻りはじめる。けれども、きみの生活は二度と元通りにはならない。じつを言えば、きみはもうわかっているのかもしれないが、本当につらくなるのはそれからなんだ。それに、しばらくすると、同じ人に何度も助けを求めたり、話を聞いてもらったりするのを申し訳なく思うようになるだろう。そして、彼らが普通の生活に戻りはじめると、頼りすぎているのではないかと心配になってくる。そのうちに、自分は人を当てにしすぎている、愚痴をこぼすのをやめなければならないと思う日も来るかもしれない。

だから、気持ちが沈んで、それでも家族や友人たちの重荷になりたくないと思ったときは、電話を手に取って、私にかけてください」と。サニーはその言葉を真に受けていないようだったが、私は本気だった。いつでもかけてくださいと、私のプライベートな電話番号を渡された人はかなりの数にのぼり、多くが実際にかけてくる。「話したくなったら、いつでも電話してください」と私はサニーに言った。「あまりよく知らない相手のほうが本音を打ち明けやすいときもありますよ、同じことを乗り越えてきた、気持ちがわかりあえる相手なら。だから、いつでも私に電話をください」

グレーブゼンドのその小さな家に、私たちは一時間近く滞在し、そろそろおいとましようかというころ、ウェンジャン・リューの父親が私のそばをほとんど離れようとしないのに気づいた。ときおり私のほうへ身を傾け、彼の肩が私の腕に触れた。「ありがとう」と彼は何度も礼を言った。「ありがとう、ありがとう」と。私は体を引っ込めたりせず、むしろそばにいることを感じてもらえるように、彼のほうへ身を寄せた。先導隊が私たちを家から引き離しにやって来たとき、ウェイ・タン・リューはどうしても見送ると言い、木綿のタートルネック一枚にスラックス、靴下にサンダル履きで、寒い外まで出てきた。彼は寒さなど感じていないようすで、ずっと私のそばを離れず、私が知るべき何かを必死に伝えようとしているように見えた。ウェイ・タンは何度も、息子を失った日を「人生で最も悲しい日」と呼んだ。ウェンジャンは儒教的な親孝行を絵に描いたような息子だった、親を敬う、素直で思いやりのある息子だったと、その死を悼み集まった人々に彼は語った。体調を崩すといつも、医者に見せたほうがいいと病院に連れていってくれた。また、縫製工場に立ち寄っては、出来高払いの仕事を仕上げるのを手伝い、そのあと家まで送ってくれた。そして、自分のシフトが終わる前には毎日電話をくれ、今日も無事に仕事を終えて家に帰るところだと安心させてくれた。「だからもう心配しなくていいよ」リュー巡査はいつも父親にそう言っていた。

けれどもそうした話を、私はそのとき何一つ知らなかった。ウェイ・タンには私にそれを語る英語力はなかったし、私のほうも彼の広東語を理解できなかった。家の前で、そして一列に並んで警護に当たる警官たちを前に最後に抱擁してくれたとき、彼はさも別れがつらそうに、しばらくのあいだ私を放そうとしなかった。私たちは長いあいだその場に立ち、彼が一人息子と暮らした家の前の狭い歩道で、しっかりと抱き合った。そのとき二人は、ただの〝父親〟だった。彼が私に伝えたかったこと、そのすべてが理解できた――少なくとも、私にはそう思えた。

第四章　信　頼

「失礼します、大統領がお待ちです」その電話は、二〇一五年に年があらたまって最初の月曜日、定刻どおり昼の一二時半にかかってきた。その日に相談したい事項を書き留めたカードを手に取り、毎週恒例の二人だけのランチへと向かった。自分の執務室から歩いて四五秒――このごくわずかな時間に、私はときどき思い返すことがあった。オバマと私のあいだで、そのうち一緒に食事をしないかという話が初めて出たときのことだ。あれはちょうど一〇年前のことだった。オバマは四三歳、上院議員になったばかりで、ワシントンで自分の立ち位置を確立しようと努力していて、上院外交委員会のメンバーに加わりたいと考えていた。当時私は、その委員会で民主党の中心議員であり、空席となっていたメンバーに誰を選ぶか決められる立場にあったので、彼が面会を求めてきたというわけだった。

オバマ上院議員を委員会に迎えれば、大きな戦力になることは明らかだった。彼は深い知性をもち、また職務に熱心に取り組む姿勢があるだけでなく、世界におけるアメリカの役割とその可能性および限界について、私と認識がほぼ一致しているように思えた。さらにまた、その前年の夏にジョン・ケリーが大統領候補指名を受けた民主党全国大会で彼が行なった基調演説に、その場を埋めたすべての聴衆と同様、私もまた非常に感銘を受けていたからだ。「アメリカの真髄、それは夢への信頼であり、小さな奇跡の追求です」と語りかける彼は、私とまったく同じ考えをもつ仲間のように思われた。「人々は政府にすべての問題を解決してほしいとは望んでいません。ただ彼らは心の奥底で、優先順位を少しだけ変えてほしいと思っているのです。私たちにはできるはずです。アメリカのすべての子どもたちが満足のいく人生を送れるように、またすべての人々が、等しくチャンスを与えられるように」

だから、バラクの表敬訪問を受けたその寒い冬の日、私は彼に告げた。自分は喜んであなたを委員会に迎えたいと考えており、必ずそれを実現するつもりだと。だが、ゆっくり話をする時間はなかったので、お互いをもう少し知るためにぜひまた会おうじゃないか、と私は誘った。そのとき彼はまだ家族とシカゴで暮らし、私と同じくワシントンに通っていると知っていたので、よければそのうち一緒に簡単なディナーでもどうか、上院での仕事を終えたあとワシントンで、たとえば議事堂のすぐ近くにあるイタリアンレストランででもどうだろうと提案した。「高級な店じゃないがね」するとと彼は、「いや、いい店に行きましょうよ」と言ったあと、著書の印税が入ったので余裕があると説明した。「支払いのほうは問題ありませんから」

「支払いのほうは問題ありません」と彼が言うのを聞いたとき、なにやら奇妙な、傲慢と言ってもいいような印象を受けた。だがその後、彼と親しくなってから私はようやく思い当たった。彼はあのとき、金には不自由していないと言いたかったのではなく、私に懐具合を気遣われたのだと感じて気を悪くしたのかもしれないと。だがじつは、この私こそが金銭的に余裕がなかったのだと、おそらく彼は思いもしなかっただろう。そのとき約束したディナーの機会は結局訪れなかったが、彼とはその後、長きにわたって、数えきれないほどランチをともにすることになった。

私を副大統領候補として考えているとオバマから初めて電話が入ったのは、二〇〇八年の六月、大統領候補の指名を受けるのに必要な代議員数を確保してすぐのことだった。ウィルミントンの自宅に戻る電車のなかで携帯に着信があり、身辺調査をする許可を得たいと言われ、私はノーと答えた。「できることならなんでも手伝おう。だが、副大統領になりたいとは思わないんだ」当然ながら、軽い気持ちで言ったわけではない。そうした申し出を受けて光栄には思ったが、私はそれまで上院議員を三五年間務め、自分が敬意を抱く組織で働けることに心から満足していた。辣腕議員として、また重鎮として尊敬を集めてもいた。私のボスは私自身であり、誇りをもって自分の役割を果たしていたし、副大統領になるよりも、上院外交委員会の委員長でいるほうが大きな貢献ができると信じていた。だが、オバマは、ただだめもとで言ってみたわけではないと食い下がり、すでに私を最有力候補として考えていることを匂わせた。「本気ですよ」と彼は言った。「いますぐ返事がほしいんです」

「それなら答えは〝ノー〟だ」

「ジョー、お願いします。家に帰って、まずご家族と相談してみてください」

私はそうすると答え、電話を切るとすぐに妻のジルに電話を入れ、帰宅したら家族会議を開きたいと告げた。そしてその晩、私を含め家族五人が話し合いの席についた。

驚いたことに、家族の反応は予想外のものだった。全員が口をそろえ、オバマの依頼を受けるべきだと言ったのだ。ボーとハンターの二人は、私がいればペンシルベニアやオハイオ、フロリダなど、選挙戦で重要になる州でオバマを勝たせることができるだろうし、私の外交政策の経験が指名に有利になるはずだと言った。

ジルはといえば、オバマから電話があってほっとしているようだった。彼女はどうやら、オバマは私を国務長官に就かせるつもりだと、重要なポストにある民主党議員たちからそれとなく言われていたようで、そうなると私は今後四年間を各国の首都や飛行機のなかで過ごすことになるのではないかと、気が気ではなかったらしい。私が副大統領になることは家族全員にとって新たな挑戦になる、と彼女は言った。ワシントンでの拠点として副大統領公邸があることも、ジルには魅力的に映ったようだ。官邸からほんの数分のところにハンターの家があり、もう数分先にはボーの家があるため、ハンターの三人の娘やボーの二人の子どもたちにいままでより頻繁に会えるからだ。また、それまでの三五年間、上院の会期中に私が通勤に費やしていた毎日四時間もの時間が浮くことにもなる。

さらにもう一つ、もっともだと納得させられる意見が出た。私がこの選挙戦に加わることはごく些細な事柄かもしれないが、それによって合衆国史上最初のアフリカ系アメリカ人の大統領（それもこの私自身が偉大な大統領になるだろうと信じている人物）の誕生に貢献することになるというものだ。これについて、翌日に開いたもう少し大人数の家族会議の席で、私が生涯をかけて取り組んできた公民権や人種間の平等を求める闘いをずっと見守ってきた九〇歳になる私の母が、こう言った。「ねえジョー、これまでの話をはっきり確認しておきたいのだけど。つまりあなたは、史上初のアフリカ系アメリカ人の大統領になる可能性がある人物から、勝つために力を貸してほしいと頼まれた。そしてあなたは、それに対して〝ノー〟と言ったのね」

家族のこうした後押しがあったとはいえ、決断をくだすのはやはり容易ではなかった。長らく政治にたずさわってきた私は、じつに八人もの歴代副大統領を見てきており、彼らの歩んだ道を知っていたからだ。副大統領の職には長く語りつがれる歴史があるが、それは〝笑い話のオチ〟としてだ。たとえば、あのベンジャミン・フランクリンは、副大統領のことを「無用なる閣下」と呼ぼうと提案したと伝えられる。またリチャード・ニクソンは、ドワイト・アイゼンハワーが八年間に及ぶ大統領の任期中に唯一放ったジョークの犠牲となった。それは、当時彼の副大統領だったニクソンが次期大統領選で、ジョン・F・ケネディを相手に苦戦している最中、ニクソンが貢献した重要な案件をいくつか挙げてほしいと記者に問われたときのことだ。「一週間くれれば」とアイゼンハワーは答えた。「一つぐらいは思いつくかもしれない」

「心からお悔やみ申し上げる」カルヴィン・クーリッジが副大統領に就いたとき、前任者のトーマス・ライリー・マーシャルは彼にこんなメッセージを書き送った。マーシャルは驚くほどの謙虚さときらめくユーモアを副大統領の職にもたらした人物であり、副大統領とは「強硬症患者《カタレプシー》」である、という言葉を残している。「話すことも動くこともできない。苦痛を感じることもない。現実に起きていることのすべてを完璧に承知しているが、それに関与することはいっさいない」

就任して間もないころ、マーシャルは副大統領の職について次のようなたとえ話で語った。「ある女に二人の息子がいた。一人は船乗りとなり、もう一人は副大統領に選ばれた。だが、その後どちらの消息もぷっつり途絶えてしまった」。トーマス・ライリー・マーシャルは副大統領として八年間務め、第一次大戦中のアメリカの舵取りを支えたが、その後は歴史の〝証人保護プログラム〟に守られて表舞台から姿を消した。人気クイズ番組『ジェパディ！』で、ウッドロウ・ウィルソン大統領のときの副大統領を問う質問が出されたら、おそらく視聴者から苦情の電話が来るだろう。だが、少なくともマーシャルは気分よく在任期間をまっとうしたようだ。一方、ネルソン・ロックフェラーが副大統領を務めたのはわずか二年だが、すぐにその地位に幻滅し、「仕事といえば、葬儀に参列したり、地震の見舞いに行ったりするばかりだ」と不満をもらした。

最も辛辣な言葉をはいたのは、ダニエル・ウェブスターだ。一八四〇年に大統領選に出馬したウィリアム・ヘンリー・ハリソンの副大統領候補に党内で指名されたとき、彼は「実際に息絶えて棺に入るまでは、葬り去られたくない」と言ってためらった。だが彼は、副大統領の職がもつよい面を誤算していた。なんと、ハリソンは就任後わずか一カ月で亡くなり、在任中に死去した最初の大統領となったのだ。あのとき引き受けていれば、ウェブスターはほぼ一期四年、大統領の地位にいられたのである。彼はその八年後に、またも副大統領候補の指名を拒絶したが、そのときの大統領候補だったザカリー・テイラーが就任後一年四カ月で亡くなったため、在任中に死去した二人目の大統領を目の当たりにすることとなった。

さて、オバマから副大統領候補の誘いを受けてから一日か二日のあいだ、大統領に〝仕える〟立場となることについて、私は悶々と考えた。何よりも悩んだのは、四〇年近くものあいだ一度もやったことのない、ほかの人間のために働くということが、果たして自分にできるのかということだった。そんなふうに心を決めかねているとき、かつて私の首席補佐官を務めた、長年の友人でもあるテッド

・カウフマンが言った。「大統領の首席補佐官が入ってきて、きみに任務を与える初日に、ぼくは副大統領の執務室にいたくないな」彼の言いたいことはよくわかった。「私はこれまで上司に仕えたことがない」と、一度ジルに言ったことがある。「部下としてどう対応すればいいかわからないんだ」実際は一度どころか、うんざりするほど何度も言ったのだろう。「自分が賛同できない政策を進めなければいけないとき、どうしたらいいんだ……？」「ナンバーツーの立場というのは、どんな気分なんだろう……？」「上司なんてものに一度として仕えたことがないんだ。そんなことでうまくやっていけると思うか？」とうとうジルは声を上げた。「ジョー、もうやめて。いいかげん大人になりなさい」

私は身辺調査を受けることに同意はしたが、喜び勇んでというわけではなかった。

調査チームは、私が深刻に対立している相手がいないかを確認するため、私の財政状態を徹底的に調べた。銀行口座、資産、住宅ローン、未払い請求書、その他の負債。さらに、過去一〇年分の納税申告書や、議員職以外のビジネスにかかわっているかどうか、また保有する株式についても詳しく調査した。結果的にたいしたものはなかった。副業収入はなかったし、株も債券も保有していなかったからだ。資産といえるのは、自宅と個人年金だけ。ジルにしても、教員年金のほかに母親から贈与された預金証書があるだけだった。「これで全部なのかい？」オバマはそう調査チームに尋ね、身辺調査が終わって私と会ったとき、私の顔をじっと見て、「世界一簡単な調査でしたよ」と冗談を言った。「あなたは本当に、なんにももっていないんですね」

何度も行なわれた調査チームとの面談の最後の回は、上院の議場のすぐそばにある私のオフィスで行なわれた。八人か九人の弁護士が最終的な詰めのチェックを行なったあと、二、三残っていた質問に移り、いよいよ最後ということで、主任弁護士が尋ねた。「では委員長、最後に一つだけ質問を。それですべておしまいです。なぜ副大統領になりたいと思われたのですか？」

「なりたいとは思っていません」と私は答えた。

「委員長。まじめな話、あなたはなぜ副大統領になりたいと思われたのですか？」

「私は副大統領になりたいとは思っていません」私は繰り返した。「もし彼がそれを望み、私で役立てるなら、やるつもりです」

どういうわけか、そのときのやりとりが家族に知られるところとなり、みんな気に入らなかった。私が自分の未来をつぶそうとしていると考えたようだ。

副大統領になるべきだとはっきり悟った瞬間のことを、私は明確に覚えている。選挙集会の期間中、私はオバマに呼び出され、ひそかにミネアポリスに飛んだ。ジーンズに野球帽、サングラスという格好で、彼が滞在するホテルのスイートルームをこっそり訪ね、そこで二人の関係を構築していくうえできわめて重要な話し合いをした。私はすでに、民主党の大統領候補予備選挙の討論会や、上院外交委員会で彼と仕事をした経験から、重要な問題に関して二人の考え方に本質的な差異はないとわかっていた。違いがあるとしたら、戦術の点ぐらいだ。だが私はそのとき、政策を、とくに外交政策を進めるうえで私の協力が必要だと言ったのは本心からだったのかとオバマに尋ねた。彼がそうだと答えたので、私は続けて尋ねた。彼の政権では中間層の復活が政策の目玉になると言ったが、それを本気と考えていいのか、と。

「はい」と彼は答えた。「本気です」

その言葉を私は信じた。彼は誠実で、約束を守る高潔な人物だ。それに、間違いなくすばらしい大統領になるだろう。私はそう確信していた。

二人だけのその席で、主導者として指揮をとりたい特定の分野があるかと尋ねられ、私はとくにないと答えた。上院議員を三五年もやれば、主要な問題でかかわっていないものはまずなかったから、ある特定の分野だけに力を貸そうとは思っていなかった。あらゆる分野において影響力をもちたかったのだ。あなたが私に任せたいと思うことは、なんでもしよう、と私は答えた。そして政策への支持を明言し、擁護すると約束した。だが私は、はっきり線引きされ、特定の業務だけを任されるのはいやだと伝えた。「あらゆる重要事項の決定に最後までかかわる人間になりたい」と私は言った。「もちろん大統領はあなたで、私ではない。それはわかっている。だが、あなたが必要としているのが私の経験なら、最後まで意見を述べさせてほしい」

残る唯一の課題は、すばらしく有能なオバマのチームと、私がいかにしてうまくやっていくかということだ。それは彼にとっても非常に重要な問題だった。そこで彼は、まずは選対本部長と首席戦略官に会い、選挙戦における私の役割を話し合ってほしいと言った。そこで、人目を避けて自家用機でニューカッスル空港にやってきた彼らをボーとジルが出迎え、マスコミに嗅ぎつけられないよう、私の妹の家まで送り届けた。この打ち合わせは非常に有意義なものとなり、別れるころには全員がうまくいくと確信していたと思う。

歯科医院の待合室で、ジルが治療を終えて出てくるのを待っていたとき、オバマから電話が入った。最終的な決断をくだした、副大統領候補になってほしいと彼に告げられ、私はためらうことなくイエスと答えた。それはじつに気持ちのいい瞬間だった。

「楽しみにしていますよ」と彼は言った。

「私もだ」

受諾した三〇分後、ジルとともに自宅の玄関に入っていくと、アシュリーがキッチンに座っていた。彼女は私たちの表情から何かを読み取ったに違いない。「パパ、電話をもらったのね？」

「ああ、そうだ。彼からね」

「それでパパは、〝イエス〟と言ったのよね？」

「そうするって言ったじゃないか。ああ、引き受けたよ」

するとアシュリーは、いきなり立ち上がって抱きついてきた。「ねえパパ、パパはいつもシェイマス・ヒーニー（ノーベル文学賞を受賞した北アイルランド出身の詩人）の詩を引き合いに出してたわよね」あのころは、家族の誰もが「トロイの癒し」を暗唱できたと思う。長年にわたって、私が何度も口にするのを聞かされていたのだから。

歴史は語る
墓のこちら側に希望を託すな、と
しかし生涯で一度だけ

待ち望んだ正義の波が生じ
希望と歴史が
重なることがある
「パパ、いまこそ希望と歴史が重なったのね」
「うまいことを言うな」と私は軽く返した。「オバマが希望で、私が歴史ってことか」
だが娘がどういう意味で言ったのかはわかっていたし、彼女がとてもうれしそうなのを見て、私もうれしかった。私たちは手分けして電話をかけ、家族みんなにこのグッド・ニュースを伝えた。私たち家族が正しい決断をくだしたことを一瞬たりとも疑いはしなかった。
副大統領候補に決まったとき、副大統領経験者のウォルター・モンデールにアドバイスを求めたところ、ジミー・カーター大統領と週に一度昼食をともにしたことが仕事上の円滑な関係を築く土台になったと言われた。そこで、バラクと私はこのアドバイスに従い、二人だけで話ができる定例ミーティングを毎週行ない、その場ではそれぞれの思いをどんなことも忌憚なく話そうと決めた。ホワイトハウスに入った最初の月に、さっそく第一回のランチミーティングを行なったが、それから六年を経てもなお、私はこのミーティングを楽しみにしていた。ともに過ごす時間を十分にもてなかったというわけではない。当初からオバマは、自分の出席する重要な会議には必ず私に参加を求めた。それまでの六年間で、シチュエーションルームでともに過ごした時間は一〇〇〇時間に達していただろう。

私たちは毎朝いちばんに、オーバルオフィスで機密情報のブリーフィングを行なった。私はまた、彼の安全保障チームが週に一度開く閣僚級委員会や、外交および経済政策顧問との会議、各国元首が訪米した際の二国間首脳会議、両院の院内総務との打ち合わせにも同席した。それがたんに形式的なものではないと気づくのに、長くはかからなかった。あらゆる案件において、オバマは私の〝読み〟を必要とし、私をそばに置きたがった。大統領に接触してくる人物はほぼ例外なく、多大な期待を抱いてやってくる。たんにお墨付きを得て安心したい場合もあるが、ほとんどは直接〝話を聞いて〟もらうのが目的だ。オバマは彼らから逃れることはできず、くたくたに疲れ果ててしまうこともあった。「彼らはなぜ、いちいちこちらに話をもってくるんだろう？」オバマはある日、議会の代表団の一人が部屋を出ていったあと不満げに言った。「つねに後押ししてもらわないと気がすまないんだろ」私が言わずとも彼には答えがわかっていたのだが、それにとられる膨大な時間とエネルギーにいらだっていた。だから私がそばにいて、そうした負担を少しでも肩代わりできると、彼は喜んだのだ。

オバマ政権の二期目が終わりに近づいたころ、長く彼の個人秘書を務めてきた女性にこんなことを言われた。あるときふと、興味を抱いて計算してみたら、大統領と私が二人ともワシントンにいる日は、一緒にいる時間がほぼ四時間半にも及んでいたというのだ。そのころ二人のどちらかでも、睡眠時間を除いてそれほど多くの時間を妻と過ごせていただろうか。ただし、それだけ一緒にいたとしても、会議の合間のごく短い時間を除けば、二人きりだったことはほとんどなかった。だから、恒例のランチミーティングは、誰かに聞かれる心配もなくざっくばらんに話せる唯一の場だった。私たちは、政権や国、世界が当時直面していた最も重要な問題をじっくり議論することができた。また、それぞれが抱える個人的な問題についても腹を割って話せた。もしどちらかの言動が相手を怒らせたり失望させたりした場合には、毎週のランチミーティングがわだかまりを取り除く時間になった。もっとも、そのようなことはめったになかったのだが。オバマが再選を目指していた二〇一二年、NBCの日曜朝の報道番組『ミート・ザ・プレス』に出演した私が、同性婚に「いっさい違和感はなく」、異性カップルとまったく同じ市民権と市民的自由をもつ権利があると大統領に先んじて口にしてしまった、いわゆる〝バイデンの失言〟によってホワイトハウスと選挙スタッフが大パニックに陥ったときでさえ、オバマとの関係に深刻な亀裂が入ることはなかった。その翌日、私がオーバルオフィスに入っていくと、オバマは椅子からさっと立ち上がり、にやりと笑いながらこちらへやってきた。「ジョー、たしかあなたは、奇抜なことやらしくないことはしないと言っていましたね」彼は私がみんなを大騒ぎさせたのを笑い草にして、次の選挙戦には気合を入れて臨まなければならないと言ったのだ。しかし彼は、私が重要視している問題について自分の気持ちを率直に述べたことを非難はしなかった。

ランチミーティングでは個人的な話題が出ることも多かった。それぞれの妻のことや、彼の娘たちと私の孫たちが親しく友だちづきあいをしていること、彼女たちの近況のほか、ゴルフについてもよく話した。

「ぼくが何に驚いているかわかるかい?」最初のころのランチミーティングでオバマは言った。「われわれがこんなにもいい友人同士になれたことだよ」

「あなたでも驚くことがあるとはね!」と、私は冗談で返した。

二〇一五年一月五日、副大統領になるのを受諾してから六年半近くたったその日、ランチミーティングのためにオーバルオフィスに入っていくと、オバマはいつものようにデスクについていた。「さあおなかはすいているかい？」彼はそう言うと、執務室の横にある書斎の奥に私を案内した。そこはオバマ専用のダイニングルームで、フォーマルなテーブルセッティングがしてあった。私物は数えるほどしかなく、二人の娘の写真が何枚かと、ガラスケースに入った赤いボクシング用グローブが置いてあるだけ。モハメド・アリのサイン入りだ。二人ともスーツの上着を脱ぎ、長さ一・八メートルほどのマホガニーのテーブルの両端にそれぞれ向かうと、ニューヨークで行なわれた警察官の葬儀の件はよくやってくれたと、ねぎらいの言葉をかけてくれた。

「今日の話題は？」腰を下ろすと、彼は尋ねた。

オバマはクリスマス休暇を過ごしたハワイから戻ったばかりで、ふだんの穏やかな表情がいっそう柔らかくなったように見えた。彼にとって最後の中間選挙が終わり、民主党には厳しい結果となったが、彼としては、出馬して有権者の審判を受けるようなことはもう二度としなくていい。在任期間はまだ二年残っているから、それを有意義なものにしようという意気込みが感じられた。私たちが解決すべき重要な問題がまだいくつも残っていて、彼はその日のランチミーティングで話し合いたい優先リストを用意していた。オバマは、私がボーの闘病について明かした数少ない相手の一人だ。治療や相談のため、ひそかにヒューストンやフィラデルフィアに足を運ぶことが何度かあったため、彼には言っておくべきだと思ったのだ。ボーは、この件を公表しないでほしい、報道されることのないようにと望んでいた。オバマはその気持ちを十分に理解してくれ、私も彼なら誰にも言わずにいてくれると信頼していた。その一方で、オバマが私をまだ必要としていることもわかっていた。私が任されている重要な案件はどれも、ほかの誰かに簡単に引き継げるものではなかったからだ。どれ一つとして放り出すようなことはしないから大丈夫だと、私は彼を安心させたかった。

私がワシントンにいるあいだに、大統領の権限は驚くほど増大し、それとともに、大統領が成し遂げうるもの、成し遂げるべきものに対する国民の期待も膨れ上がっていた。大統領が週単位で取り組む案件の重要度は圧倒的に増し、重要でも緊急でもないものはそもそも大統領のもとには届かない。就任したその日から、この若き大統領のデスクには、イナゴの大群以外のすべてが襲いかかってきた。バラク・オバマは、ここ四代の大統領のなかで最も厳しい世界的金融危機のさなかに就任宣誓を行なった。あまりにも深刻な状況だったため、経済問題担当チームの全員がオーバルオフィスに集まり、毎日一時間かけて、次々と明らかになる危機にどう対処するか計画を練った。「われわれが何をしようとも、少なくとも半年間は、月に何十万人もの失業者が出るのを食い止められないでしょう」オバマ政権が発足してまもなく、首席エコノミストは言った。大手銀行は倒産の危機にあった。経済は崖から落ちる勢いで急降下していた。アメリカ国民は家を、医療を、そして長年かけて蓄えた貯蓄を失おうとしていた。人々は希望を失いつつあった。税収の減少が、連邦政府、州政府、さらに地方政府を圧迫した。破産の危機にある町では、多くの教師や警官を解雇しなければならず、国の柱である教育と治安が揺らぎはじめていた。オバマ大統領はさらに、前政権からイラクとアフガニスタンでの武力戦争を、いずれも勝利に向けた具体的な戦略がまったくないまま引き継いでいた。わずかな金銭的余裕すらないこの時期、両戦争のために、なんと毎月一五〇億ドル近くも費用がかかっていたのである。

バラク・オバマがいかにすぐれた才能と手腕の持ち主であっても、すべてに対処するなどとうてい無理だ。現代の大統領がみなそうであるように、彼もやはり業務の多くを閣僚や国家安全保障の専門家、首席補佐官、そして副大統領に任せなければならなかった。だが、それには相手への信頼が不可欠だ。オバマを知る者はみな、彼が他人を簡単には信頼しないことを最初からよくわかっていた。政党スタッフの一人が、オバマ大統領は「身軽に旅をする」と言った。政界における異例の出世も（二〇〇三年にはシカゴのサウスサイド地区のほぼ無名の州議会議員だったオバマは、五年後に合衆国大統領となった）、彼が身軽な旅人であったからこそなしえたのだろう。オバマが妻のミシェルと娘たち以外の人間に〝与《くみ》する〟ことはないように思う。選挙資金の寄付者にも、労働組合幹部にも、人権活動団体にも友人にも。オバマはいかなる重要な決断においても、政治献金や人種的アイデンティティ、個人的愛着や感情などによって自分の判断を曇らせはしない――有権者はそう直感でとらえていたと思う。自分が見たままに判断をくだす人物だと、オバマを心から信頼していたのだ。

オバマのさらなる強みは、ほぼ絶対的ともいえる自信だ。たいていの人間とは違って、他人にどう思われるかということに価値をまったく見いだしていないのだろう。ひどい侮辱や不当な批判を受けても、彼はほとんど動揺したことがない。彼に対する無礼な態度（大統領その人に、まさにその執務室で）に私のほうが頭にきて、相手に殴りかかろうかと思ったことは何度もある。彼のために私が腹を立てたと知ったバラクが、ことを荒立てるなと私を制することもあった。「ジョー、いいこともあれば悪いこともある」と彼はよく言ったものだ。いざとなれば、彼は自分で身を守れるのだとわかっていたので、たいていの場合は見逃すことにしていたが、どうしても怒りを抑えられないこともあった。「大統領のことをそんなふうに言うな」と、私は、かつて同僚だった民主党の元上院議員を怒鳴りつけたことがある。大統領の考えには賛成だが彼のことは好きじゃないと彼女が言ったからだ。「私の友人をそんなふうに言うなら、きみとはもうまともに付き合えない」と私は伝えた。

とはいえ、オバマに対していらだちを覚えることがなかったわけではない。八年間ずっと彼を近くで見てきて、その戦略的判断を疑問に思うことは一度もなかったし、政策に関して大きく食い違うこともめったになかったが、彼が慎重すぎるのではないかと思うことはあった。「大統領、自分の直感を信じればいい」そんなときにはこう言ったものだ。重大な決定を早急に求められた場合、大統領が得られるのは必要な情報のせいぜい七割だと、長年の経験からわかっていたからだ。だから、ひととおり専門家の意見や統計資料、データ、機密情報などを確認したら、躊躇なく自分の直感に頼ればいいのだ。

互いに対しておもしろくないと感じることもあったが、オバマは私に不満があるときは、二人だけのときに直接伝えてくれた。夜のテレビニュースで知らされることはなかったから、その日の終わりに、はっきり言ってくれたことに感謝したものだ。私のほうも、ごくまれに本気で腹を立てたときは、彼にその怒りをまっすぐぶつけた。ためらうことはなかった。だが、それが友だちというものだろう。互いに対等であるべきなのだから。実際にこうしたことがあったおかげで、オバマと私の関係はより深まったように感じている。

オバマは一国の大統領として、できうるかぎり私を対等に扱ってくれたと思う。彼から命令されることはなかった。「ぼくは、ジョーのスケジュールに口出しはしないよ」と彼はスタッフによく言っていた。「ジョーも同じだ。彼がぼくのスケジュールに口出しすることもない」と。最もありがたかったのは、副大統領になる話を承諾するときに私がつけた条件を、尊重してもらえたことだ。聞いたところでは、彼は選挙運動のスタッフに冗談で、私に「ジョー、アドバイスがほしい。ただし一〇分以内で、六〇分じゃなく」と言ったことがあると語ったという。だが、彼は当初の約束を最後の最後まで守ってくれた。重大な決断をするにあたって、助言を求めるために彼が自分の執務室に呼ぶ最後の人物は、どんな場合もこの私以外にはいなかった。

私はできるかぎりのアドバイスや知識を提供したが、簡単な励ましも与えるようにした。大統領としての気苦労は、その地位にあれば誰にも重くのしかかってくるものであり、オバマもやはり落ち込むことがあった。そんなときは口数が減り、じっと黙って何かを考えていた。彼がそうなる気配を感じたとき、私は執務室での会議が終わってもそのまま居残り、全員が出ていってドアが閉まるまで待った。そして二人きりになると、こう切り出した。「いいかい、大統領。国にとって最大の希望は大統領なんだ。人に〝希望〟を抱かせるのではなく、あなたが世の中の〝希望の光〟となるんだ」

ともに過ごす時間があまりにも長かったので、大統領という要職のプレッシャーを和らげるための暗黙のサインや、二人だけに通じるユーモアが生まれた。オバマはときどき、思っていることを声に出して言うこともあった。なぜX上院議員はこんなことをするんだ？　なぜY下院議員はあんなことをする？　なんの必要もない、まったくの無駄じゃないか。それに、あまりにも無礼だ。なぜなんだ？　そんなとき私は、おじのエド・フィネガンの話をもちだした。おじはこの手の疑問に対して、具体的とはいえないが、必ず納得のいく答えを返してきた。「いいかい、ジョーイ」と言ってから、こう続けるのだ。「愚か者のすることを説明などできんのだよ」エドおじさんのこのせりふは、二人のあいだのちょっとした符牒、二人だけに通じるジョークとなった。ある外国の首脳がホワイトハウスを訪れたとき、彼は大統領の執務室に尊大な態度で入ってくるなりこう言った。「バラク、私は強く、きみは弱いと人は言うが、そんなときはこう言ってやるんだ。いやいや、彼も強いぞと」するとオバマは私とちょっと顔を見合わせ、いつものように涼しい顔でこちらに向かって眉を上げながら言った。「エドおじさんか」

オバマは当初からたくさんの具体的な仕事を私に任せてくれたが、どんなときもそれを不安視することはなかった。大統領に就任して数週間後、外交政策および国家安全保障チームの会議の席で、イラク問題の選挙公約を実現するプランを用意してあると外交政策を担当する側近たちが言うと、オバマは全員を見回して言った。「イラクの件はジョーに任せる。その方面に明るいからね。相手をよく知っているんだ」彼はまた、最初の重要法案を任せてくれた。その法案とは、オバマ政権発足後一カ月もたたないうちに成立したアメリカ復興・再投資法だ。まず、連邦議会で必要な票数を集め、その後、緊急経済対策に割り当てられた七八七〇億ドルがすみやかに、かつ効果的に使われ、大規模な公共事業の予算につきものの無駄遣いや不正行為が決して起きないようにする役目を、彼は私に託した。大統領と共和党下院議長との（あるいは両院の院内総務間での）予算折衝が不調に終わり修復不可能となったとき、私がかつての同僚たちとなんとか妥協点を見いだし、法案通過のための票を確実に得られるようにと、オバマは私を議事堂に送り込んだ。また、ウラジーミル・プーチンがウクライナを揺るがす軍事行動に出たときには、私をウクライナに派遣した。中米北部三角地帯諸国（ホンジュラス、グアテマラ、エルサルバドル）から、親から離れて国境を越えた子どもたちがわが国に殺到して大問題になったときも、オバマは私の方を向き、「ジョー、あなたがなんとかしてくれ」と言った。

その後まもなく、南北アメリカ大陸の国々——北部三角地帯諸国、ブラジル、カリブ海諸国などすべて——との不安定な関係を修復する仕事を引き継ぐようにと大統領から頼まれた。そのとき彼は、「ジョー、あなたならできる《ユー・キャン・ドゥー・ジス》」と冗談めかして言った。「あなたは新しい友人をつくるのが上手だからね。それに、こうした国々とは時差がない」いや、ほとんどの国とは時差があるとは指摘せず、私は黙ってこの新しい任務を引き受けた。オバマは私が失敗することはないとわかっていたのだ。

彼から直接そう言われたことは一度もない。だが、在任一期目の終わり近く、あるイベントでシカゴに向かう途中でミシェル夫人とゆっくり話す機会があり、こう言われたのだ。「ジョー、バラクはあなたを信頼してる」

その信頼は彼からの一方的なものではなく、私のほうも彼を頼りにしはじめ、それはしだいに仕事の面だけにとどまらなくなっていた。ボーの闘病について家族以外に知らせたのは、彼が初めてだった。二〇一三年、大統領と私は、たまたま私の生まれ故郷であるペンシルベニア州のスクラントンで政治集会を開く機会があったのだが、それは私がヒューストンのMDアンダーソンがんセンターを初めて訪れ、打ちひしがれて戻ってきた日の翌日だった。会場には何千もの人が集まっており、その時、オバマは、二人きりのときに面と向かってはとても言えなかったであろう言葉を私にくれた。「今日はジョーと私にとって特別な日です」彼は聴衆に向かって語りかけた。「なぜなら、ちょうど五年前の今日、二〇〇八年の八月二三日に、私は本拠地であるイリノイ州スプリングフィールドで、ジョー・バイデンを副大統領候補に決めたと発表したからです。それは、私が下した政治的決断のなかで最良のものでした。なぜなら、私は彼のことが大好きで……

……ですから、ここにいるみなさん全員に知ってほしいのです。ジョーがそばにいてくれて、私はなんて幸せ者なんだろうと。たんに副大統領としてだけではありません。何よりも、すばらしい友人だからです。それに、彼の家族のことも大好きです」

ボーが診断を受けたその週から一年四ヵ月のあいだ、私は家族以外の誰にも、大統領にさえも、ボーがどれだけ深刻な状態にあるかを知られることのないよう努めてきた。ボーの闘病が厳しいものだとオバマはうすうす感づいてはいたようだが、詳しい説明を求めてくることはなかったし、私からもあまり話題にしなかった。だが二〇一四年の半ばごろ、失語症が悪化したボーは、病気のせいで認識能力にも影響が出はじめるのではないかと不安になっていた。ハントと私は、ボーのことだから、そうなれば司法長官の任期が終わる前に辞職するべきだと考えるかもしれないと心配した。彼の当時の収入は司法長官としての給与だけだった。私はオバマに、二人だけのランチミーティングの席でこの話をした。

「どうするつもりなんだい？」とオバマが言う。

「まあ、彼はあまりお金をもっていないが、なんとかなるだろう」と私は答えた。「いざとなれば、ウィルミントンの自宅を二番抵当に入れてもいいと、ジルと私は考えている。どうにかなるさ」

「それはいけない」オバマの強い口調に、私は驚いた。感情的とさえ言ってもよかった。彼は立ち上がると、私の後ろにまわり、両肩に手を置いた。「私が用立てする。いつか返してくれればいい」

二〇一五年一月五日のランチミーティングで、私たちはまず、当時私が指揮をとっていたいくつかの重要案件についてざっと話し合った。それはイラク、ウクライナ、中央アメリカに関するもので、オバマ政権の外交における三大優先事項に位置づけられていた。オバマはそのころ、イラクやシリアをはじめとする中東全域でイスラム過激派組織〈イラク・レバントのイスラム国（ＩＳＩＬ）〉を弱体化させ、やがて全滅させるための包括的かつ長期的な対テロ戦略を公表したばかりだった。私はイラクの新首相と協力しながらその連立政権を支援し、イラク国内で増大しはじめているＩＳＩＬの勢力を弱めるために必要な資金や物資の援助を行ない、一方でトルコの大統領と首相にも、シリアのＩＳＩＬとの戦いをより積極的に行なうよう働きかけていた。また、このときすでに、二月初めのミュンヘン安全保障会議に出席するためスタッフたちに出張の準備をさせていて、その席で私はＮＡＴＯの同盟国に、プーチン政権との戦いに苦しむウクライナにいっそうの支援をしてほしいと強く訴えるつもりだった。さらにその二週間後には、北部三角地帯諸国の首脳たちとの二日間の会議に参加するため、グアテマラへ向かうことになっていた。そこでの私の仕事は、首脳たちに、彼らの「繁栄のための同盟」に財政支援をしてもいいとアメリカ議会が納得するような、厳しい政治的選択をしなければならないと説得することだった。

さて、オバマとのランチミーティングは、食事が進むにつれて、いつものように個人的な話題へと移っていった。私が大統領選に出馬するかどうかが、オバマはまだ気になっているようだった。彼はそれまで微妙に難色を示していたが、それには理由がある。一つには、マスコミが以前にも増して実際の政策論争より政治的ドラマを求めていることをよくわかっていたからだ。私が出馬を表明した瞬間に、ホワイトハウス西棟（オーバルオフィスなどがある）に関する報道は、大統領の動向から私に勝ち目があるか否かに移ることを二人とも知っていた。私はまた、ヒラリー・クリントンがほぼ確実に大統領候補に選ばれ、そのほうが自分にとってもよいとオバマがすでに結論を出していると確信していた。ヒラリーはきわめて有能で、準備は万全に整っているし、過去四〇年間にわたる政治活動でクリントン家が培ってきた強力な集票組織に支えられているとオバマは考えていた。ヒラリーと私のどちらを支持するのかとしつこくレポーターに問われたとき、彼は「ヒラリーもジョーもきわめてすぐれた大統領になるだろう。またそのような大統領に必要な資質をもっている」と、彼はソロモン王さながらの賢い答えを返し、「二人ともそれぞれ異なる強みがあるが、どちらもきわめてすぐれていることは間違いない」と語った。だが私は、オバマの元スタッフの多くはもちろん、現在のスタッフでさえ、何人かはヒラリーに肩入れしているのを知っていた。

二〇一五年の一月、オバマは私がヒラリーに勝てないと確信を強め、長期間にわたる指名争いは党を二分し、本選挙で民主党候補の勝利を危うくするのではないかと懸念を示した。何よりも、彼は二〇一七年に共和党員がホワイトハウス入りするのを見たくなかったのだ。私もその点はよくわかっていたので、反論はしなかった。それは彼の功績の問題であり、そうした功績の大部分はまだ覆えされるおそれがあった。ただ、もし共和党が次の政権を奪っても、まさか歴史的偉業ともいえる彼の医療保険制度改革や「女性に対する暴力防止法」、ＬＧＢＴの人々が勝ち取った権利を撤回させるなどとは思ってもいなかった。だが、共和党の大統領が選出されれば、オバマのとってきた外交政策を白紙に戻すことは実際にありうると二人ともわかっていたし、それだけは絶対に避けたかった。彼はまた、私が出馬して敗れるようなことになれば、私自身の功績に傷がつくと心配していたのだと思う。それにやはり、脳腫瘍と闘うボーを支える大変な時期に、私が副大統領の職務をこなし、なおかつ指名選挙に出馬するのは難しいと考えたのだろう。

その日のランチミーティングで、彼はその件を穏やかな言い方でもちだした。「今後八年間にわたって大統領を務める人物をもし私が任命できるなら、ジョー、それはあなただ」と彼は言った。「われわれは同じ価値観をもち、同じビジョンを抱き、同じゴールを目指している。選挙戦の感触を見て、あとはあなたが決めればいい」

この六年、あなたが大統領を務めるのをすぐそばで見てきたので、ホワイトハウスの住人になりたいとは思わない、と私が言うと、「世界で最も自由のきかない場所だからね」とオバマは返したが、それ以上は語らなかった。彼は自分の将来について想いを巡らしているようにも見えた。そして、この前のクリスマス休暇で、これからの二五年をどんなふうに過ごすか初めて思い描けたと言った。「大統領の立場にいるより、もっと多くのことができるような気がする」と。残りの人生を自分がどう過ごしたいかはよくわかっていると彼は言った。「ジョー、これまでそういうことを本気で考えたことはあるかい？　あなたは残りの人生をどう過ごしたい？」

残りの人生をどう過ごしたい？――あまりに難しすぎて、そのときの私には答えられない問いだった。「もちろん、馬に乗って夕陽に向かって去っていくさ。大満足で有終の美を飾る」とでも言えたらよかったのだが、私にとって、ことはそう単純ではなかった。一つには、プライドの問題もある。もし出馬しないと決めるなら、鏡に映る自分に向き合い、負けるのが怖いからではない、大統領になるのが怖いからではないとはっきり言えなければならない。怖気づいて逃げるのは耐えられなかった。それにまた、出馬するかどうかの問題は、ボーの件とも複雑にからみあっていた。つまり、目標と希望だ。大統領選出馬をあきらめるのは、ボーの命をあきらめると言うようなものだ。「私たちは希望を捨てるわけにいかないわ、ジョー」ジルはそう言いつづけた。「希望を捨てるわけにはいかないのよ」と。ボーは私の出馬を望んでいて、勝算がほとんどなくても、それは私たち家族に目標と希望をもたらしてくれた――運命にあらがう手段として。

あなたは残りの人生をどう過ごしたい？――バラク・オバマは友人だが、胸の内をすべて明かすことはできなかった。だから私は次のように説明した。私には二つの選択肢がある。一つは、家族と幸せな一〇年間を過ごすこと。彼らのために経済的に安定した基盤を築き、より多くの時間をともに過ごす。もう一つは、よりよい世界とアメリカを実現するためにその一〇年を使うことだ。「もし二つ目の選択肢に手が届くのなら」と私は言った。「残りの人生をそのために使うべきだと思っている」

第五章　忙しくする

いろいろな意味で大変な一週間になると、月曜にはわかっていた。翌日の二〇一五年二月三日は、ボーの四六歳の誕生日だった。もっとも彼は、大げさにされるのを望んでいたわけではない。私が自分の職務を果たすこと、しかも、ただこなすだけでなくしっかりと務めるよう望みつつ、ボーは生きるために闘っていた。精一杯闘う彼の姿、猛烈に、だが黙々と闘うその姿は、周囲の者を奮い立たせた。多形性膠芽腫《こうがしゅ》患者に予測される余命の一二カ月ないし一四カ月はとうに過ぎていたし、最新の画像検査では、ドクター・サワヤが切除しきれなかったわずかな細胞が増殖しはじめている明確な証拠は見つからなかった。ボーがくじけずに踏ん張り、回復するために必要ならなんでもしようという気構えでいることが、家族みんなに希望を与えた。もともと、二〇一三年の夏の終わりに治療が始まった当初から、ボーはがん専門医が立てる治療計画のなかで最も積極的な方法を選択してきた。テモダールという通常の抗がん剤を三倍量投与しつつ、テモダールの効果を高める被験薬の第I相治験への参加をドクター・ユンに提案されたとき、ボーは「やってみましょう」と答えた。その数カ月後、腫瘍をひときわ悪性化させている変異部に対抗するため、未承認だが期待のもてる新薬を追加してはどうかと提案されたときも、ボーは「やってみましょう」と言った。この新薬は、動物実験では効果が実証されたものの、人間を対象にしたものではそれを裏付ける研究はまだない、とドクター・ユンは慎重な言い方をした。不快な副作用の可能性もあるという。だが、ボーは言った。「皮膚に発疹ができたら、長袖を着て野球帽をかぶりますよ。大丈夫」

二〇一四年四月、治療開始から八カ月が経過したころ、ボーの発話能力に問題が出はじめた。新たな腫瘍が増殖したせいなのか、それとも六週間にわたる放射線治療の影響が遅れてあらわれたのか、医師たちも脳のスキャン画像からは判断できなかった。ドクター・ユンは製薬企業から特別な許可を得たのち、浮腫を抑えて腫瘍床周囲の血管からの出血を封じ込める効果が十分に検証されている治療薬を、試験的に投与してもよいかとボーに尋ねた。「やってみましょう」とボーは答えた。この新薬は静脈注射で投与され、太い注射針がひどく痛みを伴うこともあったが、ボーは決して文句を言わなかった。だが、ジルはよくわかっていて、週に一度の投与のためにフィラデルフィアまで彼に同行し、いちばんやさしく、注射を打つのがいちばんうまい看護師にあたるよう気を配った。

数カ月後の二〇一四年夏、ボーは値の張る新品のモーターボートを買った。それがあれば、ナタリーとハンターを連れてサスケハナ川やチェサピーク湾に出て、のんびり釣りを楽しめる。釣竿を手に、顔にしぶきを浴びながら水上で過ごすのがボーは大好きだったが、ここ何年かはつましく暮らしていた。ボーにはもちろんほかの誰にも何も言わなかったが、私もジルも、ボーはもしかして、あまり時間が残されていないかもしれないと覚悟しはじめているのだろうかと思った。来ないかもしれない明日を待ってもしかたがない、と。だがボーを見るたび、そんな不安は容易に打ち消された。ボーはまだまだ元気に見えたし、運動も続けていた。彼自身もそうだったように、私たちはみな、もうしばらくもちこたえることができれば、科学の力が病を追い越すのではないかと信じていた。医療の分野においては、目覚ましい変化が起きている。画期的な治療法、あるいは完治への道さえ見つかるかもしれない。私たちは自分にそう言い聞かせていた。

二〇一四年の夏、ボーは負けずにがんばっていたが、がんの診断を受けてちょうど一年がたつ八月になって、急に右腕と右足に力が入らず痺れを感じるようになった。だが、ボーは不平も言わなければ、うろたえもしなかった。「次はどうしますか？」ボーはそう主治医に尋ねた。「この状態とどう闘いましょうか」ドクター・ユンはさらに強力な治療薬の使用を提案したが、吐き気や倦怠感、口内炎や食欲の減退といった副作用の可能性があるという。また、感染症や貧血、さらには、より重篤な血液疾患のリスクも高まる。「わかりました。やってみましょう」とボーは答えた。この時点で、彼もいらだちを覚えていたはずだ。この病あるいは治療が自分の身体に何をもたらしていようと、ボーにはどうすることもできないのだ。血液検査の結果も、二カ月ごとの画像検査の結果も、どうなるかわからない。腫瘍がいつ、どれほどの勢いでまた増殖しはじめるかもわからなかったが、自分の力でなんとかできるところではあきらめなかった。デラウェア州司法長官としての仕事は続けていたし、業績も上げていた。二〇〇八年の金融危機以前からその後にいたるまでの不正行為に対する和解金として、司法局はバンク・オブ・アメリカから四五〇〇万ドルを勝ち取った。これを含めて、デラウェア州と州民は大手銀行から総計一億八〇〇〇万ドルを得た。ボーは、他の四三州の司法長官に対しても、デラウェア州にならって、児童ポルノの被害者をサポートする連邦予算の拠出を求めるよう促した。彼が立ち上げて指揮した、子どもたちを性犯罪から守るタスクフォースは、その時点で二〇〇人以上の犯罪者を逮捕して有罪判決にもちこみ、一二九人の被害児童を救っていた。「私の主眼は当初から、最も弱い立場にある者を守ることにありました」とボーは語った。「子どもたち以上に、立場の弱い者はいません」

ボーはまた、夜には自宅に戻り、ハリーやナタリー、ハンターと一緒に過ごす生活を続けていた。「毎晩、子どもたちに本を読んでやるんですよ」ヒューストンでお世話になった高度実践看護師のエヴァ・ルー・リーに初めて会ったとき、ボーはそう語った。「私には、子どもたちに読み聞かせをする時間が必要なんです」ワイオミング州北西部のティトン山脈へ家族旅行で出かけたときも、脚が弱っていて容易ではなかったにもかかわらず、絶景のトレイルの頂上まで登ると言ってきかなかった。弟のハント以外には、自分が感じていた不安を誰にも打ち明けようとせず、一人で背負っていた。母であるジルや、私にさえ弱音をはかなかった。

そんなわけで、翌日の二〇一五年二月三日はボーの四六歳の誕生日だったが、大騒ぎはしないでくれと言われた。それに今年はハントの番だよと、ボーはジルに念を押した。ハントの誕生日はボーの翌日の二月四日で、二人のあいだでは昔から、どちらが主役として誕生日のご馳走をリクエストするかが決まっていたのだ。「チキン・ポットパイだよね、母さん？」とハントはよく言っていた。「手づくりのチキン・ポットパイ」

その週、私のスケジュールはぎっしり詰まっていた。ボーががんの診断を受けて以来、ほぼ毎週そうだった。あえてそうなるようにしていたのだ。ボーに脳腫瘍があると知らされてからワシントンに戻ったとき、私は副大統領首席補佐官のスティーヴ・リケッティを執務室に呼んで話をした。家族全員がボーとともにMDアンダーソンがんセンターに行き、悪い知らせとともに戻ってきたことはスティーヴも承知していたが、どの程度悪いかまでは知らなかった。「かなり深刻な状況で、とても苦しい時期になるということだけは話しておく」ホワイトハウス西棟の執務室でともに座りながら、私はスティーヴに言った。「この状況を乗り切る方法があるとしたら、とにかく忙しくしていることだ。予定をどんどん入れてほしい。われわれがいつもやっているようなことを全部そのまま続けさせてくれ。目の前につねに仕事を置いて、私をずっと働かせつづけてほしいんだ」

スティーヴは大らかな人物で、それまでは私の頼みならほぼなんでもきいてくれたのだが、こちらを見る彼のまなざしから、この頼みは思いやりあふれる彼の天性とは相入れないのだとわかった。「いいかい、スティーヴ、きみにとってもつらいことになるだろう。だが、頼むから、私のためにそうしてほしいんだ」と私は言った。「どうするのがベストかはわかっている。不運にも、これと同じことを乗り越えてきた経験があるからね。なんとか耐え抜いた唯一の方法、私が乗り切った唯一の方法は、忙しくすることだった。できるだけ仕事に精神を集中させておくことなんだよ」

スティーヴは、私の頼みならなんでもきくと言ってくれ、その約束を守った。その後、一年半のあいだに何度か、ジルがスティーヴを脇へ引っ張っていって話をすることがあった。「ジョーは働きすぎだわ。疲れきってる。寝ていないし、このままでは体をこわすわ」ジルにいつもそう言われ、スティーヴは板挟みになった。彼もジルに同感だった。私のスケジュールは彼の目にも過酷に思えるときがあったが、ボスの厳命に背くわけにはいかない。それにスティーヴは、私がなんとしてでも職務をこなそうとする裏には、ボーやハント、アシュリーに、私は大丈夫だと証明したい気持ちもあるのだと考えるようになっていた。私はいまもまだ、自分に求められる仕事はなんだってこなせるのだと。

「副大統領が任せてくださるなら、私はなんでもいたします」スティーヴはそつなくジルに答えた。それから二人は共謀し、私をしばらくペースダウンさせようとした。いくつかのイベントや会合に出なくていいと二人が主張すれば、私は黙ってそれに従ったが、すぐにまた、一日に一五、六時間働く日々に逆戻りした。するとジルはふたたびスティーヴを呼び出して「こんなことを続けさせるわけにはいかない」と言い、スティーヴも同感ですと答えるのだった。たまに家で二人きりで過ごしていると、ジルは私にも同じことを言った。「いいかげんにしなくちゃだめよ、ジョー。いつか疲れきって病気になってしまうわ。あなたのことを本気で心配しているのよ」だが私は、そうだなとすぐに応じることはなかった。

スティーヴもジルも必要以上に心配している、私はそう思っていたのだ。二〇一五年二月の第一週目のスケジュールを見てみると、予定がたくさん入っていた。本当に重要なものはその一部にすぎないが、どれもみなこなせる予定ばかりだった。

その月曜日のスケジュール・カードはいくぶん中身が薄く、ホワイトハウスでの一連のミーティングと大統領とのランチの予定しか入っていなかった。もっとも、私は三日後に海外に発つことになっていたので、出発前に進めておきたいやりかけの仕事がたくさんあった。そんなわけで、その月曜は議会関連の大事な仕事に専念する絶好の機会となった。まずやるべきことは、野党共和党との関係維持だ。新たに共和党の下院院内総務に就任した議員に電話をし、副大統領公邸に招いた。そこで朝食をともにしながら、予算やインフラ支出、または移民法案について、協力できる落としどころはないか話し合う。下院で多数を占める共和党の院内総務エリック・カンターとは、いい関係を築くよう懸命に努力してきたが、エリックが予備選で敗退して議席を失ったため、新任のケヴィン・マッカーシー議員とまたゼロから関係を構築する必要があったのだ。

また、エネルギー省長官のアーネスト・モニツに対するフォローアップも必要だった。わが国の老朽化しつつあるエネルギー・インフラを再建するため、一五〇億ドル規模の対策を率先して進めてほしいと、モニツからずっと求められていたのだ。これは本当に必要な、急を要する処置だった。暴風雨による停電、とりわけ海岸沿いの地域で起きる停電が、アメリカ国民に年間数十億ドルもの損害を与えていた。電力供給網がいまだ旧態依然として、近代化されていなかったからだ。国内にある水道管のうち、言い訳の立たないほどの数が、いまだに木製だった。ガス用パイプラインは全米各地で漏れが生じていたが、それも不思議ではない。その多くはアイゼンハワーが大統領だった時代に設置されたもので、天然ガスのサプライチェーンにおける全工程で、危険な量のメタンガスが大気中に漏れ出していた。上下両院の主要メンバーにインフラ再建プランを売り込むのが私の役目で、ぜひとも超党派の支持を得たいと思っていた。たとえば、ガスの供給ラインを改善するのは安全対策として必要なだけではない。石油・ガス産業における効率を高め、雇用の創出にもつながるだろう。そんなわけで、私は国内屈指の石油産出地域の一つであるオクラホマ州選出の共和党上院議員、ジム・インホフに電話をかけ、損傷したパイプラインや連結部を掘り出して交換するための予算を連邦議会がつければ、石油や天然ガスの産出業者にとっても、環境団体にとっても有益であることを納得させた。

次に、ニューヨーク市のすぐ北に位置する選挙区選出の下院議員に電話をした。ジョン・ケリー国務長官がイランと行なっている核交渉に対する反対を和らげてくれそうか、探りを入れるためだ。そのあと、私の地元であるデラウェア州選出のトム・カーパー上院議員に電話をし、イランの件や中米北部三角地帯諸国について意見交換をするとともに、アメリカ陸軍工兵隊が行なうデラウェア川の川床掘削工事のための資金調達について進捗状況を伝えた。そのあと、このデラウェア川プロジェクトを推進している他の四人の議員にも電話をした。

さらに私は、デラウェア大学学長と電話で軽く雑談する時間すら捻出した。二年後に副大統領の任期を終えたのち、私の名を冠した政策研究センターのようなものを母校に設立することを考えてみてほしい、と学長は言った。二年後と言われ、そのころ私は何をしているのだろうと考え、そこでまたしても、大統領選出馬の問題が頭をもたげた。私はちょうど、テレビのとあるモーニング・ショーで、夏の終わりか秋口までは決断しないと表明し、少し時間稼ぎをしたばかりだったが、首席政策戦略官で良き友人でもあるマイク・ドニロンからは、大統領選についての覚書をいつでも受け取れる状況だった。

大統領選に出馬すべきだとマイクが確信しているのはわかっていた。彼は確かな論拠を挙げて、私が勝利すると主張していたが、二〇一六年大統領選についてはすでに、断続的とはいえ二年も話し合っており、この大仕事についてマイクが気を揉んでいるのも承知していた。ただ、彼は決して急かさなかった。優しく思いやりのある男だし、ボーの具合がよくないことも知っていたからだ。とはいえ、私はボーに関して慎重な物言いをしていた。当時、マイク本人あるいはほかの誰かに、ボーの病状によっては出馬できないかもしれないと私が打ち明ければ、ボーが深刻な状態にあると彼は気づいただろう。ボーは家族以外には誰にも、仲のよい友人たちにすら知られたくないと考えていた。だからマイクやスティーヴには、もし出馬すると決めたら本格的な選挙活動に乗り出せるよう、できるかぎりのことをしてほしいとだけ頼んでおいた。私のこの要求を、マイクは政治の専門家として、そして友人として受け止めてくれた。観察眼があり勘も鋭く、私のそばに二〇年以上もいる彼には、口に出して言わなくてもわかったのだ。出馬の可能性を残しておくことが、私が気力を保つために重要なのだと。たとえ、到達できないかもしれない遥か彼方の地平線上にあるとしても、そのゴールを目に見える状態にしておくことが、私にとっては一日をしのぐ支えになるのだとマイクにはわかっていた。

　その日、オバマ大統領は私と二人だけのランチの席でまじめな政策論議を終えたあと、ふたたび二〇一六年の大統領選の話題をもちだした。出馬するよう私が多くの人からプレッシャーをかけられているのは彼も知っていて、「バイデンを大統領選へ《ドラフト・バイデン》」という運動があり、「バイデンに乗るぜ」と謳うバンパーステッカーまであるとも聞いているという。ことは慎重に進めたほうがいいと彼は言った。騒ぎたてる連中の声をあまり大きくさせてはいけない、と。もし出馬しないと決めても、それが私の気まぐれに見えてはならないと考えていたのだ。「あなたの功績を大切に守りたい。本気でそう思ってるんだ」と彼は言った。まだ具体的なことは何もしていないと私は答えた。出馬すると決めれば、大統領選の戦い方についての覚書をいつでもマイク・ドニロンから受け取れるが、決断まではまだ長い時間がかかりそうだと。じっくり時間をかけて、マイクの作成した覚書を咀嚼すべきだと大統領は言った。しっかり手順を踏んで決断を下すべきだ、世論調査の数値や政治的な不確定要素をすべて実際に盛り込んで、自分のチーム以外の人間にも助言を求めたほうがいい。そして彼は、自分の世論調査専門家や首席戦略官とも話をし、マイクが作成した書類に目を通してもらってはどうかと提案した。彼らなら口も堅いし、「数字を扱わせたら、アメリカでピカ一の連中だ。ヒラリーだって、できるならすぐにでも彼らを使うだろう」と。彼らのうち少なくとも一人が、すでにヒラリーに手を貸していることを、オバマは知らなかったのだろう。そのあと彼は、自分も喜んで覚書に目を通させてもらうし、自分なりの評価を述べると言い、「遠慮せずに率直な意見を言うよ」と請け合った。

二日後、私は副大統領公邸でヒラリー・クリントンと朝食をともにしていた。彼女のほうから求めてきたミーティングだった。ヒラリーは立候補の表明もまだで、表明するとも言っていない段階だったが、すでに選挙運動のための大規模な組織づくりに着手し、私のスタッフを何人か引き抜きはじめていた。そしてもう何週間も前から、私に接触してうわべだけでも愛想よくしておけと側近中の側近たちからそそのかされていたのだ。クリントン陣営は、このミーティングは意義深く、ヒラリーが私に語る内容はそのままメディアに漏れるに違いないが、それでもやる価値はあると考えていたらしい。私がそんなことをする人間だと彼女は思っていたのだろうか。

水曜日の朝、ヒラリーは八時ちょうどに到着し、私たちはメインの大広間のすぐ奥にある小さな書斎でダイニングテーブルに着いた。かつてはその部屋で定期的にミーティングをしたものだ。国務長官だった彼女は朝食の時間にやってきて、大統領と自分の関係が私の目にどう映っているかを聞きたがった。バラクはなかなか心の内を見せない上司であり、彼の近くであまり時間を過ごさない人間に対してはなおさらだった。だからヒラリーは、オバマのことをこっそり教えてくれる相手として私を利用していたのだと思う。しかし、その二月の朝のヒラリーはまったく別の意図をもち、単刀直入にそれを切り出した。まず、私がいかにすぐれた副大統領か、政治家としてこの国にどれだけ貢献してきたか、そして私にはいかに大統領選に出馬する資格があるかを語ったあと、選挙戦に突入するつもりなのかとストレートに訊いてきた。私はボーの実状をヒラリーに話す気にはなれなかったので、「いまは決断できる状況になく、もう少しようすを見る」とだけ答えた。そして、もし出馬するとしても、それは大統領候補の指名獲得が目的であって、彼女と対立するためではないと断言した。立つとしたら、その時点で自分がいちばんふさわしい候補だと信じるからだが、もし出馬してもネガティブ・キャンペーンはやらないと私は言った。するとヒラリーは、自分も同じだと答えた。「もっとも、支援者のなかには手に負えなくなる人もいるかもしれませんが、私はしません」

時間をかけてじっくり検討した結果、大統領候補の指名を求めることにしたとヒラリーは言った。「あなたをとても尊敬していますし、あなたがこれまで成し遂げてきたことすべてに深い敬意を抱いています。それをじかにお伝えしたかったんです」すぐに立候補を表明する準備はまだできていないから、しばらくは口外せずにいてくれるとありがたいと彼女は言い、私はそれを守り、誰にも言わなかった。

ヒラリーを玄関まで送りながら、彼女はきっと、訪問の目的をすべて果たすことはできなかったのだろうと思った。自分は身を引く、党の指名を求めるつもりはないと私が言うのを聞きたかったはずだ。だがそれは、私にはまだできなかった。私はドアのところでヒラリーに心をこめたハグをして別れを告げた。

あの朝、階段を下りていく姿を見つめながら、少しばかりヒラリーを気の毒に思った。彼女はいつものように決然とし、自分は大統領の任を果たせると固く信じていた。それに、ごく早い段階で行なわれた世論調査でも、私や民主党予備選に出馬しそうな候補者たちの誰よりも優位に立っていた。また、ベテランの政治アナリストたちも、ヒラリーはおそらく史上初の女性大統領という歴史的勝利を目指しているのだろうと語っていた。けれども、立候補を前にした高揚感のようなものが、彼女からはあまり感じられなかった。その朝、私は彼女のことを完全に見誤っていたのかもしれない。だが私にはどこか、彼女が必ずしも自分自身のものではない何かの力に駆り立てられているように見えた。大統領選がどれほど過酷なものになるかを、ヒラリーは間違いなく理解していたはずだ。彼女が挑もうとしていることには、真の勇気が必要だった。

翌朝、機上の人となったとき、私はどこかほっとした気分だった。朝日に向かって大西洋を東進し、重要かつ意義深い職務を果たしにいく。それに今回の外遊では、一六歳になる孫娘のフィネガン・バイデンがずっと私のそばにいるのだ。最後の公式会議が終わったのち、ヨーロッパの最終滞在地ではフィネガンと二人でプライベートな時間を過ごせるよう手配しておいた。副大統領の職務が、家族全員にとって新たな冒険になってほしいというジルの希望に応えるものだった。この職に伴う大きな特典の一つが、大きくなった孫たちを世界じゅうに連れていけることだ。孫たちにとっては非常に勉強になる貴重な体験であり、私やスタッフにとってもたいした負担にはならない。孫たちのなかで少なくとも一人は、南極を除くすべての大陸に行ったことになる。もっと年下の孫たち（ナタリーとハンター）が死海に浮かんだり、ヨルダン国王に謁見したり、アラブ首長国連邦やペルシア湾を訪れたりするようすも私は見てきた。いちばん年上のナオミは、中国での公式晩餐会で大学で習った中国語を試してみたし、ナオミの妹のメイジーはエジプトやケニア、タンザニア、シエラレオネで新しい友人と出会い、南アフリカでは、サッカー・ワールドカップの決勝戦が行なわれたピッチで、飛び入りでサッカーを楽しんだ。私はまた、軍事境界線を挟んだ韓国側の展望台から、フィネガンが北朝鮮の軍事的プレゼンスを評価するようすも目の当たりにした。学校新聞にもってこいの話題になると考えたようだ。

「北朝鮮はミサイル発射装置をこんなにもってるのね」フィネガンはしばらくすると、一枚の地図を指さしながら言った。「大型の機関砲みたいなもの、そうよね、おじいちゃん《ポップ》？」

「ああ、そうだね」

「もってるミサイルを全部発射すれば、北朝鮮はソウルの住民を一、二万人、たぶんそれよりずっと多くの人を抹殺できるって、知ってた？」そう言って、フィネガンはふたたび地図を指した。「発射装置はこのへん、この区域にあるのよ」

フィネガンは昔から、孫たちのなかでいちばん主張の強い子だった。二〇一一年初頭のある朝、彼女は電話をかけてきた。オバマ政権も一期目のなかばをすぎ、私が副大統領として初めてモスクワを訪問すると新聞で報じられたときで、フィネガンは一二歳だった。「ポップ、一緒にロシアに行ってもいい？」

「学校があるじゃないか」私はそれとなくたしなめた。

「ポップ、パパや先生にひとこと言ってくれれば、学校に行くより、この旅行のほうがずっとたくさんのことを学べるんだけどな。パパも先生も、いいって言ってくれるわ。それにね、ポップ、東欧とロシアは私のテリトリーよ」

ハントの娘たちは、一九世紀末の列強諸国のようなものだった。世界を分割して、各自が影響を及ぼす領域を決めていたのだ。「忘れないで、ナオミは中国と極東地域」とフィネガンは続けた。「メイジーはアフリカ。私はヨーロッパ」

結局、私が少し後押ししたこともあり、フィネガンはその旅に同行する許しを得て、最初から最後まで私のそばを離れなかった。まずヘルシンキに立ち寄ると、フィネガンはフィンランドの大統領と首相に会うチャンスを得た。どちらも女性だ。そのあとモスクワへ向かう機内で、私のスタッフの一人がフィネガンのほうを見て言った。「あの国を動かしている二人の女性に会ったなんて、すごいね」

するとフィネガンは、こう答えた。「もっとすごいのは何だかわかる？　議会のほぼ半数が女性だってこと」

ほんの数カ所だが、その旅でフィネガンが私と一緒に入るのを許されない場所があった。ロシアを率いる指導者ウラジーミル・プーチンと私が会談するあいだ、フィネガンはモスクワにある彼の個人執務室の次の間でじっと待っていなければならなかった。プーチンは、子分格のドミートリー・メドヴェージェフがつなぎの大統領を務めるあいだ、自分はロシアの首相として次の機会をうかがっていた。ロシア政府との関係強化に熱心に取り組んできたオバマ政権は、米ソ双方に大規模な核軍縮を求める重要な条約を新規に締結するよう、メドヴェージェフ（実質的にはプーチン）を説得していたのだが、すでに新たな緊張関係が生じていた。私がモスクワにいたのは、ヨーロッパに再配置したばかりの弾道ミサイル防衛システムをロシアが懸念する理由は何もないことをはっきりと説明するためだった。ミサイル防衛システムは、イランからの攻撃を迎え撃つためのものだったからだ。プーチンは、ポーランドやルーマニアなど、ロシアと国境を接する国にシステムが再配備されようとしていることに不満を述べ、迎撃ミサイルはロシアのミサイルを狙っていると主張して譲らなかった。彼はすでにメドヴェージェフを外国へ送り、新旧すべての核兵器削減条約から手を引くと脅しをかけていた。そんなことになれば、世界は冷戦時代に逆戻りしてしまう。私はシステムに加えられる予定の変更点を説明し、その配備や運用の完璧な透明性を約束するとともに、これはロシア独自の戦略防衛構想に干渉するものではなく、そのような意図はどこにもないとプーチンに保証するためにロシアを訪れていたのだった。

　だが、自分がいったい何に足を踏み入れているのか、私はわかっていなかった。ジョージ・W・ブッシュ大統領（ブッシュ・ジュニア）がプーチンの瞳を見て、そこに「彼の心を感じ取った」と語ったのは有名な話だが、私もそれを確かめたかった。核兵器削減条約の調印に対するプーチンの前向きな意向には励まされたものの、それを除けば、彼はほぼすべての点においてわれわれの信頼に値しない指導者であることをみずから証明しているように思えた。その印象を打ち消すようなことは、その日の会談では何も起こらなかった。長いけんか腰の会談のあいだ、プーチンは終始、冷徹なほど落ち着いていたが、最初から最後まで反論を続けた。イランが核をもつ脅威でありつづけるかぎり、わが国とヨーロッパの同盟国を守ることはアメリカにとって重大な関心事だと私は説明した。だがプーチンは話をそらし、われわれの前政権に嘘をつかれ、人権に関する過去の行状を公然と攻撃されたと苦情を述べた。私は地図を取り出して迎撃ミサイルの軌道を示し、ミサイル迎撃システムはロシアのICBM（大陸間弾道ミサイル）に向けられたものではないことを明らかにした。しかしプーチンは激しく異議を唱え、軍事顧問を呼び入れて自身の主張に加担させた。会談は何時間も続き、他の争点にまで広がった。たとえば、ロシアがジョージアの一部を占領していることにわれわれは強く反対しているが、騒ぎを起こすようジョージア大統領のミヘイル・サアカシュヴィリをけしかけたりはしない。私はそうプーチンに説明した。「サアカシュヴィリとは定期的に電話で話し、挑発的な行動は慎むよう求めています。同様に、あなたにもジョージアに主権を回復させるよう求めているわけですが」と私が言うと、プーチンはこう返した。「ああ、あなたがサアカシュヴィリ大統領に電話で何を語っているか、われわれは逐一把握していますよ」

ミサイル防衛網に関して、双方が満足のいくレベルの合意にはとうてい至らなかった。最終的に、情報提供はするが迎撃システムの再配備は予定どおり進めると私が告げると、プーチンは不満そうだった。会談が終わりに近づいたころ、執務室のなかを眺めてみるよう勧められた。凝ったつくりの調度品は壮観だった。「資本主義は驚くべき成果をもたらすでしょうね」私は高い天井を見上げながら言った。「じつにすばらしい」

視線を元に戻すと、プーチンと向き合う形になった。

「首相、私はいまあなたの目を見ていますが」笑みを浮かべながら、私は言った。「あなたには、心というものがないようですね」

プーチンは私の顔をじっと見つめてから笑みを返し、「お互いに、わかり合えたようですね」と言った。

確かにそうだった。

それから四年たった木曜の午後、時速九六〇キロ以上の速度で大西洋上を飛行する機内で、私はこぢんまりとしたプライベートキャビンに腰を下ろして、概要書に目を通したり、信頼のおける外交政策担当スタッフと、この外遊で達成すべき事柄について話し合ったりしていた。エアフォースツーはその日の晩にブリュッセルに着陸する予定で、翌日には欧州諸国の首脳たちとの会議や、ベルギーの首相との二国間協議も予定されていた。だがそれらは、週末に開催されるミュンヘン安全保障会議で果たすべききわめて重要な役目のためのウォーミングアップにすぎなかった。その安全保障会議は、一周して、またウラジーミル・プーチンと対峙するという〝報い〟が巡ってきたようなものだった。彼はふたたびロシア連邦の大統領に返り咲き、傍若無人に振る舞っていた。私は二〇〇九年のミュンヘン安全保障会議にも出席していた。われわれの政権が発足してちょうど三週間後に開かれた会議で、私はオバマ大統領の外交政策における主な目標を世界に向けて発表したが、その演説の一部は、プーチンに向けられたものだった。

わが国はヨーロッパの安全保障に深く関与するとともに、その取り組みにおいてロシアとも手をたずさえともに歩みたいというオバマ大統領の意向を、プーチンに聞かせる必要があった。オバマ新政権は「欧州防衛のさらなる強化、平和と安全の維持におけるEUの役割の拡大、NATOとEUの連携における基盤強化、目的や原則を共有する同盟国以外の国々との連携強化」を支持する、と私は述べた。「NATOの利益はロシアの損失、あるいはロシアの勢力拡大はNATOの弱体化だという見方を、アメリカ合衆国は拒絶する……

いまこそ——オバマ大統領の言葉を簡単に言い換えるなら——いまこそリセットボタンを押して、ロシアとの連携が可能な、連携すべき多くの分野を再検討する時であり……アメリカ合衆国とロシアは意見を異にしていても、利害が一致するところでは連携できるはずです。そして実際に、多くの分野で利害は一致するのです」私は大統領の見解を非常に明確に示した。つまり、喜んで協力はするが、基本的なルールは存在するということだ。

「国が領土外に勢力を拡大することを、われわれは認めません」と私は断言した。ロシアが旧ソ連諸国をその意思に反してふたたび取り込もうとするのを、アメリカ合衆国とNATO同盟国は許さない。その場で聴いていた人々はみな、私の意図するところを理解したはずだ。「主権国家は、同盟関係をみずから選択し決定する権利を有するというわれわれの見解に変わりはありません」

オバマ政権は、四〇年ものあいだ保たれてきた自由な国際秩序を促進・拡大しようと努めていた。すべての独立国が合意された安全な国境を有する、自由で一体となった平和なヨーロッパがそれだ。

私がミュンヘンに向かった二〇一五年二月の時点で、ウラジーミル・プーチンはすでに、ルールに従って行動する気はないと示唆していた。一九七五年に締結された歴史的なヘルシンキ宣言の広範囲にわたる内容の一部として、ソ連の指導者も代々受け入れてきたルールだというのに。プーチンは国境の不可侵性という原則に対するヨーロッパの決意を試してやろうとばかりに、罰せられもせずにウクライナで蛮行に及んでいた。ミュンヘンでの私の主な目的は、ヨーロッパの同盟国にわれわれを支持するよう促し、近隣国に対して弱い者いじめをすればロシアはその代償を払うことになるとプーチンに理解させることだった。

その前年、ウクライナの人々はスリリングな、ときに恐ろしいジェットコースターに乗っているような一年を過ごし、私もまた彼らとともにそれに乗っているような心持ちだった。二〇一三年の後半、ウクライナの大統領ヴィクトル・ヤヌコーヴィチがEU加盟の約束を反故にすると、首都キエフの広場で抗議活動が始まり、大勢が参加したデモはやがて、自然発生的な民意の発出から本格的な政治運動へと発展した。その対処を、ヤヌコーヴィチ大統領は大きく誤った。私も彼とは二〇〇九年以来連携してきたため、厳しい状況に立たされていたのを知っていた。EUとの約束を守れという世論の声が増す一方で、プーチンは明らかに、抗議活動を抑えつけ、ロシアとのつながりを強化するよう圧力をかけていた。ヤヌコーヴィチはここでうまく舵取りができなかった。マイダン・ネザレージュノスチ（独立広場）での民主的な「尊厳の革命」に対して強大な武力を行使し、しまいには機動隊をキエフの路上に放ってデモ参加者の秩序を混乱させ、負傷者、さらに死者まで出た。独立広場に集まったデモ参加者は紛争地帯にいるも同然で、厳冬のさなか三カ月にもわたる残酷な包囲攻撃に耐えた。彼らは死に直面してもなお退却を拒み、抗議行動が始まった広場は武装キャンプと化した。デモ隊は政府庁舎を占拠してバリケードを築き、司令部や食堂のほか、ヤヌコーヴィチの制服警官隊やひそかに紛れていた私服警官に殴打されて血まみれになった人々のための臨時救護所を設けた。デモ参加者は五万人以上に膨れ上がり、その数はさらに増えつづけ、二〇一四年二月の半ばには、議事堂に迫らんばかりの勢いだった。

私はヤヌコーヴィチと何度も緊急通話をしていたが、二〇一四年二月下旬の電話が最後となった。彼の差し向けたスナイパーたちがウクライナ市民を何十人も狙撃したうえ、それ以上に卑劣な弾圧を画策しているとの、信頼できる情報が得られたからだ。私は何カ月も前から、市民への弾圧を自制するようヤヌコーヴィチに警告してきたが、デモ活動が始まって三カ月がすぎたその晩、もうおしまいだ、狙撃兵たちを呼び戻して立ち去るべきだと彼に告げた。ヤヌコーヴィチを本当に支持しているのは、後ろ盾となり彼を操るクレムリンの政治家たちであり、ロシアの友人たちがこの大惨事から救ってくれるとは思わないほうがいいと私は警告した。あなたはウクライナ国民の信頼を失った、このまま彼らを殺しつづければ歴史による厳しい裁きを受けるだろう、と。翌日、デモ参加者たちの勇気と揺るぎない信念が功を奏し、恥辱にまみれた大統領はウクライナを脱出した。そして政府は一時的に、アルセニー・ヤツェニュクという若き愛国者によって掌握されることになった。

しかし、ウクライナにおける高揚感は、わずか数日後には凶報に取って代わられた。ウラジーミル・プーチンは、キエフにいた自身の傀儡を失ったのをよしとせず、すぐさま国境を越えて軍隊を差し向け、ウクライナ領内のクリミア地方をロシアに併合した。西側諸国はこの行為を糾弾したが、それ以外はほぼ何もしなかったため、プーチンはそのまま漸進を続け、その後の半年のあいだにウクライナ東部の他の地域をも威嚇し、国境を越えて戦車隊を送り、抵抗するウクライナの市民を虐殺した。プーチンは二〇一四年九月に休戦条約のミンスク議定書に署名したが、これも彼の行動を制限する役にはほとんど立たず、休戦条約発効後の二カ月のあいだに一〇〇〇人近くが殺された。国内避難民となったウクライナ人は五〇万人に迫り、他国に逃れた難民の数も増加していた。そして、私がふたたびヨーロッパに向かった二〇一五年二月のはじめには、プーチンの支援を受けた分離主義者たちが、デバルツェボを占拠するウクライナ国軍兵士たちを猛攻撃していた。デバルツェボは、ロシアとの国境から八〇キロほどの、幹線道路と鉄道が交差する要衝の地である。プーチンはあらゆる手段でウクライナ経済を弱体化させ、キエフに新しく樹立されたウクライナ政府を転覆させようとしていた。

この危機に関し、私はオバマ政権内での交渉窓口を務めたが、これはまさに私が望む立場だった。報道では、このウクライナ騒乱は西側諸国の敗北を意味し、私が二〇一六年の大統領選に出馬すれば不名誉な汚点になるだろうと言う研究者もいた。「バイデンは対ウクライナ政策に深く関与していて、それが彼の弱みになるかもしれません」と、ペンシルベニアの大統領制研究者はレポーターに語った。だが、私はさほど気にしなかった。重要な原則が危機にさらされていたからだ。大国は、自分より立場の弱い国を不意打ちしてはならない。それをしないと約束したあとならばなおさらだ。ウクライナへの攻撃がとくに腹立たしいのは、長らく保たれてきた国際規範のみならず、明確な合意をプーチンが踏みにじったからだ。ウクライナは何年も前に核保有をあきらめていた。彼らの国境と主権を尊重するという、アメリカ合衆国、英国、そしてロシアの約束と引き換えに放棄したのだ。その約束を、大国と呼ばれる三カ国のうち二つは遵守していた。

二〇一五年二月六日金曜の夜、霧に覆われたミュンヘンに到着した。フィネガンと一緒に車に乗り、うっすらと雪が積もり琥珀色に淡く照らされた通りに建つウェスティン・グランド・ホテルへと向かいながら、この街での短い滞在期間にこなさなければならないことについてあらためて考えた。ウクライナ危機の発生から一年、私はかなり難しい調整を続けていた。オバマ大統領は全面的にウクライナに同情していたが、この地域紛争をロシアとの大規模な武力衝突にまでエスカレートさせるつもりは断じてなかった。バラクは現代世界史をよく研究していて、見方は鋭かった。小さな火事が気づけば誰の手にも負えない恐怖の大火になってしまうという、繰り返されてきた過ちが起こらないようつねに警戒していた。そして、第二次世界大戦後にアメリカがみずから犯した大きな過ちはいずれも、過度の抑制による結果ではなく、抑制をしなさすぎた結果であることを痛感していた。新しいウクライナ政府に大げさな約束をしてはならないと、私にこんなふうに警告することもあった。「ジョー、アメリカが第八二空挺師団を送り込むつもりはない。ウクライナにはそれを理解してもらわなければならない」大統領も私も、ロシアに対する厳格な経済制裁を支持し延長するようヨーロッパの同盟国を説得することは可能で、そうすべきだと考えていた。しかし結局のところ、経済制裁はアメリカやヨーロッパの各同盟国が課す範囲に限られてしまう。

オバマ大統領は、ヨーロッパのビッグ4（イギリス、ドイツ、フランス、イタリア）の懸念に対してつねに気を配り、各国の指導者たちと絶えず連絡を取り合っていた。四人のうちでもベテランであるドイツのアンゲラ・メルケル首相は、「（ウクライナの）紛争はやがて手に負えなくなる危険がある」との懸念を公に示していた。ただし、彼女たち指導者がそれよりも心配していたのは、ロシアに対する経済制裁と禁輸措置が自分たちの国の経済を締めつけはじめれば、国内で政治面から反発を受けるだろうということだった。そして彼らの誰も、自国の政治を犠牲にしてまで、トップの政治家たちが汚職、利益相反行為、自滅行動に陥りがちな新興の民主主義国家を救うことにはあまり熱心でなかった。一方で私は、ポーランド、ルーマニア、バルト諸国、バルカン半島諸国など、比較的新しいヨーロッパ同盟国の指導者と頻繁に連絡をとっていたことで、考え方に影響を受けていたのかもしれない。これらの国々にとって、ウクライナでのプーチンの動きはまるで「炭鉱のカナリア」だった。西側諸国がしっかりと見張っていなければ、プーチンはロシア国境近くの領土をどんどん侵略しはじめるのではないか――もしくはそれ以上の行動に出るのではないか――と恐れていた。

フィネガンとスタッフたちと私がようやくウェスティン・ホテルの部屋に着いたのは夜の一〇時近くだったが、私はまだ眠れそうになかった。ブリーフィング資料にもう一度目を通し、それからの数日間について考えた。土曜の午後にはミュンヘン安全保障会議でスピーチをするほか、その週末には出席予定の会議が一〇近くあった。なかでも重要なのは、土曜の正午前にウクライナのペトロ・ポロシェンコ大統領とメルケル首相と行なう三国間協議だった。メルケルとフランスのフランソワ・オランド大統領は、もはや機能していないミンスク停戦合意を新たに結び履行することについて、プーチンと緊迫した交渉を進めている最中だった。メルケルは翌日にプーチンとの電話会議を予定していたので、三国間協議で私はポロシェンコの側に立ち、アメリカがプーチンおよびロシアの国境問題に対して引き続き断固たる姿勢をとるつもりだということをメルケルに理解させたかった。ただしその前に、安全保障会議でメルケルの演説を聞いておきたかった。つまり、それが私のスケジュール上での最初の仕事で、開始まですでに一〇時間を切っていた。

翌朝のメルケルの演説は力強かった。ウクライナは「自国の領土保全と国家主権のいずれも尊重されていないと感じています。国際法が破られています」と彼女は述べた。しかし、私が望むほどの力強さはなかった。受動態による表現がメッセージを弱めていた。そして演説後、戦力の劣るウクライナ軍に強力な兵器を供給する可能性をメルケルがきっぱり切り捨てたときはがっかりした。「ウクライナが必要とする進歩は、兵器を増やすことでは達成できません」とメルケルは言った。この発言は聴衆の共感を得ていたようだった。

私はメルケルの演説の場を去り、私自身の演説内容を修正する必要があるとスタッフに言った。私の言葉はできるかぎり明確かつストレートでなければならなかった。スピーチ原稿を修正する猶予は四時間もなく、まずはメルケルとポロシェンコとの会議があった。私はスピーチをより一般的な表現に変えるようチームに指示した。率直な意味が確実に伝わるようにしてほしいと頼み、できるかぎり早く私も修正作業に加わると伝えた。

ポロシェンコ大統領とメルケル首相との会議が行なわれた部屋はいたってシンプルだった。会議室の隅で小さめのテーブルを囲む形だった。内輪の話し合いというわけだ。ポロシェンコは私がいることに安心しているようだった。ウクライナのためにも、ヨーロッパの決意をロシアに示すためにも、私がウクライナの成功を強く望んでいることを知っていたからだ。私は、ウクライナ危機の結果が、良くも悪くも、その後何十年にもわたって中央および東ヨーロッパの情勢に影響すると思っていた。九カ月前にポロシェンコが大統領に当選して以来、私は彼に断固とした態度で臨んでいた。ヨーロッパ諸国がロシアに対する制裁体制を崩す口実をウクライナが与えるようなことがあってはならない、とはっきり伝えていた。ポロシェンコは、ソ連の支配下にあった時代からウクライナの政治文化に根付く腐敗――ヤツェニュク率いる野党においても、自党内においても――と戦いつづけなければならない。しかし彼は、ウクライナが国際通貨基金の援助とアメリカからの融資保証を得られるように私も戦ってきたことを知っていた。閣僚級委員会の会議で私がウクライナ軍に訓練を提供すべきだと強く訴えつづけ、そうした取り組みの甲斐あってロシアの迫撃砲の位置を特定するために必要な特殊レーダーなどの非戦闘的な装備をすでにウクライナ軍に届けられているということも。ウクライナの未来を懸念する私の切迫感はポロシェンコにとってあまりにも明らかだっただろう。

ポロシェンコはまた、自分がメルケルよりはるかに強い立場にあることもわかっていた。ウクライナをめぐるここ数カ月のプーチンの行動によって、メルケルとプーチンの関係は悪化していた。この問題においてプーチンは悪者ですと、この日の会議でメルケルはポロシェンコにはっきり伝えたが、その一方、すでに私たちにも求めていたのと同様に、プーチンのためにある種の「逃げ道」を設けるよう彼に強く求めた。翌日にプーチンに提示できるウクライナ大統領からの譲歩がほしかったのだ。プーチンにとっては、引き下がりながらも何かしらの勝利を主張できる必要があるとメルケルは考えていた。具体的な案を挙げることはなかったが、メルケルはポロシェンコに交渉材料を見つけてほしいと頼みつづけた。プーチンに必要なのは「面目を保つことのできる」逃げ道だ、と表現していた。「被害者を責めることはできませんよ」と私はポロシェンコを示しながら言った。そして、プーチンは当初のミンスク合意下での約束を何も果たしておらず、その責任を問われなければならないと指摘した。ポロシェンコ側からは、自国の各地域の自治権を拡大する、東端の州でロシア語を公用語に加える、前線からウクライナ軍の重火器を撤収するなどの提案をすることも可能だが、まずはプーチンからの行動がなければならない。プーチンがロシアの戦車と兵士を撤退させ、国境の管理権をウクライナに戻すほうが先だ。ポロシェンコ大統領がなんらかの譲歩をする前に、まずはウクライナの国境管理の回復が必要なのだ。会議が終わるころには、メルケルは私に不満を抱いているようすだった。

気づけば、スピーチを書き直す時間はほとんど残っていなかった。昼食を食べながらの一時間と、その後の三〇分しかない。その日の午後三時には演壇に上がる予定だったが、三時五分にはまだスピーチライターに修正後のスピーチ文を口述していた。「ロシアは、分離主義勢力に覆面兵士と複数の戦車を提供してきたことを隠そうとしました。しかし、それらが存在するという紛れもない証拠はすでにわれわれが示してきました。写真をご覧になったでしょう」三時一〇分になってもまだ私が口述しているなか、スタッフたちの血圧は危険なレベルに達していただろう。しかし、伝えなければならないことがあるのだ。「アメリカ合衆国の目的は、ロシア経済を崩壊あるいは弱体化させることではありません。それはわれわれの目的ではありません。しかし、プーチン大統領は単純ながら厳しい選択をしなければなりません――ウクライナから撤退するか、このまま疎外されつづけて国内経済への負担を増大させるかです」この壮大な計画のなかで、一五分の遅れがなんだというのか。二〇分、二五分の遅れが。

「ご列席のみなさん、先ほど議長が述べたように、確かに私は六年前にもここに立ち、政権の最初の主要外交政策演説で〝リセット〟について話しました」と、予定より三二分遅れで私はスピーチを始めた。最終的にスピーチの長さは二八分に収まった。その内容は明確かつストレートだった。「いま、アメリカとヨーロッパはその力が試されています。プーチン大統領は、彼自身が変わったのだから私たちの焦点も変わったのだと理解しなければなりません。私たちの焦点は、この重要な関係をリセットすることから、ヨーロッパの自由と安定を支える基本原則をあらためて主張することへと変わりました。その原則をここでもう一度述べます。各国が国境を侵害しないこと、自国外に勢力圏をもたないこと、同盟国を選ぶ主権をもつことです。これは何度繰り返しても言い足りません。（中略）メルケル首相が今朝述べたように、私たちはウクライナを支援するために確固たる姿勢で団結しつづける必要があります。その影響はウクライナをはるかに超えて広がっていくでしょう。これは、ヨーロッパだけでなく世界じゅうのすべての国に、あらゆる攻撃の対象となりうるすべての国にとって重要なことです」

私はできるかぎりの表現で、ウクライナに武器を供与することが私たちの道徳的義務だとNATO同盟国に伝わるようにした。ウクライナ軍が示してきた勇気は本物で、ロシアの徹底した軍事侵攻を止めることはできなくとも、自分たちを守るすべは与えられるべきだと思った。「プーチン大統領はこれまでに何度も平和を約束しながら、戦車、軍隊、兵器を配備してきました。したがって私たちは、戦争に加担するためではなく、ウクライナに自国を守らせるために、引き続きウクライナに安全保障上の支援を提供します。はっきり申し上げますが、ウクライナ問題が武力によって解決するとは考えていません。しかし、同じようにはっきり申し上げます――ロシアにいまのような行動に出る権利はないはずです。私たちは名誉ある平和を目指すべきだと信じています。しかし同時に、ウクライナの人々には自分たちを守る権利があるとも信じています」

私は一度言葉を切り、その場のすべての政治家たちから拍手を受けた。この拍手が彼らの決断につながることを願った。

スピーチを終え、自分の役割は成し遂げたと感じた。とくに、今回アメリカ議会代表団を率いていたジョン・マケインが、これまでの私のスピーチのなかで最高だったと言ってくれたときには達成感があった。彼の支持は私にとって個人的にも政治上も重要だった。財布のひもを握るのは議会だ。ウクライナに兵器を供給する必要が生じれば、議会がそのための予算を割り当てることになる。また、党派を超えた支持も集まっているようだった。私が言うことにはめったに同意しないテッド・クルーズ上院議員でさえ、苦境に立つウクライナ将兵たちへの支援提供には同意した。共和党のリンジー・グラハム上院議員も同じだった。メルケル首相には「自由のためなら戦死さえいとわない人たちが状況をどれほど改善できるかがわからないのです。私にはわかります」と、グラハムはミュンヘンの記者団に語った。

日曜の早朝に雪が降り、気温はずっと氷点下だったので、午後に孫のフィネガンと一緒に監視塔がそびえる近くの門まで歩いていくときには、足の下で地面がパリパリと音を立てた。門では車椅子に座った九五歳の男性が迎えてくれた。私はその日、東欧のいくつかの同盟国のリーダーたちを励まし、モンテネグロの大統領にはどうすればＮＡＴＯ加盟の招待を受ける可能性を高められるか助言し、イラクのクルディスタン地域政府の指導者には、新たにイラク首相に就任したハイダル・アル＝アバディがＩＳＩＬを国内から排除しようとする取り組みに協力するよう説得していた。ミュンヘンであらゆる方面からの助けを求めていたアバディとは丸一時間かけて話をし、いまの彼にとって必要な励ましを与えた。彼はやや意気消沈していて、それももっともだった。初日の終わりに安全保障会議の議題がウクライナからＩＳＩＬに移ったとき、「参加者は次々と部屋から出て行きました。アル＝アバディの話を聞こうとする者はほとんどいませんでした。先が案じられます」とある記者は述べた。私はいまでも味方で、これからもそうだとアバディに約束した。

その日の午後にはようやく公務はすべてすんでいたが、おじいちゃんとしての仕事はまだ終わっていなかった。私にとって、副大統領としての役目も祖父としての役目も同じように大切だった。ドイツでの最後のイベントは、フィネガンと参加する第二次世界大戦時代のダッハウ強制収容所のガイド付きツアーだ。これはバイデン家にとってお決まりの遠足となっていた。ここは私の子どもも孫も全員が体験する必要がある場所だと感じていた。ボー、ハンター、アシュリーも十代のころにそれぞれダッハウに連れて来ていて、もうフィネガンも十分な年齢だった。

私が子どもと孫をダッハウに連れて行きたがるのは、私自身が子どものころに夕食の席で父がよくホロコーストの恐ろしさについて話していたことと関係がある。話は決して長くなく、私たちに説教をしたり、ヒトラーがドイツでユダヤ人の絶滅を目指したことを熱弁したりはしなかったが、父は私たちに真の知恵を授けてくれた。父は、あの規模の組織的活動を秘密裏に行なうことができたはずはないと私たちに言い聞かせた。ドイツの人々がその活動を知らなかったという考え方は論理に反すると。人間は信じられないほど残酷になりえるということを、私と妹と弟たちに理解させたかったのだ。そして、同じぐらい危険なのは、人間は自分の周りで恐ろしいことが起こっているときに目を背けて何も言わずにいられることなのだと。

車椅子の男性、マックス・マンハイマーは、若いころにダッハウおよび他の強制収容所に送られた経験があった。彼と兄弟のうちの一人は生き残ったが、彼の妻、両親、姉妹、もう一人の兄弟はみな殺害された。私はフィネガンに彼の個人的なストーリーを聞いてほしかった。フィネガンには予習のためにいくつか読み物も渡していた。ダッハウは、一九三三年にナチスが運営を始めた最初の強制収容所だ。まず収容されたのは、ヒトラーの政敵であるドイツ共産党員、社会民主党員、労働組合員だった。その後、エホバの証人、ロマ族、同性愛者、およびナチスが「望ましくない」と見なした人々が加えられた。一九三〇年代後半になると、ナチスは収容所にユダヤ人を次々と送り込みはじめた。ダッハウでは一九四〇年から一九四五年の間に約三万人が過酷な労働によって死亡するか殺害された。それ以前の数年間にダッハウで何人が殺されたのか、正確な数字は誰にもわからない。フィネガンに読ませたエッセイのなかには、終戦直前にドイツの強制収容所に入れられたプロテスタント牧師、マルティン・ニーメラーによる次の詩が載っていた。

彼らがまず社会民主主義者を牢獄に入れたとき、私は声を上げなかった

私は社会民主主義者ではなかったから
次に彼らが労働組合員たちを攻撃したとき、私は声を上げなかった
私は労働組合員ではなかったから
それから彼らがユダヤ人を襲ったとき、私は声を上げなかった
私はユダヤ人ではなかったから
そして、彼らが私を捕らえに来たとき、私のために声を上げる者は誰一人残っていなかった

フィネガンと私は、ガイドとマンハイマー氏に収容所を案内してもらった。ツアーのルートは三〇年前にフィネガンの父ハンターを連れてきたときと変わらなかったが、すべてが同じではなかった。どうやら訪問者を不快にさせないよう手が加えられたようだ。ダッハウのウェブサイトの文章を読んだ時点で察するべきだったが、収容所は何年もかけて残酷な印象を和らげていた。ウェブサイトには、「ドイツには季節ごとにそれぞれの魅力があるので、お好みの時期に収容所を訪れていただくこともできます」と書かれていた。居住舎の寝台はまだあったので、ナチスによって何万人もの人々が収容所に詰め込まれたようすを思い浮かべることはできた。ただし、以前に来たときには寝台の木枠に名前が刻まれているのを見たが、いまや寝台はきれいでニス塗装が施されているようだった。

初めのうち、ガイドはフィネガンと私を悪名高いガス室に連れて行くのをためらっていたようだったが、私はぜひ案内してほしいと伝えた。ボーを連れて初めてここに来て、その建物に入り、説明を聞いたときのことを思い出した。看守は犠牲者たちに、これからシャワーを浴びるのだと言い、靴と

服を脱いで入れ歯も外すよう指示したという。それからガイドは私とボーをガス室の中へと案内し、恐ろしい音を立ててドアを閉めた。現在のダッハウには、ここで囚人がガス処刑されたことは一度もないとか、ガス室はほんの数回しか使われなかったと主張するガイドもいる。しかし、私はフィネガンにすべてを見てほしかった。銃殺され、絞首刑にされ、飢え死に、人体実験によって殺され、ガス室で殺された犠牲者を看守たちが燃やした焼却炉も見てほしかった。マックス・マンハイマーは生き証人だった。彼は近くの収容所で死んだ犠牲者の死体を台車に載せ、ダッハウの焼却炉に放り込んで燃やす作業を強いられていた。

フィネガンはすべてを目にし、耳にした。そして私たちは建物を出ると、フェンスを隔ててほんの数ブロック先にある、中間層の人たちが暮らす瓦屋根の家々に目をやった。一九三〇年代から四〇年代にそれらの家に住んでいた人々は、この収容所の中で何が起こっているのか知っていたはずだ。それをフィネガンにも理解してほしかった。文字どおり、人間の肉の燃える匂いが届く距離にいたのだから。どうすれば知らずにいられるだろうか。

フィネガンに感じてほしかったのは、私の公人としてのキャリアの大部分を突き動かしてきた、腹の底を揺さぶるような衝撃だった。「いいかい、フィネガン」門を通り抜けてわれわれの時代に戻ったとき、私はフィネガンに言った。「これはまた起こるかもしれない。世界の他の場所では実際に起こっている。きみは声を上げなければならない。黙ったままではいけない。沈黙は共犯なのだよ」

第六章　父さんじゃなきゃ、だめなんだ

夜空は異常なほど暗く、しだいに不穏な気配を増していた。静かな公邸の書斎で私たち五人が大きな窓から外に目をやると、空を覆う雲が徐々に厚くなり、地表に向けて押し下げられているかのようだった。気圧はみるみる上昇していた。気温はすでにマイナス一〇度近く、さらに下がりつづけていた。ときおり、海軍天文台の外照明がつくる光の輪の中に氷の結晶が落ちていくのが見えた。だが、二〇一五年二月一九日、木曜日のその夜、部屋の空気は間違いなく活気づいていた。ボー、ハンター、私は、マイク・ドニロンとスティーヴ・リケッティを迎え、マイクが二〇一六年の予定を二二ページにまとめた文書について話し合っていた。九日前には彼から渡されていたので、みなあらかじめ内容を細かく頭に入れておくことができた。マイクが伝えたいメッセージは明らかだった――大統領選挙が近づいていた。

マイクの文書は飾らないストレートな表現で要点を述べていた。二〇一五年初頭に経済は回復軌道に乗り、金融危機後の長く陰鬱な不況からようやく完全に抜け出そうとしている。そしてマイクによ

ると、私にはその回復に貢献したと主張する権利がある。アメリカ復興・再投資法にもとづく景気刺激策から、銀行経営の安定化、自動車産業の救済、予算や税制をめぐって何度も議会で共和党と厄介な交渉をこなしてきたことまで、私は計画の策定と実行において不可欠な役割を果たし、オバマ大統領が国を危機から救い出して復活の始まりへと導くうえで力になった。この仕事を完了させるのに、私より適した人材はいるだろうか、とマイクは主張してくれた。

一方、二〇一六年の選挙戦の核となるのは、大きなダメージを被ったアメリカの中間層の立て直しだとマイクは確信していた。これは共和党員のあいだでも議論されていた。そして、マイクの分析によると、私ほど中間層と強く結びついたイメージをもつ人物はどちらの党にもいない。マイクが指摘したように、中間層をめぐる問題は私の政治家としての四五年のキャリアにおいてつねに中心にあった。マイクの考えでは、この数年の中間層の苦しみに対して私ほど理解と共感を示せる者も、国は長い間負担を強いてきた真っ当で勤勉な家庭の扱い方を正さなければならないと私ほど威厳をもって指摘できる者も、そのための数多くの機会について語るうえで私ほど信頼できる者もいない。

有権者たちは、きれいに経歴の整った無難な候補者にはもう飽き飽きしていた。私が「失言マシン」と呼ばれていることは、もはや弱点ではなかった。私がいつも本心から話していて、口先だけでないことをわかってもらえるからだ。「重要なのは信頼性だ」とマイクは記していた。そして、有権者が信頼できる人物を求めるなら、私はランキングのトップにいる。

私は外交分野で長く豊富なキャリアを積み、ほぼすべての国の指導者と会ってきた。マイクによると、私には国が近い将来直面するであろう課題がわかっていて、政府がもつ巨大な力をどこでどのように最大限活用するかについて有効な戦略があるはずだ、と有権者は信じている。

さらに、選挙のために大金を募ることに対して私がかねてから――二〇〇八年および二〇一二年の選挙で巨額の資金を集めて回るあいだでさえも――不快感を示してきたことは（一部の献金者にとってはもはや伝説だろう）、最終的に強みとなる可能性がある。シチズンズ・ユナイテッド対FEC裁判における最高裁の判決が、政治問題に介入していると思われるひと握りの億万長者に無限の選挙献金を許し、奨励さえしたことに対して、有権者はいらだちを募らせていた。「あなたのこうした姿勢は、聖人ぶった人間がまねできるものではない」とマイクは記した。「現在の制度の悪しき点を把握し、自分自身もその制度の一部であり、制度がだんだんと誰の手にも負えなくなっていくのが見える者のみがとることのできる立場だ。（中略）若き上院議員時代、あなたがキャリアのごく初期に提出した法案（最初のものではないが）は、米議会議員選挙立候補者への公金による選挙資金援助を支持するものだった。あなたにはこの問題にかかわってきた長い歴史がある」

私たち五人、つまり、二人の息子と二人の側近と私は、マイクの文書の各要点と、今後どのように進んでいくべきかを論じた最終項について、数時間かけて話し合った。文書はこれからの二カ月のアジェンダをとても具体的に示していた。先週、私は全国民にとっての景気回復を実現する計画についてアイオワ州で演説したところだった。マイクは、それを土台にしてニューハンプシャー州での演説は中間層の夢をテーマにすべきだと考えていた。その後、ワシントン州ではバイデン政権における外交政策の目標を列挙する。そしてニューヨーク州では、金融業界と実業界のリーダーたちに対して、四半期ごとの業績と自分のボーナスばかりに目を向けるのではなく、従業員に対する責任を果たすべきだと呼びかける。また、主要な選挙スタッフの選定と採用を開始し、早期に予備選挙と党員集会が開かれる州での活動の骨格を組み立てはじめなければならない。夏や秋まで待たずに、四月には出馬表明をすべきだとマイクは考えていた。出馬表明の時期はともかく、マイクの計画はすべて妥当に思えた。ただし、二月最後の週末から三月にかけて中米北部三角地帯諸国を訪れるための準備には支障をきたさないようにしたかった。その旅では移動が多いので、準備を整えておく必要があった。

話し合いのあいだ、私はボーのようすが気になった。州司法長官としての任期は六週間前に終わったので仕事上の懸念はなくなったはずで、時刻もまだ遅くなかったが、ボーはすでに疲れているようだった。顔はやつれ、すっかり血の気が失せていた。ズボンにはギプスの輪郭が浮き出ていた。二〇年以上、政治活動に関するあらゆる会議で私はボーに助言を求めてきた。今夜、この部屋で、選挙に出馬し勝利して公職に就いた経験があるのは私を除いて彼だけだった。この場でボーが助言をくれれば、私はそれを最も重視しただろう。しかしこのときのボーは、おおむね座って周りのようすを見ているだけだった。このところ、ボーは固有名詞を忘れることが多くなっていたが、それにあらがう気力すら失っているようだった。アシュリーは、発話練習の際にボーが一緒に部屋に入れてくれなくなったと言っていた。自分の能力の低下に嫌気がさしていたのだ。二月のワシントンの肌寒いこの晩、ボーはほとんど何も発言しなかった。ただハンターに何かささやいて、ハンターが代わりに話していた。

ボーとハンターを見ながら、この部屋の全員がじつはいくらか芝居をしているのだと悟った。この晩、私たちが本当にマイクの主張に賛成しているかどうかは二の次だった。まるで全員が、必要に迫られて手の込んだ茶番を続けているようだった。スティーヴもマイクも、息子たちも、私もわかっていた。私たちはみな、ボーがどれほど私に大統領に立候補してほしいか理解していた。ボーは私が出馬しない原因には絶対になりたくないのだと、みながわかっていた。自分は父をサポートする。自分は大丈夫だ。そんなふうにボーは私たちを安心させようとしていて、私たちもボーを安心させようとしていた。それなら今夜、心配事をすべて追いやって今後の計画について話す以外に何ができる？　私はその後六日間のうちにニューハンプシャー州で二つ演説を行なう予定だった。中間層の夢に焦点を当てたスピーチにしなければならない。

会議が終わるころには雪が降っていた。みなが席を立って解散しようとするなか、ハンターはその場にとどまり、「父さん、話せる？」と言ってきた。

「もちろん」

マイクとスティーヴがそれぞれの車のもとに行き、ボーが、彼を家に連れて帰るシークレットサービスと部屋を出ると、ハンターと私は二階に上がって一家のプライベートスペースに向かった。ハンターのようすを見るだけで、どれほど話をしたいのかわかった。兄の急速な悪化にハンターは心を引き裂かれていた。翌週に二人はヒューストンのMDアンダーソンがんセンターでボーの定期チェックを行なう予定だったが、その日が近づくにつれて、新たなスキャン画像に何が写るかと二人とも不安を募らせていた。ハンターからは緊張が伝わってきた。一方、ボーは誰の目から見てもとても冷静で、まったく取り乱していないかのようだった。「大丈夫、大丈夫」そう言うボーはまるで池を泳ぐアヒルだった。楽々と水面を滑っているように見えて、水面下では必死に水をかいているのだ。ただ、見えないところで懸命にボーを進ませているのはハンターだった。私は息子たちをいつも一緒に見てきた。二人はいつも一緒だった。まだ幼いときに事故に遭って入院したときから、ボーが州司法長官選挙に初めて出馬する際の戦略策定をハンターが手伝ったときまで。もう四五年になる。私は二人の関係性を知っていた。ボーが感情を抑えようとすればするほど、ハンターはその感情を引き受けて自分のものにする。まるでボーがハンターに自分の感情を背負ってもらっているようだ。

「父さん、ボーがあんなふうに怖がるのは耐えられない」ついに二人きりになるとハンターが言った。

「私もそれがいちばんの悩みだよ」と私は返した。「おかげで睡眠不足だ」

来年に向けた計画を話し合う今日のような夜はまさに天の恵みだ、とハンターは言った。家族全員にとって、こうした目的、こうした感情の出口が必要なのだと。ハンターによると、ボーが最も心配しているのは、最悪の事態が起こったときにハンターと私があきらめてしまうことだった。それはあってはならない、とハンターは言った。二〇一二年末、バラクと私が再選した直後、ハンターはボーと将来について話したという。二人はボーが二〇一六年の知事選に勝つと考えていた。その次は、私が大統領になれていようとなかろうと、ボー自身にも大統領選に出馬するチャンスがある。

「でもいまは、父さんじゃなきゃだめなんだ」そう言ったハンターの言葉は、彼のものでもボーのものでもあったのだろう。

翌朝、私はこの三日間で二回目となる電話でポロシェンコ大統領と話した。彼は、もう自分は見捨てられたのだと感じていた。プーチンの「面目を守る」必要があることにポロシェンコが同意したあと、メルケルとオランドはプーチンと新たな停戦協定である〈ミンスク2〉を締結した。ポロシェンコは、いくつかの州で新たな選挙が行なわれるまではロシアがウクライナ国境地域の一部を支配することに渋々同意していた。しかし、それによってポロシェンコは何を得たのか？　当初、〈ミンスク2〉は〈ミンスク1〉と同じぐらい有効に思えたが、協定が発効する数時間前、ロシアの支援を受けたウクライナの分離主義勢力は少なくとも二八人の民間人およびウクライナ兵士を殺害し、その後は交通の要衝デバルツェボへの攻撃を強めていた。ロシアが多くの重火器を引き上げているようには見えず、それどころかウクライナ国境近くに六〇両の戦車を追加で配備したとの報告もあった。私にできることは、ポロシェンコに共感を示し、いまでも私たちは味方だと伝えるほかに多くなかった。私はすでにプーチンの露骨な協定違反を公に非難していて、ポロシェンコにはロシアが合意に従って戦車と重火器を引き上げているかつぶさに監視していくと伝えた。たとえ不公平に思えても、まだヨーロッパの同盟国に関与をやめる口実をつくってやってはならないとポロシェンコに思い出させた。国境地帯のウクライナ軍は何の疑惑も絡まない純粋な存在でなくてはならない。ロシアが支援する分離主義勢力を挑発したのはウクライナ軍のほうだと主張する材料をプーチンに与えてはならない。そして、国際通貨基金から引き続き必要な融資を受けたいなら、ポロシェンコとヤツェニュク首相は汚職防止・改革法を成立させるべく協力しつづけなければならない。また、対戦車兵器など軍事面で必要とされるものの調達において私ができることはするつもりだと伝えた。その朝はヤツェニュクにも同じ話をしたが、ポロシェンコとは別の電話会議でのことだ。二人はいまだ一つの部屋で机を囲もうとはしなかった。

私は電話を切り、国家安全保障会議のスタッフを集め、いかにしてプーチンおよびウクライナで活動する工作員たちに追加の制裁を課し、ウクライナ軍にさらなる装備とよりよい訓練を提供できるかを話し合った。ウクライナがロシアに侵略への大きな代償（遺体袋に入れられて帰国するロシア兵など）を払わせることができれば、プーチンは攻撃の継続について考え直すかもしれない。

オバマ主導の景気回復を称え、その恩恵を中間層にも広げなければならないと語るためにニューハンプシャー州に飛んだ二月二五日水曜日は、きつい一日だった。朝、目覚めると喉がイガイガしていて、ニューハンプシャー大学〈ルドマンセンター〉でその日最初の演説を始めるころには、咳をこらえるのに苦労した。体調はどんどん悪化したが、ここで基盤をつくるのだと決意していた。「この国の政府が機能しないとき、傷つくのは政治家ではなくアメリカの一般国民です。毎日起きて仕事に行き、税金を払い、生活費を払い、家族を養っている勤勉な普通のアメリカ人です」と言ってから私は咳をした。「失礼、風邪をひいていて。自分たちのコミュニティを大切にしている普通の人たち、傷つくのは彼らなのです。つまり、中間層の人たちです。しかし、お聞きください。政治家と政府の機能不全がすべて解決されなくとも、中間層には現状を乗り越える力があります」これこそが重要なメッセージだった。ここが肝心なのだ。二〇一六年の核となるのは、アメリカの中間層が直面するきわめて現実的な問題だった。「われわれに必要なのは、中間層に戦いのチャンスを与えることだけです。誇張ではありません。中間層がうまくやれていれば、みながうまくやれます。経済は拡大し、労働者階級と貧困層にも成功への道が開かれます。アメリカがたどってきた歴史のなかで、ごく普通の人々が戦いのチャンスを与えられたとき、彼らが国を失望させたことは一度もありません。たったの一度も」

その日はこのテーマで二つ演説をし、質疑応答の時間も長くとったおかげで、聴衆の人たちとつながり合えたと感じた。彼らは誰かに中間層の夢を語ってほしいと思っていた。これまでどれほどの苦労があったか理解している人に。自分たちの夢は死んでいないのだと希望を与えてくれる誰かに。これは人々が求めているメッセージで、私ならそれを届けられるはずだと思った。

中米訪問に向けた準備会議のためにワシントンに戻るべくエアフォースツーに乗り込むころには、すっかり疲れ果てていた。熱があり、深く息を吸うたびに左肺からかすれた音が聞こえた。私はプライベートキャビンに入り、ソファに横になった。離陸前に主治医のドクことオコナーが来て、私のようすをじっくり観察したあと、ムシネックスと抗生物質を処方した。

翌朝はベッドから這い出て執務室に行ったが、時間とともに体調はどんどん悪化した。抗生物質を飲んでもだめだった。私のようすをチェックするためにやってきたドクは心配そうだった。彼が主治医になってからの六年間で私が体調を崩したのは、これがまだ二度目だった。咳は空咳だったがしつこく、熱は上がっていた。おそらく左肺に肺炎を起こしたのだろう。ドクは三種類の抗生物質を処方し、水分補給のために点滴を施した。翌日、公邸に来たドクは、もしよくなっているとしてもほんのわずかだと告げた。そして、この調子では中米訪問は延期すべきだと言った。予定では、翌日の二月二八日の土曜日にウルグアイへ飛び、新大統領の就任式のために二日間滞在したのち、その後の二日間はグアテマラシティで北部三角地帯諸国の大統領たちと重要な交渉をすることになっていた。私はドクに、行かないという選択肢は忘れてくれと言った。行かないわけにはいかなかった。飛行機で少し眠れば回復できるし、ドクにはそばに付き添ってようすを見ていてもらえばいい。この訪問は絶対に必要なのだ。

「外国訪問を取りやめるのが大ごとだということは理解しています」とドクは言った。「わかります。いい報道はされないでしょう。恥ずかしいことです。しかし、ほかにどんな恥ずかしくて悪い報道がありうるか知っていますか? カメラの前で倒れることです。日本での公式晩餐会でジョージ・ブッシュがテーブルの上に吐いたときのことを覚えていますよね? そんな映像をYoutubeにアップされたいなら、お好きにどうぞ」

「この訪問は重要なんだ」

「重要だということはわかっています。しかし、あなたは肺炎なんです。いまのあなたは見るからにボロボロですよ。私が何をしたってボロボロに見えます」ドクは話しつづけたが、私には彼の言葉を止める元気さえなかった。「私がこれまでに外国訪問の中止を勧めたことが一度もないのはご存じでしょう。しかし、今回はついにあきらめなければいけません。さもなければ体調は回復しません。深刻ですよ」それでも私は彼の勧めを受け入れなかった。ドクは一度部屋を去り、スティーヴを連れて戻ってきた。スティーヴも訪問中止に賛成だった。しかし、私は賛成しなかった。ドクはふたたび部屋を去り、次はスティーヴとジルを連れて戻ってきた。そして、私はついに折れた——部分的にだが。翌日にウルグアイへ行くのはやめるが、数日休んで回復したあと、グアテマラシティには行く。こちらの訪問はどうしても外せないのだ。

その週末はおとなしく公邸でできる範囲の仕事をしたが、体調はあまり回復しなかった。ウルグアイのタバレ・バスケス次期大統領に電話をし、モンテビデオでの就任式に出席できないことを詫びた。ポロシェンコ大統領とも電話をした。大統領は、新たな停戦協定が結ばれてから二週間、ロシアがいまだ国境を越えてウクライナを砲撃しつづけていることを私に知っておいてほしかったのだ。ウクライナの兵士と民間人にはいまだ犠牲者が出ていた。プーチンは前線から重火器を引き上げることに同意したにもかかわらず、国際監視団はその動きを何も確認していなかった。私はポロシェンコにあきらめてはいけないと言い、今後も私にできることはすると伝えた。また、彼の新政府が翌週に汚職防止法案を可決することを評価した。この法律により、ウクライナの経済を安定させてプーチンの裏切りから守るためにきわめて重要となる国際通貨基金（ＩＭＦ）の融資を受けられるだろう。

二階のプライベートエリアで、ジルと私はアンダーソンがんセンターからボーについてその日最初の電話を受けた。新たなスキャン結果はあまりいいものではなかったが、それが新たな腫瘍の成長なのか、がん細胞が破壊されていることを示す組織の壊死なのかどうかははっきりわからないという。より詳細な情報が得られしだいまた電話をくれるとのことだった。私は電話を切り、深く息を吸い込んだ。壊死であってくれ。神よ、どうか、壊死であってくれ。その晩、センターからふたたび電話があった。最悪の知らせとともに。すべて、新たな腫瘍の成長だった。ボーの脳内のがん細胞は急速に増殖し、新たな場所に広がっていた。心がずしりと沈んだ。ドクター・サワヤが最初の腫瘍を取り除いた日から、私たちがずっと恐れていた瞬間だった。

その週末、ハンターが別々の電話会議をつないでくれたおかげで、ボー、ハンター、私はみなドクター・ユンおよびドクター・サワヤと話すことができた。二人の医師は、新たな腫瘍の不穏な成長状況について説明してくれた。まず、ドクター・サワヤが最初の腫瘍を切除した場所の手前に大きな塊があった。こちらはできるかぎり早く手術で取り除いたほうがいいとサワヤは言った。しかし、元の腫瘍のかなり奥でも別の腫瘍が成長しており、そちらを安全に切除することはできないという。

ドクター・ユンは、ほかにも治療の選択肢はあり、希望をもつことはできると言った。ハンターは、数カ月前に話していた有望な実験的免疫療法はどうかと考えた。その治療の準備として、一カ月前にMDアンダーソンの医療チームはボーの採血をし、体内の有害な外来物質を特定し破壊する白血球であるT細胞を採取していた。この最新の免疫療法は、腫瘍の成長をその細胞内で引き起こしているタンパク質を特定し、患者のナチュラルT細胞を操作してそのタンパク質のみを攻撃させるというものだ。理論上は、このT細胞はがん細胞を喰らい、一方で周囲の健康な脳細胞に影響は及ばない。しかし、ボーに対してこの治療はうまくいっていなかった。ボーのがん細胞はあまりにもたちが悪かった。ボーの腫瘍の成長を引き起こすタンパク質を特定し分離することはいまだできていなかった。

従来の概念からはかけ離れた治療法だが、まだ選択肢はある、とユンが私たちを励ました。それは、まず手前のがん性結節をサワヤが手術で取り除き、数日後にアンダーソンの別の専門医が特別に作製された生ウイルスを奥で成長する腫瘍に投与するというものだった。ウイルス投与の目的は、ボー自身の免疫システムを活性化させてみずからがん細胞を攻撃できるようにすることだ。これまでにセンターでこの生ウイルス投与を受けた二五人の患者のうち、数人にはすでに驚くほどいい結果が出ていた。ユンはまた、腫瘍に対する有機的な攻撃を大幅に活性化させる別の免疫療法も組み合わせたいと説明した。この組み合わせの治療を受けるのはボーが初めてとなり、リスクは甚大だった。ボーの免疫システムが過剰反応して健康な脳細胞を侵食しはじめる可能性もある。この日、医師に質問をしたのはほとんどがハンターだった。ハンターは話すべきことをきちんと理解したうえで、ボーの代わりに話せる立場だった。一方、私は、みぞれが公邸の部屋の窓に当たる音と医学の専門用語を聞きながら、座ったままどこか呆然としていた。まだかなり体調が悪く、意識はタンパク質と抗体と抗原と改変ウイルスの話のなかをゆらゆらと漂っていた。私には何が正しい道なのかわからなかったが、最後にはボーがすべてをまとめた。「大丈夫。やってみよう。大丈夫、大丈夫」

医師たちの説明によると、再度の脳の大手術のあとに無事回復できるよう、ボーが現在服用している化学療法薬が体内から除去されるまで三、四週間待ってから手術を行なう必要があるという。まずは、この免疫療法の第一段階、抗PD－1抗体の投与をできるかぎり早く行なうことになった。ユンは、翌週の半ば、三月四日の水曜日に投与したいと考えた。

私は電話を切り、ジルと無言で見つめ合い、抱きしめ合った。ジルの腕のなかにいても、このときの私は希望を失っていたと思う。でも、ジルの前では決して平静を失うまいとした。ひどく怯えさせてしまうとわかっていたから。そうして私は寝室に行き、ロザリオをつかんで祈った。神に何を求めればいいのかもわからなかったが、祈るだけで心が落ち着いた。強くあらねばならない。希望を捨ててはならない。本当の戦いはいま始まったのだ。ボーは序盤と中盤の戦いを生き延びたが、決戦は急速に迫っていて、みなで気を引き締めなければならない。これは命をかけた戦いなのだ。

ハンターは最初の抗PD－1抗体投与を受けるボーに付き添うためヒューストンに行くだろうが、この日曜の晩、私は自分が次にすべきことをめぐって自分のなかで意見を戦わせた。予定では、翌日三月二日月曜の朝に飛行機でグアテマラに向かうことになっていた。しかし私は、どうしてもここに、ボーと一緒にいたかった。何より、ボーのもとに行って抱きしめたかった。今夜、ホワイトハウスにいるバラクに電話をして訪問を中止したい理由を伝えれば、バラクはきっとこう言うだろう。「いいさ、ジョー。必要なだけゆっくりしてくれ」だが、私が国外にいる間にボーに何か起こるわけではないだろうことも、訪問を取りやめれば余計にボーについてばかり考えてしまうだろうこともわかっていた。それに、最初の抗PD－1抗体投与が行なわれる前、水曜の朝には戻ってこられる。

また、訪問を中止すればボーがっかりすることもわかっていた。しかも、自分がその理由となれば。私にはこの国に対する責任があった――ボーは「義務」だと言うだろう。ただ、正直に言えば、もしこのときの大統領が別の人間だったら、政治のやり方も人格も信用できない人物だったなら、私は訪問中止の電話をしたかもしれない。しばらく仕事を休んだかもしれない。しかし私は、バラクに対する、わが友人に対する責任を感じた。バラクは私を信用し、信頼してくれていた。私を頼りにしていた。彼にはすでにたくさんの懸念事項があるのに、私までそこに加わることになってしまう。

翌朝の九時四〇分、ジルと私は海兵隊のヘリでアンドルーズ空軍基地まで飛び、そこでエアフォースツーに乗り換えてグアテマラシティに向かった。前の晩はよく眠れず、ムシネックスと抗生物質もまだ飲んでいた。深く息を吸うたびに左肺に刺すような痛みが走った。しかし、自分が正しいことをしている自信はあった。キャビンに身を落ち着け、ブリーフィング用資料を読みはじめた。

この考えはホワイトハウス内でさえ少数派だったかもしれないが、当時の私は、われわれの政権において中米こそが長期的なアメリカの安全保障を左右するカギを握っていると強く信じていた。めずらしいことではないが、この可能性は危機から生まれたものだった。二〇一四年の夏、グアテマラ、ホンジュラス、エルサルバドルが構成する北部三角地帯諸国の大勢の子どもが、国境を越えて南側からアメリカに密入国しはじめた。親を伴わずに単身で不法入国する子どもたちは、ニュースで大きく取り上げられただけでなく、アメリカ国民はこの問題について想像をめぐらせた。これほど多くの親がわが子をバスに乗せ、一人だけでアメリカに行かせる理由とは何だろうか？　どんな親なら、それが最良の選択肢だと考えるのか？　どれほどひどい状況にあれば、親はわが子の命を危険にさらせるのか？

「ジョー、この問題に対処してくれ」バラクからそう言われたとき、彼が私を選んだことがうれしかった。そしてすぐに、いまこそ歴史の流れを多少なりとも変えるチャンスなのだと気づいた。実際、世界各地の危機下にある地域のなかでも、最も大きな可能性を秘めているのは中米だと私は信じていた。あと二年を残すのみのわれわれの政権が、多くの地域の問題を解決する時間はなかった。中東に関しては、これまでの方針を崩すことなく、ＩＳＩＬなどのテロ集団を無力化し壊滅させる長期計画を始動すべく、同盟諸国との協力関係を構築することが最善の取り組みだろう。イラク、シリアなどにおける真の安定はいまだ遠かった。東欧に関して私たちにできるのは、プーチンおよびロシアに恥をかかせて孤立させるための合意形成を続けることだけだった。中国との関係をめぐっては、大きな進歩を目指して基盤を築きはじめるぐらいは可能かもしれない。一方、私たちに知性と大きな勇気と少しの運があれば、ラテンアメリカ地域との関係を新たな希望に満ちた軌道に乗せられると私は信じていた。アメリカは他国にあれこれと政策を押しつける傲慢な国だという認識が広く浸透しているこの地域に、私たちはこの大陸の国々を発展させる真のパートナーになれると気づいてもらえるはずだ。

これは、二〇一四年に子どもの密入国が問題になる前から私が訴えてきたことだ。ラテンアメリカ地域におけるアメリカ合衆国の取り組みについて私が初めて指針を示したのは、二〇一三年五月に国務省で行なった演説でのことだった。会場を埋め尽くす聴衆のなかには、ラテンアメリカ各国の外交官など、その地域の政府関係者が何十人もいた。「いまだに私たちアメリカは、この地域の多くの人々から、地域の問題にまじめにかかわろうとしていないとか、横暴だとか、あるいはその両方だと見なされています」と私は言った。「しかし、もう私たちは違います。一方、アメリカでもいまだに多くの人が、六億人が住む南側の国々はほとんどが貧困と紛争の蔓延する地域だと考えています。しかし、もうあなたたちは違います。いずれのステレオタイプも間違いです。だいぶ前から時代遅れのイメージなのです。

いま起こっている変化は、私たちみなに、アメリカ大陸に対してこれまでとはまったく異なる見方をする機会を与えてくれます。（中略）私たちは、この大陸全体について、中間層が中心の、安全で民主主義的な地域として語るべきだと思います。カナダからチリまで、そのあいだに存在するすべての場所について」

それを目指すうえで、中米地域は北米と南米をつなぐ要だった。そして、九カ月にわたって緊密に協力してきたグアテマラ、ホンジュラス、エルサルバドルの大統領たちに私の本気は伝わっているはずだ。きっとうまくいくと私は信じていた。

二〇世紀の下院議長のうち最も個性的かつ成功を収めたわが旧友、ティップ・オニールの有名な発言に、「すべての政治はローカルだ」というものがある。政界に長く身を置いている私は、この発言を少しバージョンアップさせてもらってもいいと思う。私の考えでは、すべての政治はパーソナルである。なぜなら、結局のところ政治は信頼のうえに成り立っていて、個人的な関係を確立できないかぎり信頼を築くのはひどく難しいからだ。これはとくに外交政策に関して言える。さまざまな国の多くの人たちはほかの国についてほとんど知らず、共通の歴史や経験をもつことがきわめて少ないからだ。これまで私は、こうした差を乗り越えて信頼を築くために計り知れないほどの時間を費やし、そんなときはいつも父の教えに従っていた――相手の関心の対象を勝手に決めつけ、それを相手に伝えてはならない。自分自身の関心を、包み隠さずまっすぐ相手に伝えよ。そして、相手の立場になって考えよ。相手の希望と限界を理解するよう努め、相手にはできないとわかっていることをさせようとしてはならない。結局のところ大切なのは、個人的なつながりを築こうと努力することなのだ。

グアテマラのオットー・ペレス・モリーナ大統領、ホンジュラスのファン・オルランド・エルナンデス大統領、エルサルバドルのサルバドール・サンチェス・セレン大統領とは、この九カ月で友人になっていた。私は彼らが信頼してくれていると信じていた。エルサルバドルの元共産ゲリラであるサンチェス・セレン大統領には、「もしジャングルで迷ったら、あなたとぜひ一緒にいたい」と言ってあった。また、私は交渉の窓口だった。私が大統領の意見を代弁していることを彼らはわかっていた。彼らにとって私は心を開ける相手だった。その私が二〇一五年三月のサミットにいきなり代役を送れば、それまでの取り組みが大幅に後退しかねない。そのリスクを取りたいとは思わなかった。

私は大きな土産を携えてグアテマラシティに到着した。北部三角地帯諸国に対する新たな巨額援助の計画だ。私がまとめたその計画は、三国の安全保障上の懸念だけでなく統治をめぐる問題にも対処するものだった。国務省と私のスタッフたちと協力し、上下院の共和・民主両党員からサポートを受け、コロンビアの自立を助けた「プラン・コロンビア」と同様の援助計画を立ち上げることができた。アメリカが北部三角地帯諸国を対象に一〇億ドル規模の援助を行なうというのは前代未聞で、誰も予期さえしないものだった。共和党が支配する連邦議会なら麻薬取り締まりのために二、三億ドルをこの地域に投じる用意はいつでもあるだろうが、今回の規模と範囲での援助はかつてないものだった。これら三国での殺人発生率は世界でも最悪だったので、予算要求には警察や安全保障にかかわる費用ももちろん含まれたが、プラン・コロンビアで得た重要な教訓にもとづき、提示する要求は安全保障と開発支援の間でバランスをとったものにした。強固な司法制度と強い政府機関がなければ、厳しく法を執行しても長期的な解決策にはならないのだ。

一月に議会に提出した予算要求には以下も含まれた――非行に走る危険のある若者がギャングに加わらないようにするための少年少女クラブへの資金提供、政府機関により効果的に税金を徴収させ、その税収を公正にかつ透明性をもって管理させる支援、高すぎるエネルギー費を下げるための三国間のエネルギー産業統合への投資。私はとくにエネルギー分野への支援が鍵だと考えた。三国の一般市民が負うエネルギー費を下げれば、格差の是正、経済成長の促進、さらには治安改善にさえつながるかもしれない。

私たちは、アメリカ大陸全体との関係を根本的に変えるつもりがあることを示そうとしていた。この二年足らずで、とりわけ重要な訪問はこれがもう五回目だった。同時に、オバマ大統領の努力によってキューバとの外交関係は正常化しようとしていたので、アメリカを帝国主義国家だと扇動することは難しくなっていた。そうしたタイミングでアメリカ政府から「重要なのは、われわれがあなたたちのために何をしてあげられるかではなく、何が一緒にできるかなのです」と意見が上がると、ラテンアメリカ諸国は同意しはじめた。私は親しい上院議員たち（両党とも）には以前からこの話をしていたので、何が可能かはわかっていた。だからこそ、北部三角地帯諸国の大統領三人それぞれの目をまっすぐ見つめて、議会通過はほぼ間違いないと言えた。もし一〇億ドルが無理でも、近い額で実現するはずだと。

この訪問の主な目的である会議（三人の大統領と私だけの会議）を始めるときには、私が本気で彼らの国を助けようとしていることはわかってもらっていたと思う。それでも、私が彼らを助けるために彼らにも本気で手伝ってもらわなければならないと伝えた。私のほうでも予算要求を通過させるためにロビー活動をするが、アメリカ議会で予算配分を決める人たちを安心させるには大統領たちにもしなければならないことがある。「第一に」と私は切り出した。「こちらの議員たちはみな、あなた方が三人とも汚職まみれだと思っています。第二に、あなた方は約束をきちんと果たさないとも思っています。第三に、あなた方の国の税制と規制体制は実際に汚職にまみれています。富裕層からはほとんど税金を取らず、生活に追われる中間層と貧困層からばかり税を巻き上げています。したがって、あなた方には本気で変化に取り組んでいただく必要があります」

それまでの私との話し合いを通して、私が彼らに対して政治的に難しい約束を期待していることは三人ともわかっていた。それぞれが自国の密入国ネットワークを取り締まり、アメリカの移民制度について広まる誤った情報を正し、次々とアメリカの南側の国境を越えていく自国民を止める必要がある。そして、自国の全国民のためになる統治を本気で目指さなければならない。さらに、われわれの援助計画に沿った取り組みを行ない、受け取った額以上の成果を上げなければならない。私は、本格的な計画を立てて結果を出すよう彼らに強く求めた。そうすればオバマ大統領と私は彼らの政治的要望に一歩ずつ応えていくと保証した。しかし、彼らが本気で取り組めないなら、私たちも応じない。もし私の要求が難しすぎるなら、それは理解しますと伝えた。問題ありません。それでかまいません。しかし、「イエス」と言うなら、私は国内の改革に取り組もうというあなたたちの意欲に私自身の信頼を懸け、アメリカ議会で誓いを立てます。ここ中米の状況はこれから変わっていくと議会に約束します。「しかし、あなた方が約束を果たさなければ、私はあなた方を責める立場になるつもりです」と私は言った。

三人の大統領との会議は一五分から二〇分で終わる予定だったが、結局、一時間を大幅に超えた。そこから生まれた目標は大きかった。その後の数時間をかけて、私たち四人は〈エルサルバドル、グアテマラ、ホンジュラスの各大統領およびアメリカ合衆国副大統領による、北部三角地帯諸国の繁栄のための同盟計画に関する共同声明〉という お堅い名称の声明をまとめ上げた。モリーナもエルナンデスもサンチェス・セレンも私も、ともに過ごせる時間を無駄にしたくなかった。私たちが交渉を進めるあいだにそれぞれのスタッフが私たちの背後を行き来して具体的な表現について意見をまとめる、という異例のやり方をとった。

作業は大変だったが、出来上がった文書は注目すべきものだった。三〇を越える真剣かつ具体的なコミットメントのもと、アメリカが提供する資金と知識を利用して自国民の要望にきちんと応えることを北部三角地帯諸国の大統領が約束したのだ。コミットメントには以下のようなものがあった――十分な行政サービスを受けていない人々にも質の高い教育機会を提供する。女性の地位を高める。医療、栄養プログラム、治安を改善する。司法制度全体、つまり警察から裁判所および刑務所の制度に至るまで改革する。さらに、税制の公平性および徴税の効率性と有効性を改善するという公約も、さらには市民にビジネスチャンスと安価なエネルギーを提供するための詳細な計画も含まれた。アメリカ政府は、グアテマラ、ホンジュラス、エルサルバドルの大統領が統治メカニズムを一から確立していくのを支援すべく、司法省、財務省、税関・国境警備局、エネルギー省からそれぞれ専門家を派遣するとした。この努力によって、三国は政治的安定およびすべての人に恩恵をもたらす広範な経済拡大への道に踏み出せるはずだと私は強く信じた。

モリーナ大統領、エルナンデス大統領、サンチェス・セレン大統領、それに私が四人とも署名したのち、声明を公に発表した。今回の訪問におけるきわめて重要な成果が文書としてかたちになったのだ。これで、北部三角地帯諸国のリーダーたちの本気と互いの責任の証しとして、米議会に示すことができる。私は、問題を抱えた地域で目標数の教師や警察官の雇用・訓練を行ない、最富裕層からの税収増加目標を達成する、などといった約束が一つ一つ確実に果たされないかぎりは、国務省に資金を出させないと議会にはっきり示すつもりだった。いかなるプログラムにおいても、アメリカが資金援助を行なうのは三国が目標を達成してからだと約束する。私が一度も約束を破ったことがないと知っている議員たちの前で、私は自分の信頼を懸けるつもりだった。

帰りのエアフォースツーのメインキャビンでは、主要スタッフと長い時間、本音で語り合った。この計画の実現までにはいくつも壁があったが、三人の大統領が目の前の危機に進んで立ち向かおうとしていることに深く感銘を受けた、と私は話した。そして、スタッフのみんなもとてもよくやってくれたが、帰ってもやることはまだまだあるぞと言った。予算の割り当てをめぐって議員たちに個別に働きかける一方で、三国の大統領たちからはさらに詳細なコミットメントを引き出す必要がある。暴力行為への対処や、最も脆弱なコミュニティへの機会提供など、彼らがまず自国の短期的なニーズを満たせるようこちらもサポート体制を整えると同時に、構造改革と統治制度の改善が真の繁栄をもたらせるよう、忍耐強く三国と協力していかなければならない。

ジルと公邸に着いたときはもう火曜が終わろうとする時刻で、ワシントンの気温はいまだ氷点下だった。その夜はなかなか寝つけなかった。翌日に予定されているボーの最初の抗PD-1抗体投与のことを考えていたからだ。翌朝にオーバルオフィスでグアテマラでの成果を大統領に報告しているときもボーのことが頭を離れなかった。その後は自分の執務室にこもって仕事をしながら、ヒューストンからボーの治療について電話が来るのを待った。私は運命の女神に対してうんざりし、不安に思い、わずかな怒りさえ抱いた。どうして息子がこんな目に遭わなければならないのか？　どうして息子がこんな仕打ちを受けるのか。その週の残りのスケジュールをざっと確認したところ、それほどハードには見えなかったので安心した。ようやくボーに集中する余裕ができたように感じた。そのとき、イラクの新首相、ハイダル・アル＝アバディから電話があった。彼は物事にたやすく動じない男だが、今回は深刻な危機の真っ只中にいることがはっきりわかった。「ジョー」とアバディは言った。「きみの助けが必要だ」

第七章　想定内のリスク

二〇一五年三月四日のその日、アバディ首相は電話越しに、ティクリートをめぐって新たに発生した戦いに強力な軍事支援がほしい、早急にお願いしたい、と言った。アバディは、中東で勢力を拡大する悪しきテロ集団ＩＳＩＬとのきわめて重要な戦いにおいてコントロールを失いかねない窮地にあった。彼の要請は大きく、イラクにもアメリカにものちに影響を及ぼすものだった。もちろんこれは世界的な問題だが、それに加えて私の個人的な思い入れも強かった。政府がイラク問題の対処に一二年もかけて多額の費用をつぎ込んできたことにアメリカ国民の大半がうんざりしていることは確かで、もはやこの問題はやかましい雑音のようなものだとして耳を傾けなくなった人も多かった。しかし、私にそれはできなかった。二〇〇三年以来、真の民主主義形成を実現できるような機能的かつ包括的なイラク政府の構築を支援していた私は、この国にとても深くかかわってきたのだ。初めは上院外交委員会の委員長として、のちには副大統領として、二〇〇九年にオーバルオフィスで開かれた高官会議でバラクに「イラクはジョーがやる」と言われたときから、イラクには二〇回以上訪れていた。

イラク問題は、ほぼ間違いなく、四〇年にわたる外交キャリアのなかで最も頭を悩ませたものだった。イラクにおける三つの主要勢力（シーア派アラブ人、スンニ派アラブ人、クルド人）間の関係は怒りと互いへの不信感が支配し、突発的に発生する激しい暴力行為によってたびたび断絶していた。古代でも現代でも三つの派閥は憎み合っていた。現代のイラクの国境は、第一次世界大戦後にオスマン帝国から分割されて確立したものだ。サダム・フセイン率いるバース党政権は少数派のスンニ派アラブ人を重用し、イラク中部および南部に集中する多数派のシーア派アラブ人と北部の少数派クルド人は暴力により抑圧された。二〇〇三年、アメリカのイラク侵攻によってこの状況は覆り、スンニ派の権利は剝奪されてシーア派が力を手にし、クルド人にとっては独立への夢がよみがえった。横暴な権力行使と宗派間の支配権争いに頼らずとも政府が得られるメリットに目を向けるよう、われわれは一〇年以上の歳月と多くのエネルギーを費やしてイラクの政治指導者たちの説得を試みてきたが、説得は結局ほぼ不可能だった。しかし、私はまだあきらめるつもりはなかった。イラクで従軍した一年間、ボーは自分の命と手足を危険にさらした。そこで目にした死と破壊について彼はあまり語らなかったが、アメリカが目指していることは高潔だという主張は決して譲らなかった。長期的に見てイラクを正常化させるチャンスがあるなら、われわれはそのチャンスにかけるべきだと彼は信じていた。ここであきらめるには、あまりにも多くの罪なき人々を犠牲にしてきたのだ。そして、アバディから電話があったこの日、私はついにチャンスがやってきたと思った。最大の皮肉と言えるが、国を引き裂こうとしているまさにその組織、ＩＳＩＬは、少なくとも一時的にはイラク人を団結させていた。

二〇一四年の夏にＩＳＩＬ部隊がイラクの北部および西部で電光石火の攻撃を開始したとき、その強さにはアメリカのみならずすべての連合国が衝撃を受けた。イラクの治安部隊をあっという間に打ち負かしたISILは、抑圧的な「カリフ制イスラム国家」を樹立し、中東全体およびのちにはほかの地域をも支配するという無謀で途方もない計画における足場を築いた。ISILはイラク国土の三分の一近くを制圧し、そのほとんどはスンニ派が多数を占める地域だった。ISILは銀行から多額の現金を略奪し、統制のとれていないイラク部隊が戦場から逃亡した際に残した数億ドル相当に及ぶ高性能の兵器と装備を大量に手に入れた。そして、斬首、集団処刑、捕虜の火刑および磔刑によって国民を恐怖に陥れ、さらにそのようすを撮影し世界に向けて動画を公開した。また、シーア派の宗教的聖地や書庫を冒瀆あるいは破壊し、少数派であるキリスト教徒とヤジディ教徒を大量虐殺によって戦慄させた。さらに、クルド人が支配する油田地帯キルクークの軍事基地を攻撃し、イラク第二の都市モスルおよびサラハッディーン州の中心都市ティクリートも制圧した。

ISILによる血なまぐさい支配の拡大を受けてイラクの三大勢力それぞれの政治的計画は崩れ、誰もが古き時代のアメリカの革命家ベンジャミン・フランクリンのように考えるほかなくなった。フランクリンは独立宣言に署名する際、次の有名な言葉を残した。「われわれはみなで団結《ハング・トゥギャザー》しなければならない。さもなくば、別々に縛り首《ハング》になるだけだ」。私のチームはこの危機を大きな強みに変えた。二〇一四年、私はスチュアート・ジョーンズ駐イラク大使、ブレット・マクガーク大統領特使代理、私の国家安全保障チームと何時間も電話で話し、包括的な連立政権の基盤形成のために各勢力から譲歩を引き出そうとした。シーア派に偏重したヌーリー・マーリキー前首相の強権政治がISIL誕生の一因でもあったので、私たちは三勢力間の合意を築くために必死で努力し、最終的にその合意によって包括的な政府樹立に熱心なシーア派のハイダル・アル＝アバディが首相に就いた。アバディとともに時間を過ごして彼の仕事ぶりを見るうちに、彼は真の連立政権を樹立し機能させるための唯一かつ最高の人材だと思えるようになった。彼は、イラクを中東において民主主義の主軸を担う国家にすると私に話した。彼が「機能する連邦主義」と呼ぶもの、つまり、スンニ派やクルド人が支配する各地域の自治権を拡大することの必要性については私も同意見だった。イラクの膨大な石油埋蔵量が計り知れない経済的可能性を秘めることについても話した。イラクの石油量はクウェートやロシアより多く、イランに匹敵するほどだった。石油はすべての人が公平に分かち合える恩恵になりうる――イラクをまとめる接着剤になりうるのだ。

私たちはアバディと緊密に協力し、イラク治安部隊の形成と、ＩＳＩＬを打倒できる戦略――数万人のアメリカ兵をふたたびイラクに送らずにすむよう、イラク側が優勢を保てる戦略――の策定に取り組んだ。マーリキー政権は軍隊およびその指揮系統を大幅に縮小しており、いずれも再構築が必要だった。アメリカの軍事顧問団のサポートのもと、アバディ首相は宗派でなく能力にもとづいてイラク軍の司令官を選んだ。われわれは米軍特殊部隊にどのイラク部隊を立て直すことができるか判断するよう命じ、師団の再編成を助け、新兵の訓練を始めた。そしてこの新たな軍隊に、装甲車両、弾薬、銃火器、ヘルファイアミサイル、爆弾探知技術などの装備を提供した。

二〇一五年三月のあの朝にアバディから電話を受けたとき、ティクリートでの大規模な対ＩＳＩＬ作戦は始まったばかりだった。アバディはその攻撃作戦に対する強い懸念をはっきりと示した。ティクリートは宗派間争いの起きやすい場所だった。九年前には隣接する都市サマラで発生したシーア派とスンニ派の衝突をきっかけに国は血なまぐさい内戦状態に陥っており、二〇一四年六月にＩＳＩＬがティクリート近くのイラク空軍基地で一五〇〇人の空軍士官候補生（多くはシーア派だった）を残忍に殺害したときにはふたたび国家の危機が懸念された。いま、その懸念が現実になってしまったのだ。実行中のティクリート奪還作戦は、イラク中央政府の権限の範囲外、国防大臣の管理の外で計画されていた。三万人の攻撃部隊のうちおよそ四分の三はシーア派民兵グループを寄せ集めた「人民動員軍（ＰＭＦ）」と呼ばれる勢力が構成し、彼らの多くはイラン政府の支援を受けていた。この作戦の主導権はイラン政府にあるように見えた。イランはすでに、大砲、戦車、無人機、軍事顧問団を部隊に提供していた。現場で最も有名かつ注目を集めていた司令官は、イランの悪名高きイスラム革命防衛隊コッズ部隊のトップ、カセム・ソレイマニだった。ソレイマニはイラン国旗をはためかせながら戦場を闊歩し、そこで撮った自撮り写真をイランとイラクの両国で広めていた。作戦が成功すればソレイマニはティクリートのシーア派住民の多くから英雄と見なされ、イラク政府はイランに借りができる。また、その後にはイラクのほかの地域でもイランが同様に軍事作戦を主導しかねない。そして、アバディがとくに恐れていたのは、ティクリート解放後にはシーア派戦闘員がスンニ派に対して暴力的な報復行動に出ると考えられ、そうなれば両派間の緊張が高まり、いまだ政権基盤の脆弱な彼の新政府が瓦解しかねないことだった。

ＩＳＩＬをティクリートから追い払うには正しい勢力が正しい方法で行なわなければならないと、アバディも私もわかっていた。アバディは、手遅れになる前に作戦の指揮権を取り戻して彼自身のイラク国軍に主導させなければならなかった。そのためにはアメリカの支援が必要で、私を頼ってきたのだ。彼が求めたのは、イランに匹敵する、あるいは上回る軍事力だった――諜報・監視・偵察（ＩＳＲ）を行なう無人機、地上のＩＳＩＬ戦闘員を標的とした米軍用機による空爆、追加の弾薬と防弾ベスト、攻撃作戦の計画を支援するアメリカ人の顧問と立案者だ。私は依然として、アバディはわれわれが助けるべき人物だと考えていた。そして、できるかぎり早くにできることをするが、アメリカのあらゆる軍事援助には必ず条件がついてくると伝えた。

同じ日にヒューストンから電話があったとき、報告内容は簡潔だった。抗ＰＤ－１抗体ペンブロリズマブ（医師たちはペンブロと呼んでいた）の投与はうまくいったという。手順自体はシンプルだった。ボーの腕に点滴針を刺し、三〇分かけて約一五〇ミリグラムのペンブロを彼の血中に注入するだけだ。それが完了した。しかし、ウェストウィングの執務室に立つ私は、胸の奥ではこれからの数カ月でシンプルなことはほとんどないとわかっていた。もう後には引けない。ボーと私たち家族にとっての本当の戦いはいま始まったのだ。戦いがいつまで続くかはわからない。膠芽腫《こうがしゅ》治療の歴史上で実行されたことが一度もない、三方面攻撃を仕掛けるのだから。三月末には、ドクター・サワヤが切除可能な腫瘍を手術で取り除くという二つ目の危険な作戦が予定されていた。ボーがその手術から回復ししだい、ドクター・フレデリック・ラングが残っている腫瘍に改変生ウイルスを投与する。それから数週間後、あるいはボーの状態が整いしだい、さらにペンブロを投与する。少なくとも、計画上はこのとおりだった。

生ウイルスの投与自体が比較的新しい治療法であり、この一五年でＭＤアンダーソンの研究者や臨床医が開発してきたものだった。だが、この治療法の土台となる微生物学の研究対象が誕生したのは何十億年も前だ。ウイルスは生物とほぼ同じぐらい昔から存在していて、両者は並行する、ときには交差する経路をたどって進化してきた。ウイルスは日和見主義者だ。生きている細胞に入り込んで、自分に都合のいいように操ってしまう。ウイルスは正常なヒト細胞に侵入し、健康な細胞の分裂を防いでいるタンパク質をブロックし、そうして活性化された宿主《しゅくしゅ》細胞の分裂機構を利用して自分のコピーをつくりはじめる。MDアンダーソンの医師たちは、こうした邪悪なウイルスが用いる手段を善良な目的に利用するための開発を進めていた。実際、健康な組織に影響を与えずにがん細胞を破壊できるウイルスの開発にすでに成功していた。〝デルタ24〟と呼ばれるこの誘導爆弾型ウイルスには細胞を守るタンパク質をブロックする力がないので、健康な宿主細胞に害を及ぼすことはない。一方でがん細胞には細胞の分裂を妨げる遺伝子がないため、デルタ24が腫瘍内に入れば、すでに分裂している悪性細胞の機構を利用してデルタ24自身も分裂し複製する。

　デルタ24はノンストップで増殖を続け、やがてウイルス物質でいっぱいになったがん細胞は破裂する。この破裂によってウイルス粒子が近くのほかのがん細胞に入り込み、同じプロセスが繰り返される。したがって、ドクター・ラングが小さな一カ所にデルタ24を注入するだけで、そのウイルスがボーの腫瘍全体に広がってがん細胞を次々と破裂させ、最終的に腫瘍を死滅させることが期待された。このウイルス療法は、ほんの一〇年前にはまだ未検証の理論にすぎず、危険性は排除できなかった。アンダーソンが患者に初めて生ウイルスを投与した日の晩、その治療を監督した医師は心配で眠れなかったという。しかし、ボーへのデルタ24投与が検討された時点で、すでにアンダーソンの医療チームはいくらか成果を上げはじめていた。ラングは最初の大きな研究を終えたばかりで、その結果から勇気と刺激を得ていた。この治療を受けた二五人の患者のうち、三人の腫瘍が破壊されたのだ。いずれもボーのものと同じく再発した大きな腫瘍だった。この治療によって三人の患者の寿命は三年以上延び、ラングはこれらの成功ケースに有望なパターンを見いだした。生ウイルスは、腫瘍が消えた患者三人それぞれの免疫系に興味深い反応を引き起こしていた。がん細胞は免疫系の検知を回避するすべをもつが、ウイルスはそれをもたない。よって、免疫系はウイルスを異物として認識し攻撃する。しかしデルタ24はがん細胞に入って重要なスイッチを入れたようだった。免疫系は明らかに腫瘍タンパク質を異物として認識しはじめ、その神経膠芽腫を破壊するための活動を開始した。

ラングとユンは、生ウイルスの活動中に別方向からも免疫系の機能を高める手段を以前からいくつも検討していて、そのなかで最良の選択肢が抗ＰＤ‐１抗体のペンブロだった。ペンブロには、免疫系をサポートして本来できないことを可能にする機能が備わっている。ペンブロによって腫瘍は歓迎されない危険な外来物質として正体を暴かれ、体内にもともと存在するＴ細胞が腫瘍を破壊しはじめる。がん細胞はキラーＴ細胞の働きにブレーキをかけられるが、ペンブロが介入してそのブレーキを解除する。ペンブロはすでにメラノーマと肺がんの治療に効果を上げていて、ラングとユンはボーの治療に用いることで膠芽腫治療の大きな躍進につながるかもしれないと考えていた。ボーとハンターに治療計画を説明する際、ラングとユンは二人ともリスクをはっきり伝えた。生ウイルスの投与だけでも脳に激しい腫れを引き起こし、長期にわたって損傷を残すか、死に至る可能性さえある。期待どおりにいっても、ボーの状態はよくなる前に一度ひどく悪化すると見込まれる。さらに、ペンブロの追加投与は合併症の可能性を高める。この治療を受けるのはボーが初めてなので、予測できないことは多いとラングは言った。ボーはすべてを理解したうえで、医師と話をするときに必ず付き添っていたハンターに目をやった。ハンターは決心した表情だった。ボーはラングに視線を戻し、こう言った。

「やってください」

アンダーソンの医療従事者たちがお互いのあいだでボーについて話していたと私が知ったのは、しばらく後になってからだった――彼は決してくじけることなく、いっさい恐れを見せなかったと。ボーは医師たちに、自分に対してできることはすべてやってほしいと求めた。自分は大丈夫だからと医師たちを安心させつづけた。「勝算が五割の戦いに挑むとき、私たちはそれを勇敢だと考えます」二〇カ月間、ヒューストンを訪れるたびにボーを診てくれた麻酔科医はそう言った。「真の勇気とは、勝算がほとんどなくても戦いつづけることです」

国家安全保障問題担当補佐官のコリン・カールおよび安全保障チームのほかのメンバーたちとアバディについて話したあと、私がまず電話をした相手は、中東地域を管轄する米中央軍司令官のロイド・オースティン将軍だった。オースティンは、われわれの政権がISIL殲滅を目的に半年前から展開していた〈不動の決意作戦〉を主導した人物だった。国務省の外交官らとの協力のもと、将軍はすでに広く国境を越えた対ISIL連合を築いていて、戦場で強気の攻撃に出る意欲を示していた。

「私の目標は、ISILを打ち負かし、最終的には壊滅させることです。（ISILが）主要な標的でありつづけるかぎり、わが軍は当然その標的と戦います」最初の空爆が始まった直後にオースティンはそう言っていた。

オースティン将軍は、どうにかしてアバディを助けたいという意思をはっきり示す一方、現在ティクリートで進行中の作戦をそのままに航空支援と顧問団を提供することは賢明ではないと考えた。米軍や連合軍がシーア派民兵や彼らを操るイラン人を誤って空爆し、イラン政府とのいらぬ対立を引き起こすリスクが大きすぎた。そもそも、オースティンはイラン主導の作戦に対する支援提供にはかかわりたくなかった。アバディが米軍の強力な支援を望むなら、まず彼自身が作戦を主導し、シーア派民兵部隊を戦場から立ち退かせて自分の指揮下にある部隊を投入しなければならない。

それからオバマ大統領との会議でアバディを助けるべきだと主張するときには、私にとってティクリートの窮状はチャンスだとも感じられていた。大統領が支援に対して厳しい条件を設け、アバディがそれに応え、イラクがアメリカから必要な支援を受けてＩＳＩＬをティクリートから追い払えば、イラクが統一した政府をもつ重要性は誰にとっても明らかとなるだろう。アバディは最初の大きな試験をパスすることになる。私が大統領に提案した条件は次のとおりだ。アメリカ主導の対ＩＳＩＬ連合軍と連携したイラク防衛省およびアバディに攻撃部隊の指揮権が移管されないかぎり、米軍はいっさいの空爆を行なわない。シーア派民兵から、ソレイマニ率いるイラン特殊部隊、イラク軍と連邦警察に至るまで、アメリカが戦場のすべての部隊の位置を完全な映像によって正確に把握する。ティクリート解放のための最終攻撃は、イラクの対テロ精鋭部隊、イラク陸軍、地元のスンニ派部隊など、アメリカが信頼する勢力が主導する。その間、イランの支援を受けるシーア派民兵は郊外に撤退しそこで待機する。何より、最後の戦いでは強力なスンニ派部族民部隊が活躍しなければならない。その後は、ＩＳＩＬによる支配下で、あるいは今回の戦闘中にティクリートから避難したスンニ派民間人が市内の自宅に戻ることを許され、水や電気などの不可欠なサービスが復旧したうえで、シーア派の報復から守られなければならない。

この計画において、スンニ派に関する部分は二つの理由からきわめて重要だった。第一に、イラクにおけるＩＳＩＬとの戦いはスンニ派対シーア派の戦争ではなく、シーア派、スンニ派、クルド人という自国を愛するイラク人たちと、イスラム過激派の危険なテロ集団との戦争なのだと証明されるだろう。第二に、ティクリート（およびＩＳＩＬから解放されたほかの都市）の平和と安全を長期的に持続させるためにはこれが最も希望をもてる方法だった。イラク人が自分たちの手で平和と安全を保てないかぎり――軍事面だけでなく政治面でも――この戦いでアメリカ人を一人たりとも危険にさらす理由はない。

私たちはすでにイラクで四四八九人のアメリカ人の命を失い、一兆ドル以上を費やしてきたが、その損失に対して得られたものはあまりにも少なかった。オバマ大統領は、私と同じく、結局また何万人もの米軍兵士がイラクの地で武力紛争に参加することになるのではないかと警戒していた。だが、ティクリートでの作戦が計画どおりにいけば、その後イラクで行なわれる対ＩＳＩＬ作戦のモデルになるはずだ。争いの地がモスルに移れば、その地域のクルド人司令官たちは、米軍の支援を得るためにはアバディおよび国防大臣と協力する必要があると理解するだろう。イラク政府の指揮統制下にあるイラク兵士たち（シーア、スンニ、クルド）は、アメリカの空軍力、計画、訓練に支えられながら、自分たちの力で戦いに挑むだろう。そうしてイランの影響力は弱まる。オバマ大統領はリスクを理解する一方、メリットも理解していた。そして、イラク政府に条件を伝えよう、と言った。その後はアバディしだいだ。

三月中旬にアメリカ大使が条件リストを提示したとき、アバディは躊躇しなかった。彼にとって最高のタイミングだったのだ。ティクリートの戦いは膠着状態にあった。ＰＭＦなどイランの支援を受けた勢力は、攻撃開始から初めの一週間で都市の約半分を奪還したが、それ以上支配地域を広げることはできていなかった。数ではははるかに劣るＩＳＩＬだが、敵には大きな損害を与えていた。敵の攻撃を遅らせるためあちこちに即席の爆発装置を仕掛け、自爆要員が標的のＰＭＦ兵を探して通りをうろついていた。ＰＭＦの死者数は一日百人を超えた。近くの遺体安置所は死体であふれていた。「激しい戦いだ。想像以上にね」と、この争いで父親を失ったばかりのある民兵は言った。

進歩のなさに業を煮やしたイランの権力者たちは、九〇〇キログラム以上の大型ロケット弾や小型ミサイルを戦場に送り込み、ティクリートに対する大規模な砲撃準備なのではないかという懸念を呼んだ。ある軍事アナリストは、ニューヨーク・タイムズ紙の記者にこう語った。「全体的に見て、この兵器がもたらすのは地上作戦への支援よりも民間人への恐怖のほうが大きいでしょう」一方、シーア派民兵がティクリート市内とその周辺でスンニ派の民家や企業に火をつけて金品を略奪しているという喜ばしくない報告も届いていた。戦いは結局シーア派対スンニ派の宗派間争いに発展しているように思えた。アバディの政府を引き裂きかねない争いだ。

そうして、アバディ首相はアメリカが提示した条件を私が望んだとおりに利用することにした――主導権を握る手段にしたのだ。アバディはアメリカ率いる連合軍に空爆などの援助を正式に要請し、イラク議会にアメリカの援助が切実に必要であることを説明したのち、次々と手続きを進めていった。指揮統制をスンニ派の国防大臣に委ね、攻撃の先陣を切らせるべく対テロ精鋭部隊をティクリートに送り、さらなるスンニ派部族を参戦させ、シーア派民兵部隊にティクリートからの撤退を命じた。サウジアラビア、エジプト、ヨルダンのスンニ派政府の指導者たちには、解放後のティクリートの治安維持は、当然ながら憎しみを抱えたままであろうほかの地域のシーア派民兵ではなく、地元のスンニ派警察が担当すると伝えて安心させた。

シーア派が多数を占めるイラク議会にこの計画を受け入れさせるのにアバディは苦労したが、イラクのシーア派宗教指導者からの支持が決定打となった。二〇一五年三月二〇日、シーア派最高位聖職者のアヤトラ・アリ・アル＝シスタニは、カルバラで行なわれた金曜礼拝に代表者を派遣し、ティクリートの戦いで国民が団結することの必要性を示した。つまり、ISIL追放のためにシーア派はスンニ派と手を組んで戦うべきだということだ。シスタニの代表者の声明を目にした瞬間、私はアバディが突破口を開いたと思った。戦略家としてのアバディの能力にも、政治における彼の直感的な判断力に対しても信頼が高まった。

二〇一五年三月二五日、ISILを標的とするアメリカの空爆が始まった。予想どおり、空爆が始まるとイランの支援を受けるシーア派民兵組織リーダーのうち数人は不快感を示した。PMFのある指揮官はこう言った。「軟弱な兵士のなかにはアメリカ人が必要だと言う者もいるが、われわれにアメリカ人の助けは必要ない」ほかのシーア派民兵たちは武器をまとめて家に帰ると宣言したが、アメリカ人を攻撃するために戦場に残ると言う者も少数いた。だが、最も象徴的だったのはソレイマニの撤退だ。イランのコッズ部隊を率いる彼は、国を代表してティクリートでの勝利を手柄にするチャンスが失われたことを悟った。打つ手がなくなった彼はテヘランに戻るほかなかった。アメリカがその空軍力を見せつけたことで、ティクリート市内の戦況はリセットされた。その晩、アバディは「救いの時」が到来したとイラク国営テレビで発表した。「われわれはイラクの隅々までを解放します。イラクの勝利は、イラク人によって、イラクの英雄たちによって実現しようとしています。友好国と国際連合の支援を受けながら」

戦いが新たな展開を迎えたその日、私はいい気分だった。ISILはいまだティクリートの半分以上を支配していたが、作戦の主導権はアバディの手にあった。私たちは彼のイラク軍に戦闘の機会を与えた。これから何が起こるかはわからないが、その点については、イラクの現場で取材する記者に匿名のアメリカ政府関係者が述べた次の意見に私も同感だった。「リスクがあることはわかっていました。それでも、とらなければならないリスクだったのです」

ティクリートで空爆が始まった翌日、私は家族と一般機でヒューストンのMDアンダーソンがんセンターへ飛んだ。ボーは最低でも一週間そこに入院し、手術を受けたのち生ウイルスを投与する予定だ。ボーの求めにより、私たちはみなで懸命に彼のプライバシーを守っていた。そのために、多くの人が自分の仕事の枠をはるかに越えてすばらしい協力をしてくれた。なかでも不可欠だったのは、シークレットサービスのエージェントたちの協力だ。私はいつでも彼ら、彼女らに敬服してきたが、この一年半を通してその存在のありがたさがあらためて身に染みた。本来の仕事からまったく外れたかたちでも私たち一家を支えてくれた彼らチームに対する恩は、いくら返しても返しきれない。あるエージェントが、自分たちが守るべきものは私たちの体だけではないと言っているのをときおり耳にした。彼らには私たちの尊厳も守ってみせるという覚悟があった。それはこの数カ月でますます実感した。とくに、家族でアウトドアに出かけるときには、写真を撮ろうとする市民たちの前にさりげなく立ち、明らかに体力の衰えているボーの姿が写らないようにしてくれた。グランドティトン国立公園の登山道では頂上手前で待機してくれたおかげで、ボー、ハンター、私は山の頂上で三人だけのプライベートな時間を過ごせた。

私はまた、ジョン・フリン大佐にも個人的に頼るようになっていた。フリンは空軍のパイロットで（C－17に乗っていた）、ボーの問題が最初に見つかったときの私の軍事顧問の一人だった。二〇一三年八月、大佐は私たち一家全員がいかに目立たずMDアンダーソンを出入りできるか模索する役目を引き受けてくれた。彼は信頼できる空軍仲間に電話をし、私たちの飛行経路を把握し、飛行機を着陸させるための安全で交通量の少ない飛行場を確保した。これを軍内でいっさい噂にさせることなく進めてくれた。そして二〇一五年三月二六日、すっかり親しい友人となったフリンはふたたびその手配をしてくれた。私たちはまずエリントン空軍基地まで飛び、そこから警護の緩い静かな車列になって移動し（バイクに乗った警察官もつかず、サイレンも鳴らさない）、大通りからはほとんど見えない病院の裏口前で降りた。

家族でMDアンダーソンに足を踏み入れた瞬間、ここの人たちがもはや家族のような存在になっていたことを思い出した。ドクター・ユンとドクター・サワヤだけではない。ボーが完全なプライバシー保護のもとでなるべく面倒なく検査や手続きをできるよう、あるスタッフがいつも特別に取り計らってくれていた。私たちが病院に入るとすぐにそのスタッフが迎えてくれて、ボーもハリーもハンターも彼をよく知り（「ヘイ、クリス！」と挨拶していた）、頼りにしていることがわかった。彼は友人だ。彼に案内されてドクター・ユンのオフィスに入ると、高度実践看護師で初診時の面接を担当しているエヴァ・ルー・リーが、ボーを強く抱きしめて頬にキスをし、ナタリーとハンターは元気かと尋ねた。それからボーの緑色の靴下を指さし、「ボーったら、またそれを履いてるの」と言った。彼女も友人だ。ＭＲＩ検査室で行なわれたボーの術前スキャンには、二〇一三年のボーの覚醒下開頭手術においてドクター・サワヤとともにきわめて重要な役割を果たした麻酔科医のデイヴィッド・ファーソンも立ち会った。スキャンは長くかかり、そのあいだボーはずっと狭い機械の中に閉じ込められていた。ドクター・ファーソンはボーが閉所恐怖症気味なことを知っていたので、いつでも助けられるよう付き添ってくれた。彼も友人だ。

ここアンダーソンには息子を支えてくれる人がこんなにもたくさんいることを知り、ジルと私は安心した。そして、ボーが私たち家族全員から受けているすばらしいサポートもあらためて思い出した。ハリーは、夫の状態が明らかに悪化しているのを目の前にしてもなお平静を保っていた。アシュリーもつねに兄に寄り添い、彼女の夫でみずからも医師のハワードはアンダーソンの医師たちと絶えず連絡をとり、治療について話し合い、通院の間隔が長く空くときには主治医たちに代わってボーの体調を見守っていた。ハワードはまた、医療の専門的な内容を平易な表現で私に説明してくれた。一方、アンダーソンで見聞きすればするほど、ボーのサポート体制において決して欠かせない柱はハンターなのだとわかった。兄を救うことは自分の使命なのだ、とハンターはドクター・ユンに話していた。その決意は彼の勇気の表れだった。私はいつも、母が私と妹と弟たちに授けた教訓を自分の子どもにも語り継ごうとしてきた――兄弟姉妹よりも自分に近い存在はこの世にいないのだと。だからこそ互いを頼ることができなければならないと。

ハンターは子どものころからバイデン家の教えを理解していた。彼は頼れる男だ。病院の廊下ではシークレットサービスを率いるかたちで先頭を歩き、ボーが時間どおりに目的地に着けるようにしていた。ときにはユンの腕を引いてみなの輪から離れ、ボーに聞かせたくない答えが返ってくるかもしれない質問をしていた。MRIスキャン中は装置のそばに立ち、ボーの足をさすりながら話しかけて安心させていた。ボーがほしいと言えば、水、果物、サンドイッチ、どんなものでもただちに取りに走ってあっという間に届けた。リラックスできる時間には、ボーと一緒にホテルの部屋でゴルフを観ていた。あるときにはギフトショップに足を運び、増えつづける飲み薬を管理するのにちょうどいい複数日用の薬ケースを買ってきた。「ハント、ぼくにもやり方があるから。ちゃんと飲んでるよ」とボーは抗議した。しかし、ハンターは絶対にミスを防ぎたかった。「ちゃんと飲んでることをぼくが確認したいんだ」と言ってハンターは譲らなかった。ハンターはできるだけボーの近くにいるために一緒に病院のベッドに入り、話し相手になった。ボーが手術を受ける直前にはその体を優しく抱きしめた。

アンダーソンの雰囲気には励まされたが、どうしても大きな気がかりがあった。ボーは依然として治療への決意は固く、強い精神力を保っていたが、私には体が平気そうには見えなかった。三月二七日に手術は無事完了し、彼の認知能力や運動機能に影響は何もなかった。ドクター・サワヤは切除を予定していた腫瘍をすべて取り除いた。しかし、脳内で腫瘍は急速に成長しているようで、ボーは弱っていた。医療チームの決定により、生ウイルスの投与は次の木曜である四月二日まで待つことになった。まだ六日も先だ。しかし、ドクター・ユンとドクター・ラングはボーの体力が確実に耐えうる段階で投与をしたいと考えた。したがって、私たちは待つしかなかった。

それからの四八時間、私たち一家はボーのベッド脇で彼が楽に過ごせていることを見守るか、ドクター・ユンと話をするか、あるいはホテルの部屋で、まだ希望はあるのだと言葉や言外の形で互いに思い出させた。私たちの役目は、希望の炎を決して絶やさず、ボー自身が希望をその身で感じられるようにすることだった。ハリーも心労でかなりまいっていたはずだが、それを決して周りには見せなかった。手術が終わった夜、彼女はホテルの部屋に戻らず病室でボーに付き添うと言って譲らなかった。何時間もボーの足をなでながら、絶対に乗り越えられるわと語りかけた。

ホワイトハウス通信局は、私しか対処できない緊急事態が起こった場合に備えて、ボーの病室の近くの部屋に盗聴対策済みの電話回線を引いていた。予定されていたうちの最も重要な電話は、手術の翌日である三月二八日土曜日にアバディ首相と行なう電話会議だった。その日の朝、私は国家安全保障チームおよび国防総省の高官たちと一五分間のブリーフィングをしたのち、一〇時前にはアバディとの電話を始めた。

その朝の彼の声は、以前よりは明るかった。ティクリートをめぐる戦闘はいっそう本格化していた。

アバディの軍隊は四方向から都市の中心に向かって前進していた。その日、米軍の航空部隊と無人機は一八回にわたる空爆を実行し、ＩＳＩＬの主要拠点のうち一一カ所を「粉砕」したと伝えられていた。だが、戦いは厳しさを増し、住宅密集地域の民家一軒一軒さえ戦場となっていた。ＩＳＩＬ部隊は陣地を縮小しながらも絶えず再編成を繰り返し、民家に火を放ったり罠を仕掛けたりしていた。アバディは、イラク兵に情報を提供するための無人偵察機の追加供与に加え、さらなる空爆も求めた。また、イラク政府がティクリートに気をとられている隙に、ＩＳＩＬはバグダッドの繁華街から車で二時間もかからない都市ラマディを含むアンバール州での戦闘を激化させているという。

その日の電話における私の役目は、友人であるアバディへの信頼を示し、彼がこれまでに上げてきた成果をあらためて思い出させることだと感じた。進歩はいくつも挙げられた。アバディは、シーア派民兵と彼らを支援するイラン人たちを説得してすでに前線から撤退させていた。現場のイラク軍指揮官たちはきわめて高い能力を発揮していて、彼らが地元のスンニ派戦闘員たちを説得して作戦に参加させたようだった。私は真の勇気と根性を示しているイラク治安部隊を称えた。戦いが終わるまではまだ遠いが、私がアバディに伝えたかった重要なメッセージは、いまでもわが国の大統領と軍が味方についているということだった。そして、私も味方だと。

現行の作戦ならうまくいくかもしれないと考えながらアバディとの電話を切ったが、いまの時点で私に結果を左右する力がほとんどないことはわかっていた。「これならうまくいくかもしれない」というフレーズは、まるでいまの私の人生を表しているようだった。ティクリートでの勝利を信じることは、ボーの回復を信じるのと同じで、あえてその意志をもたなければできないことだった――疑念一つ一つと戦っていくようなものだ。その夜は、ベッドに入ってロザリオの祈りを唱えてから、ネイリアと母に必死の願いをかけた。「どうか、どうか頼む。ボーを守ってくれ。そして、何が起こっても耐えうる強さを私に与えてくれ」

手術の二日後、ボーの容体は安定していた。手術による悪影響はないようだった。ボーは立ち上がって歩けていて、心も前向きだった。これなら家族はいったん家に帰り、四月二日の生ウイルス投与のときに戻ってくるのでも大丈夫だろうということになった。ハンターはボーと病院に残ることを譲らなかったが。

ボーを残してヒューストンを去るのはつらかった。出発前にボーの病室に行き、生ウイルス投与をする木曜には戻ってくること、そして、彼を誇りに思っていることを伝えた。「ボー、おまえは本当にすごいよ」私はボーに言った。「科学は私たちの味方だ。どんどん進歩している。私たちはこんなことには負けない。おまえにもハントにも私にもまだまだやることがある。まだまだ生きなければいけない人生があるんだ」

「大丈夫だよ、父さん。大丈夫」

それから私はサングラスをかけてキャップをかぶり、家族とこっそり病院の裏口を出て車でエリントン基地に向かった。エアフォースツーが離陸すると、私は日記帳を開いて何か書かずにはいられない気分になった。「三月二九日——希望を残してMDアンダーソンを去った。ボーはすばらしい男だ。ハンターもそうだ。次の治療まではハンターが（ボーに）付き添う。そのときには私も戻る」そこで手を止めた。書くべきことはほかに何がある？　心をすべて開いたら、その奥底に潜む絶望に呑み込まれてしまいそうで怖かった。それはできなかった。ボーにも、ほかの誰にも、決して気づかれてはならない。私はいったん日記を脇に置き、もうすぐ着陸というときにふたたび手に取って一行だけ書き足した。「たったいま着陸。六時七分。孤独でたまらない」

二〇一五年四月一日、予定どおりの時刻にオーバルオフィスからの電話が鳴り、私はメモ帳を手に取って週一度のバラクとの昼食のために廊下を歩いてオーバルオフィスに向かった。その日はめでたい話題があった。午前中はハイダル・アル＝アバディに関するニュースでもちきりだった。アバディ首相がイラクの対テロ部隊、連邦警察、スンニ派部族、少数のシーア派民兵に囲まれてティクリートの通りを歩く姿がテレビの映像や写真で確認されていた。一部の写真のアバディは、赤、白、黒三色が横に配された背景に緑のアラビア文字で「アッラーフ・アクバル（神は偉大なり）」と刻まれた旗を掲げていた。イラクの国旗だ。民兵組織の旗は下ろされたようだ。「われわれの英雄的軍隊はティクリートの中心部に入り、そこでイラクの旗を揚げました」とアバディは、兵士、民間人、記者たちが集まった群衆に語った。バグダッドでは、ハリド・アル＝オベイディ国防大臣がティクリートの奪還を全国民に向けて大々的に発表していた。イラク軍、連邦警察、スンニ派部隊は、アメリカの空軍部隊、顧問団、兵器を大きな支えにして、住宅街を戦場とした激しい戦いの末、ＩＳＩＬ部隊を一つ残らず排除していた。ＩＳＩＬはティクリートから掃討され、その無敵のイメージに深い傷がついた。「国の誇りを込めてこの壮大な勝利を発表できることを喜ばしく思います」とオベイディは述べた。ティクリートの市民はすでに救出され、これから国防省は北のモスルに、その後はＩＳＩＬが支配する西部の都市に攻め込む予定だとオベイディは力強く語った。「いま助けに行くぞ、ニネヴェ！　いま行くぞ、アンバール！」

大統領と私は昼食をとりながら、ティクリートについてと、次にイラクで起こる可能性のある事態について簡単に話したが、私に元気がなく、ほかに気持ちを囚われていることが彼にはわかったと思う。バラクは私がMDアンダーソンから戻ったばかりだということも、またすぐにあちらに戻ることも知っていた。病院での大まかな治療経過は彼も把握していた。

「どうだった、ジョー？」バラクが尋ねた。「ボーの調子は？」

その日の昼食での話題は、ほぼすべてボーのことだった。テーブルの向こうの大統領を見ると、本気で心配しているのがわかった。バラクはボーを気に入っていて、彼を高く評価し、彼には大きな未来が広がっていると私と同じく考えていた。私はボーが先週受けた治療とこれからの予定を説明したが、気づけばごくあっさりとした事務的な表現ばかり使っていた。それは自己防衛のためでもあった。私は誰の前でも、とりわけこの国の大統領の前では、決して平静を失ったりしたくなかった。一度だけ、がんの診断を受ける三年前にボーが初めて脳卒中のようなものを起こしてから数時間後に人前で泣いてしまったとき、あとから恥ずかしく感じたことを覚えている。そのとき私は、家族の前以外では二度とそんな醜態をさらさないと決心した。そして、ずっとその決意に従っていた。しかしこの日、テーブルを挟んでバラクと話したときは、話すつもりではなかったことまで口からこぼれはじめていたと思う。私はかなりまいっていて、大統領にもそれは伝わっていた。これからの治療は未知の領域だが、それがボーを救う唯一の望みなのだと説明しながら視線を上げると、バラクの目に涙が浮かんでいた。彼は公の場でもプライベートの場でも感情をあらわにする男ではないので、私はなんだか申し訳なくなった。気づけばこちらが彼を慰めようとしていた。「命を理解するのはとても難しいな」とバラクは言った。

私はバラクに、今晩ヒューストンに行って翌日の朝にウイルス投与をするボーに付き添うか、明日になってから行ってボーが目を覚ましたときにそばにいるか、まだ迷っていると話した。バラクはまったく躊躇しなかった。息子が投与を受けたあとではなく、受ける前に行くべきだと言った。それよりも重要な予定などないと。

「ジョー」バラクは言った。「今夜行かなければだめだ」

私もそのとおりだとわかっていた。実際そうするつもりでいたが、バラクからその言葉を聞くことに意味があった。数時間後、私はヒューストンに向けて空を飛んでいた。

第八章　ホームベース

四月一二日日曜日は、すべてがうまくいきそうに思える日だった。ジルと私がウィルミントンの自宅で目を覚ますころには、家の裏の湖から立ち上る霧の最後の一筋を太陽が消し去ろうとしていた。早咲きのライラックはすでに花開き、湖を囲むうち最も背の高い木も葉を出しはじめていた。とても厳しかった冬の暗闇がついに晴れてきたように感じた。ジルと私は、幼い孫のナタリーとハンターと一緒に一日を過ごせるのを楽しみにしていた。その日の午前中は、ボーとハリーに連れられてやってくる二人と、リーディング・レインボー提供の教育番組『ストーリー・タイム』で流す映像を撮影する予定だった。海外に派遣された米軍関係者の家族のためにジルが書いた児童書を、ナタリー、ハンター、ジル、私が読み上げることになっていた。もともとそのストーリーは、父親が一年以上遠く危険な地に行ってしまったナタリーとハンターの経験を描いたものだ。

ボー一家がうちに到着し、午前中に撮影クルーが書斎で照明をセットしているあいだ、私たちはそれぞれが読む担当部分を確認した。「『パパは兵士なの』ナタリーのお母さんが静かな声で答えます。

（中略）『兵士はときどき、大変なこともしなければいけないんだ』お父さんがナタリーを抱きしめました。『きみがいればどこでもぼくのホームになる』お父さんが優しくそう歌います。ナタリーがにっこりと笑いました。『その曲好き、パパ』」ナタリー、ハンター、ジル、私が書斎に座って収録するころにはすっかり日が昇っていて、裏庭に続くドアを開け放っても寒くなかった。

その日のボーは家に来ている撮影クルーの目につかないところに一人でいたが、いくつかドアを抜けて六メートルほど歩けばようすを見に行くことができた。ボーはサンルームに腰を落ち着け、開けた窓から湖を見下ろし、優しく暖かなそよ風を顔に感じていた。そこは彼のお気に入りの場所だった。こんなふうに天気のいい日には、ときどき静かにその部屋に座って、雲が一つ二つと空を流れていく下の湖面で光と影が遊ぶようすを眺めていた。窓の下にはボーがそれまでに息子と何時間も過ごしてきた桟橋があり、釣り糸が水に垂らされたままになっていた。頭上高くで白鷺が一、二羽、ゆっくりと大きな弧を描いてから向きを変え、滑るように降下して静かな湖面をかすめる姿をボーはよく観察していた。ジルはいつも、この家はボーに譲りましょう、本当に気に入ってるみたいだから、と言っていた。ハンターとアシュリーにも不公平がないようにする方法はきっとあるから、この家はボーにあげるべきだと。

私たちの長男はがんに屈していなかった。屈するなどとんでもないぐらいだった。ボーは一〇日前に生ウイルス投与を受けてから一度も合併症を起こしていなかった。体は問題なく動いていて、食欲もあり、頭もさえていた。それでも、頭皮に痛々しく走る二本の新しい傷跡を見ると、みなの心を不安が襲った。家族の誰もが、いまだ安全性や有効性が確立されていない実験的治療による今後の影響を恐れていた。ドクター・ユンとドクター・ラングは、ボーは回復する前に一度悪化すると警告していた。おそらく、はるかに悪くなると。ウイルスとボー自身の免疫系が腫瘍と激しく戦うとき、おそらくウイルス投与後第三週か第四週が最も危険な時期になるという。炎症反応は痛みを伴い、体を衰弱させる恐れがある。ボーの容体がどれほど悪化するか、あるいはこの猛攻撃に耐えきれるかどうかは予測不可能だった。その最悪の状態からの回復にも時間はかかると思われ、それまでは治療が成功して腫瘍が消えたかどうか確実にはわからない。これからの六〜八週間ですべて明らかになっていくのだ。

ボーの決意はいまだ固かったが、疲れも見てとれた。二日後までにはふたたびMDアンダーソンに行くエネルギーを蓄えなければならなかった。そのときにあらためて検査をし、問題がなさそうなら二度目の抗ＰＤ－１抗体ペンブロ投与をする予定だ。ハワードは二度目の投与についてドクター・ユンと電話で話していた。ボーの免疫系が望まれる範囲を超えた過剰反応を起こして健康な脳組織を喰らいはじめる可能性もある。まだ医師たちのあいだでも議論は続いていた。それでも、ボーには危険を冒す覚悟ができていた。どれほど危険な事態になりうるかわかっていながら、それに立ち向かおうとしていた。それは主に、私たち家族のためだったのだと思う。二日前、ボーは友人にメッセージで近況を伝えていた。「大丈夫だよ！」と。

撮影でジルの本を最後に読み上げたのは私だった。「ナタリーとハンターは、お父さん役の人形を兵士にして遊んでいます。すると、ハンターが泣きだしてしまいました」ここで私は、この部分を読むのはたやすくないと気づいた。父親がいない状況は、あまりにも身近だ。いまの現実に近すぎる。

『パパに会いたい』すると、ナタリーは人形を自分の顔の前にかざしました。人形がしゃべっているふりをします。『泣いてはだめだよ、ハンター。大きくて強い男の子になりなさい』ナタリーはお父さんの声まねをして言いました」

「『それ、パパじゃないもん』」と、ハンター。

「『パパだよ。パパならきっとこう言う』」


撮影を終えてサンルームに戻ると、ボーは私の妹のヴァレリーと一緒にいた。二人はニュースチャンネルを見たり新聞をめくったりしていた。この日曜のトップニュースは、ヒラリー・クリントンが大統領選の民主党候補者指名争いへの出馬を正式に表明したことだった。ケーブルニュースの評論家や予想家は、ヒラリーの出馬表明によって結果は決まったようなものだと口をそろえていた。彼女の指名獲得はほぼ確実だった。初期の世論調査では最も有力な対抗馬である私に対してもヒラリーが五〇ポイントリードしていると指摘されていた。ヴァーモント州選出のバーニー・サンダース上院議員など比較的知名度の低い候補者たちの支持率は三パーセントを下回っていた。前日、オバマ大統領は、非公式の支持表明とも言えるような、うまくまとめたコメントをしていた。「二〇〇八年の指名争いで、彼女は手ごわい相手でした」と、パナマ訪問中の大統領は記者団に語った。「総選挙では私の強力な支持者になってくれました。彼女はすばらしい国務長官でした。私の友人です。大統領になれば、きわめてすぐれた仕事をするでしょう」このコメントが出た直前、私は大統領の強い求めを受けて、彼が信頼する世論調査員と会議をしていた。会議から伝わってきたのは、ヒラリーの支持率、資金力、選挙運動組織はあまりにも手ごわいということだった。私にとって指名獲得への道は存在しないも同然なのに、なぜわざわざ事を荒立てて党にとって事態をややこしくする必要があるのだろうか。

そんな事実はボーにとってどうでもいいことだったからだ。ボーは、指名獲得に向けたクリントン陣営の活動について、有権者へのメッセージ、各地への訪問日程、序盤の集票活動など——できるかぎりの情報を読み込んでいた。私が出馬を表明した瞬間に自分も力になれるよう、状況をすべて把握しておこうとしていた。ボーは（私もそうだが）、私は大統領職を担える人材だと信じていた。私以上の適任者はいないと。ほかの人たちが何を言おうと、どう考えようと、ボーとハンターは私たちが勝てると信じていた。私にとっては、この争いへの挑戦は何よりも度胸試しの要素が大きかった。それに、息子二人が支えてくれるなら何だってできる。ボーには私に勇気と落ち着きを与える力があった。二〇〇七年の大統領予備選候補者討論会および二〇〇八年の副大統領候補者討論会の直前、そして、二〇一二年にバラクのミット・ロムニーとの初めての討論が残念な結果に終わったあと、民主党に風向きを戻せるかどうかが私の副大統領候補者討論にかかっているというとき、最後まで部屋で私のそばにいたのはボーだった。ボーはいつも、ステージに上がる直前の私の腕をつかみ、私がきちんと目を合わせるよう自分のほうに引き戻した。「父さん、ぼくを見て。こっちを見て、父さん。忘れないで。ホームベースに立つんだ、父さん。ホームベースに」つまり彼は、こう伝えていた——つねに自分の信念を胸に、何が大切かを忘れることなく、自分の理想に背を向けず、勇敢であれ。それからボーは私の頰にキスをし、私をステージのほうにぐっと押した。したがって、二〇一六年の私の選挙運動開始は遅くなるだろう。だから何だというのだ。これからの数カ月をボーが乗り越え、生きて帰ってこられれば、それから始められる。そうわかっているのだから。

三日後の水曜日、執務室にいるときにヒューストンから電話があった。ボーは私の弟のジェームズに付き添われてMDアンダーソンに行っていた。ドクター・ユンとドクター・ラングに生ウイルス投与による初期の効果を確認してもらい、ドクター・ユンから二度目のペンブロ投与を受けるためだ。私に届いた知らせはとてもいい内容だった。実際、信じられないほどいい知らせだった。検査で炎症は確認されたが、腫瘍の成長がとても鈍化したように見えるという。腫瘍の端には明らかな壊死の証拠があり、ウイルスがすでにがん細胞を破裂させていると考えられた。ボーの状態は良好で、ウイルスによる悪影響はまだ見られず、腫瘍破壊の証拠がすでにあったのだ。これまでにおよそ三〇回行なわれてきた生ウイルス投与で、これほどの結果が出たのは初めてだという。最初にペンブロ投与をしたおかげなのかと質問してみた。「それこそ私たちが望んでいることです」とドクター・ユンは言った。

私はハワードとジェームズに電話をした。ドクター・ラングとドクター・ユンはこれからの可能性を考えて興奮しているはずだとハワードは言った。ジェームズはさらに強気だった。医師たちにとっても初めての治療法だったが、彼らはかなり手応えを感じているらしい。「かなりの期待がもてるかもしれません。突破口を開いたかもしれない」ジェームズはそう聞いたという。「ラングとユンはちょっと舞い上がっていたよ」と弟は言った。電話を切った私は、数カ月ぶりに長く深い、ちゃんとした呼吸ができた気分だった。しかし、期待しすぎてはならない、と自分を戒めた。運命の女神を試してはならない。

ドクター・ユンは、治療の影響が激しく出すぎることを懸念していた。二週間前、腫瘍の急速な成長が見られたため、ユンとボーはそれに負けじと激しく戦うことを決めた。しかし、腫瘍の成長が鈍化し、縮小さえしているように見え、ボーの状態がかなり良好であるいま、ドクター・ユンは慎重になりはじめていた。そのため彼は、これからまた数週間ようすを見てからあらためて検査をし、二度目のペンブロ投与が必要かどうかを見極めるとボーに伝えた。しばらくようすを見ると言われたときのボーの反応は、ユンにとってもラングにとってもやや意外なものだった。それを聞いたボーはどこか自分の殻に閉じこもってしまったように見えたという。その夜遅くにウィルミントンに帰ったボーはいくらか気落ちしていたはずだが、決してそれを表には出さなかった。彼を家に送ったジェームズが帰ろうとするとき、ボーは親指を立てて見せた。「大丈夫だよ、ジェームズおじさん。一〇〇パーセント大丈夫」

翌日の木曜、ボーはベッドから出なかったが、単なる移動疲れだろうと家族の誰もが考えた。しかし、金曜も彼はベッドから出なかった。だるさがひどく、食事もとろうとしなかった。土曜にハワードが家を訪ねたとき、ボーはぐったりとしていて反応も薄かった。ハワードはボーがひどい脱水状態にあるとわかった。ボーが病院に行きたがらなかったので、ハワードは電解質を補給するために三リットルの水分を与えた。翌日にハワードが戻るとボーの容体はさらに悪化していたため、ハワードは急いで彼をフィラデルフィアのトーマス・ジェファーソン大学病院に送った。ウイルスが引き起こす深刻な症状の始まりだと考えられた。病院に運ばれたときもボーはまだひどい脱水状態で、ナトリウム濃度は危険なほど低かった。ボーは目を開けていられず、ほとんど反応がなかった。質問をされても、親指を立てるか、ほとんど聞こえない声で「はい」と言うだけだった。

ついにこのときが来た。いまが最悪の状況で、これがいつまで続くかはわからない。ウイルスの影響がボーを襲いはじめていた。脳は激しく腫れ、その痛みは耐え難いものだったので、ボーは強い鎮静剤を投与された。ウィルミントンでは、知事選への出馬意向を表明したボーがなぜ今年に入ってから四カ月も重要な政治イベントに欠席しつづけているのかと噂されていた。ボーはいまだに病気を世間に知られたくなかった。そのため、ジェファーソンに入院する際もアンダーソンで使っていた偽名〝ジョージ・リンカーン〟で手続きした。シークレットサービスのエージェントたちは、引き続きボーのプライバシーと尊厳を守るために力を尽くしてくれた。私も、気づかれずに出入りできるときには病院を訪れたが、彼の入院に注目が集まってしまわないよう仕事のスケジュールは守った。

そのため、つねにボーのそばにいたくてもそれはできなかったが、代わりにハワードとドクが病院で私の目と耳になってくれた。ハワードは時間ができしだいボーのいるICUに駆けつけた。ドクは、面会時間中にはハリーなど家族と一緒に見舞いをしたほか、医師免許証を使って時間外にもボーに付き添った。ハワードとドクはできるかぎり頻繁に電話で私に報告をくれた。ボーは一日じゅう強い鎮静剤を投与され、意識はほとんどなかった。ときおり看護師がなんらかの手段で彼を目覚めさせ、具合はどうかと尋ねると、親指を立てて見せるのだという――「大丈夫！」の合図だ。

仕事を放棄して私もジェファーソンに住み込みたいとドクにこぼすたび、道のりは長いのだからと諭された。日本の首相の訪米が迫っているうえ、デトロイトで開かれるNAACP（全米有色人種地位向上協会）会議では重要なスピーチをしなければならず、ナタリーのクラスの生徒たちがホワイトハウスで校外学習をしたあとに私たちの公邸でピザを食べる予定もあった。ボーがいまの状態を抜け出すまでどれくらいかかるかはわからないのだとドクに思い出させられた私は、やるべきことを辛抱強くこなしていくしかなかった。「いまは何も起きていませんが、何かあれば真っ先にお知らせします」とドクは繰り返した。「必要となれば、ただちにここに来ていただけるようにします」

ボーのベッドサイドにはつねに家族の誰かがいて、ほかにも仲のいい友人たちが見舞いに来てくれた。ボーの大学時代の友人であるマイケル・ホックマンは、彼にプレゼントをもってきてくれた。二〇一三年八月にボーが脳腫瘍の診断を受けた直後、二人は一緒にマラソンを始めることにした。どちらもマラソンは未経験だった。秋と冬のあいだずっと、二人はブランディワイン州立公園の険しい坂道で一緒にトレーニングをした。病気があってもボーの運動神経はまったく鈍っておらず、マイケルを急かしたほどだった。しかし、日がたつにつれてボーの走りはゆっくりとしたジョギングになり、やがて歩くことしかできなくなった。ボーはマイケルに一人でもマラソンを続けてくれと促し、マイケルはそのとおりにした。四月最後の週、ケンタッキーダービー・フェスティバルのマラソンを走り終えたばかりのマイケルがボーの病室を訪れた。彼がいるあいだ、ボーはほとんど話すことができず、意識ももうろうとしていた。それでもマイケルはケンタッキーのマラソンレースについて話した。「やったぞ、ボー」と言って、彼は完走メダルをボーの胸に置いた。ボーはマイケルの腕を握った。「このメダルは、ぼくよりも彼がもつべきものです」と、その日ボーに付き添っていたヴァレリーにマイケルは言った。「彼がぼくの追い風になってくれました」

このときのボーの入院についてバラクに話したかどうかは覚えていないが、何かが起こっていることは察していたはずだ。バラクは、彼なりのやり方で私を気にかけていることを伝えた。バラクは公の場で、とくに私がいないときに、進んで私のことを褒めているようだった。ボーの入院から二日後、二〇一四年のNASCARスプリント・カップ・シリーズの勝者たちをホワイトハウスに招いたとき、バラクはチャンピオンになるために必要なチームワークについて語ったうえで、彼らの成功について考えると自分と私との関係を思い出すと話した。彼はそれを「初対面から感じる相性のよさ」と表現し、「いつも信頼できるパートナーから世界最高クラスのアドバイスを聞いていたら、負けることなどありえません」と語った。その週に開かれたホワイトハウス記者会主催の夕食会でも、大統領はいつにも増して私に好意的な発言をした。最後は、インディアナ州が信教の自由に関して定めた法律のもとで複数の店が同性愛者同士の結婚式へのケータリングを拒否したことが物議を醸していたのをネタにして、こんなふうに冗談でまとめていたが。「私はたまにジョーのことをからかうんです。それでも彼は、もう七年も私のそばにいてくれている。私は彼が大好きです。すばらしい副大統領であるだけでなく、すばらしい友人でもあります。あまりに仲がよすぎるので、インディアナ州ではもう私たちにピザを出してくれない店もあるでしょうね」

ボーの病気を通じて、私はがん治療における驚くべき進歩と今後の可能性について学んだが、同時にアメリカの医療制度においていらぬ障害があることも痛感した。アンダーソンでもジェファーソンでもきわめて優秀な医師たちが全力でボーを救おうとしてくれたが、それでもなお、初期の段階から不満を感じる瞬間はあった。たとえば、ジェファーソンでボーの放射線治療を担当した医師たちは、私たちがアンダーソンのアルフレッド・ユンをボーの主治医に選んだのだとはっきり伝えても、別の病院の医師から指示を受けることには気が進まないようだった。ドクター・ユンの指示に従わないならボーの治療はほかの病院にやってもらうとハワードが説明して、ようやくジェファーソンの放射線科医はこちらの要求をのんだ。

ハワードはボーにとってすばらしい秘密兵器であり、すべての家庭に一人はいるべき存在だった――患者のために積極的に動いてくれる存在だ。ハワードは、ほとんど理解不能な専門用語で話すことの多い医師と、ボー、ハリー、ハンター、および家族全員とのあいだで通訳をしてくれた。また、あらゆる患者家族についてまわる面倒な手続きをできるかぎり省いてくれた。なかでも問題だったのは、病院間の単純なコミュニケーションと情報共有だ。われわれ政権が二〇〇九年に議会を通過させた景気刺激策は、全国の病院や診療所が電子カルテシステムを導入および更新するための支援として二〇〇億ドル近くもの予算を割り当てていた。しかし問題は、そのシステムに使われるソフトウェアが統一されていないことだった。いくつかの独創的ですぐれたソフトウェア企業が各大手医療機関にサービスを提供していて、それぞれの企業が独自の技術をもっていた。つまり、さまざまなシステム間に互換性がなかった（注目すべきは、企業側が互換性をもたせようとしなかったことだ）。ボーがジェファーソン病院にいたときに私たちがとくにもどかしく感じたのは、アンダーソンの医師や助手がジェファーソンの医師や助手と容易にやりとりできないことだった。ドクター・ユンとドクター・ラングはスキャン画像をリアルタイムで確認する必要があったが、二つの病院はそれぞれ異なるシステムを使っていたため、アンダーソンはジェファーソンで撮影したボーの脳のスキャン画像を電子ファイルで受け取ることができなかった。データを入れたCDが郵送で届くのを待っていられるはずもなかったので、ハワードとハンターは〈フェイスタイム〉でドクター・ユンとつながり、iPadのカメラを使ってフィラデルフィアからヒューストンにストリーミングで画像を送らなければならなかった。これはどうにかしなければ、と当時の私は決意した。

ボーの容体は一〇日から一二日間ほど安定していて、スキャン画像には腫瘍が縮小している可能性を示す証拠がいくつかあった。食欲はまだなかったので、経管での栄養補給を施されていた。その後、五月の初めの数日で容体は少し改善が見られた。ボーの反応はよくなり、看護師たちは彼をベッドから降りさせて、手を貸しながらほぼ二週間ぶりに少し歩かせたほどだ。ある日の夕方、私の見舞い中にボーが起きているとき、私たちは看護師の一人と話をしていた。「どこにお住まいですか?」と私は看護師に尋ねた。彼女は、窓の外、デラウェア川の向こうを指さした。暖かな春の雨が止んだあとの空は美しい残光に照らされていた。「あっちのほうに住んでいます」と看護師は指をさしながら言った。「あっ、虹! 見てください。あの虹の足元、あそこが私の家です」。それから彼女はボーに顔を向けた。「縁起がいいわね、ボー。幸運のしるしよ」私もその虹はきっと吉兆だと思った。ボーがこれから回復していくなら、ワシントン近郊のウォルター・リード米軍医療センターに行くのがいいだろうと私たちは考えていた。ウイルスが引き起こしているこの一時的な病から復活してしまえば、そこで理学療法、言語療法、作業療法を再開できる。

二〇一五年五月五日に〝ジョージ・リンカーン〟がウォルター・リード医療センターに到着したとき、彼を担当するチームはすでにリハビリに向けて準備を整えていた。初日から、栄養カウンセラー、言語療法士、その後数日間ボーの血中の塩分濃度を管理する内分泌科医が彼の病室を訪れた。そして、彼らチームのおかげで、ボーは命を奪いかねない弾丸をどうにか避けられた。きわめて鋭い観察眼をもつある研修医がボーのようすを見に来たとき、とても苦しそうにしていることに気づいた。原因は腹膜炎だった。栄養チューブが緩んでしまったことで、腹部に感染症を起こしていたのだ。チューブを交換して感染を治療するために緊急手術が行なわれた。それからの二週間は次々と合併症が起こり、さらなる苦痛がボーを襲った。彼は勇敢かつストイックに戦いつづけたが、ようやく安定しそうに思えるたびに何かが彼の足を引っ張った。口に入れられた酸素吸入チューブが彼を苦しめていたので、外科医が気管を切開して首の根元に呼吸用チューブを挿入した。ボーは長期間にわたってほとんど反応がなく、右半身はほぼ完全に麻痺していた。左の脳室に水分がたまり、医師が何度排出してもふたたび戻ってくるので、意識があるあいだはつねに痛みと認知障害があった。ある日は午前二時に突然の呼吸困難を起こし、肺炎になりかけていることがわかったので強力な抗生物質を投与しなければならなかった。カトリックの司祭がボーの病室に顔を出したとき、ジルは立ち寄ってくれたことに感謝を述べたが、どうかお帰りくださいと頼んだ。そして、もう来ないでほしいと。ジルは、ここで終油の秘跡（臨終直前の病人に施すカトリックの儀式）を受けるのだとボーに思わせたくなかった。司祭がその儀式を施しにやってきたことは明らかだったから。

ジルと私は、回復前に容体は一度ひどく悪化するという医師たちの警告を互いに繰り返し思い出させた。この苦しい時期は予期されていたことで、やがてボーは抜け出すはずだと自分自身にも何度も言い聞かせた。いまにも抜け出すかもしれないのだ。まだ希望はある。

私が最も強く感じたのは、自分の無力さだった。私は自分にできることをした。つまり、できるかぎりボーのそばにいた。ほとんど毎日、仕事を始める前の早朝と仕事を終えた夜に病室を訪れた。病院へはホワイトハウスから車で三〇分もかからず、公邸からはさらに近かった。車が病院の敷地に着き、左折して裏口に回ると、私はいつも二階のボーの病室を見上げて電気がついているかどうか確認した。そして、今夜は起きているかもしれない、窓から私を見下ろしているかもしれない、などと思ったりした。シークレットサービスが開けたドアから車を降りると、通用口で待っていた陸軍看護師が中へ案内してくれた。しばらくすると案内は必要なかったが。ボーのもとまで迷路をたどっていくことは、自分を落ち着けるための儀式の一部になっていた。どう進むか、どこで曲がるかはいまでも覚えている。大理石の静かな廊下をまっすぐ歩き、右に曲がって二つの廊下が交差する場所をそのまますぎ、左に曲がってエレベーターに乗り、二階で降りる。エレベーターを出てすぐ左に曲がり、ナースステーションに立ち寄って当直のチームに挨拶し、彼らのがんばりに感謝する。ステーションの左側にはなるべく目をやらないようにした。そこの病室にいるのは、もう回復の見込みのない患者たちだった。息子がここに入ることはない、と自分に言い聞かせながら右に進み、廊下の角にあるボーの病室に向かう。病室に入る前にはいつも自分を奮い立たせた。笑え、笑え、笑顔をつくれ。ボーに何度言われたことだろう。「父さん、悲しそうにしないで。ほかの人が申し訳ない気持ちになるから、父さんは悲しい顔を見せちゃいけない。ぼくは誰からもかわいそうだと思われたくない」。最後の角を曲がるときには笑顔でいなければならない、と思いながらその角を曲がると、ハリーかハンターかジルかアシュリーの誰かがベッドの横でボーの手を握っていた。そして、「やあ、ボー」と、私はできるかぎりの明るい声を振り絞る。「来たよ」

ある夜は、その日のホワイトハウスでの出来事を早く伝えたいと思いながら病室に入った。私はベッドのそばに座って語りかけた。「ボー、今日は執務室に誰が来たと思う？」ボーの目は閉じたままだったが、話を聞いていることはわかった。「エルトン・ジョンが来たんだよ」と私は言った。「おまえとハントをいつも車で学校に送っていたときのことを覚えているかい？　三人で、声を張り上げて一緒に歌ったあの歌、『クロコダイル・ロック』」その曲がヒットしていたころ、息子たちが四歳と五歳だったとき、家族は三人だけだった。ネイリアが亡くなったあと、ジルと会う前だ。お互いだけに聞こえるように小さな声で、私はその曲をボーに歌いはじめた。まるで昨日まで歌っていたかのように歌詞が出てきたが、初めの数行を歌った時点で感情がこみ上げてきてしまい、それ以上歌えるかどうかわからなくなった。ボーは目を開けなかったが、涙で滲んだ視界のなかで、彼がほほえんでいるのがわかった。だから私は、どうにか気力を奮い起こして、思い出せるかぎりその曲を歌いつづけた。

五月一五日の朝、医師たちはボーの脳にかかりつづける圧迫を軽減するすべを最新のスキャン技術を用いて探っていた。そのあいだ、私は病院の待合室に閉じこもっていた。ホワイトハウスの通信チームが盗聴対策を施したその待合室は、私が一人で通話できる空間として使わせてもらっていた。その日はイラクで新たな危機が発生し、私が対応にあたる必要があった。この件が自分の責任下にあるとはわかっていたが、たった三〇分でもボー以外に集中を向けなければならないことに初めていら立ちを感じた。息子がきわめて深刻な苦境にあるのに、別の部屋に座って一万キロ近く離れた場所で起きている問題に対処しなければならないなんて。前日の夜、ＩＳＩＬは視界を奪う砂嵐に紛れ、バグダッド西方のアンバール州の州都ラマディに攻め込んでいた。まずは装甲車が列を成してその都市に流れ込んだ。映画『マッドマックス』に出てくるようなその車列は、砂嵐の壁を通して見るとまるで悪魔の軍団のようで、前面に巨大なブレードが溶接された先頭の数台が砂をかき分けていた。爆発物を積み込んで自爆要員が運転するそれら車両は、まさに走る爆弾だった。ＩＳＩＬは序盤の攻撃で一〇以上の一般人家族と五〇人以上の警官および部族戦闘員を残虐に殺害したと伝えられており、すでにラマディの主要な政府庁舎を制圧していた。アンバール州議会議長は、アバディ首相がラマディから目を離し、その地域のスンニ派部族勢力に資金、訓練、装備を提供するという約束を果たさなかったと非難した。

その朝にアバディと電話で話したとき、ＩＳＩＬの攻撃はまだ進行中で、いっそう勢いを増していた。市内の政府軍には防御拠点を維持して戦いを続けるための戦力も装備もなかった。イラク軍には巨大な装甲車爆弾を追い払う火力が足りないとアバディは言い、完全に支配される前に敵を叩きのめすための対戦車ミサイルとさらなる空爆支援を求めた。私は、対戦車ミサイル配備の手続きはすでに進んでいるが、さらに数を追加して到着も早められるようにすると言った。そして、大統領も私もまだ彼の味方だと安心させたうえで、彼のほうも銀行からもっと資金を引き出し、バグダッドの武器庫にあるアメリカの兵器をラマディ近くで必死に戦うスンニ派部族に送る必要があると念を押した。全国のイラク治安部隊が自力で領土を奪い返して守りつづけられることを証明しなければならない。スンニ派の中心地であるラマディを取り戻すことは、ティクリート奪還よりもさらに大きな試練となるだろう。しかしアメリカが力になる、とアバディに伝えた。

数時間後、アバディはテレビに生出演し、イラク軍が必ずISILからラマディを守ると国民に呼びかけた。ラマディにはすでに援軍が送られていた。「これからの数時間で、アンバールでの勝利が見えてくるでしょう」とアバディは述べた。しかし、それから四八時間もたたないうちにISILが街全体を制圧した。イラク軍の前線司令部を包囲して連続の自爆攻撃により建物を破壊し、逃げ場を失った多くの人々を殺害した。少なくとも五〇〇人のイラク兵と地元の警官たちが、ラマディから一〇〇キロ先のバグダッドへ逃げ込んだ。彼らが残していった貴重な装備と武器は、またもや大量にISILの手に渡ってしまった。

「すべての治安部隊と部族指導者たちはすでに撤退するか殺害された。この損失は大きい」ラマディのスンニ派部族指導者の一人はそう嘆いた。ニューヨーク・タイムズ紙は、ラマディの陥落は「イスラム国にとって今年最大の勝利となった。さらに、今回の敗北からイラク政府の戦略の誤りが露呈した」と報道した。

五月一九日にオバマ大統領は国家安全保障会議を招集し、議題の中心はラマディだった。出席者のあいだでは白熱した議論が交わされた。最も悲観的な見方は、結局のところイラク部隊には気骨が足りないので、われわれの戦略は深刻な危機にあるというものだった。アメリカがイラク軍に訓練、装備、武器を提供し、空爆支援を行なうことはできても、実際に前線で戦ってISILから領土を奪い、それを守りつづける勇気をイラク兵に与えることはできない。これは、イラクでの対ISIL支援開始以来オバマ大統領も抱きつづけていた懸念だった。支援計画は初めからリスクだらけで、大統領が的確な意思決定をするために必要な情報が十分に得られることは一度もなかった。一年前の大統領は、関与しすぎることを警戒していた。どれほど巨大な波が来るのか予測するすべが足りないまま、海岸に立って身一つで堤防を支えている気分だった。ISILを封じ込めることはできるのか？　この戦争をコントロールできるのか？　余波を処理できるのか？　大統領は連合を組んで支援することはいとわなかったが、パートナーとしてイラクが確実な戦闘力をもたなければ成功の可能性は低いと考えていた。しかし、クルド人治安部隊〈ペシュメルガ〉とイランが支援するシーア派民兵は自分たちにとって重要な領土の一部を取り返していた一方、二〇一五年五月以前にはイラク治安部隊にスンニ派の中核地域を取り戻して守りつづける意思と能力があると言える要素は非常に乏しかった。

しかし、いまは大きく異なる点が一つあった。いまや大統領には小さな希望の光が見えていた。六週間前にアバディはティクリートをISILから奪還し、しかもそれを成し遂げたのは宗派の違いを超えた部隊だ。ティクリートでの勝利から二週間後、私の求めでアバディがワシントンでバラクと長時間の会談をしたとき、バラクも私と同じことを感じたと思う。彼は支援する価値のあるパートナーだと。

ラマディ陥落から二日たった五月一九日に国防総省の上級顧問たちがオバマ大統領に提案した計画

は、難しい決断を要するものだった。顧問たちはスンニ派部族勢力を参戦させる必要があると主張した。そのためには、ラマディから二五キロも離れていないタカダム空軍基地に数百人の特殊部隊と軍事顧問団を派遣して近隣地域のスンニ派部族の動員、訓練、武装を支援したうえで、イラクの陸軍およびエリート部隊と協力してラマディでの反撃を計画する必要がある。私は、戦況を逆転させるために必要な支援は与えるべきだと意見した。

大統領はこの戦略のロジックを理解し、実行する気でいたようだが、ISILが支配するアンバール州の端にある孤立した空軍基地を拠点に、イランが支援する組織のすぐそばで活動する数百人のアメリカ兵を守ることができるだろうかと懸念していた。私と二人のとき、大統領はよくこう言っていた。「ジョー、やつらが基地に侵入し、アメリカ兵を二〇人捕らえて首を切り落としたらどうする？そんなことがあったら、われわれは一体何をすればいい？」ふたたびアメリカの軍隊が大規模にイラクに派遣される事態を彼は望んでいなかった。それに、ラマディでの反撃が成功したとしても、そのあとはどうなる？　解放後のラマディをイラクの人々が守りつづけ統治できるという保証はあるのか？　これはたやすく判断できる問題ではなかった。大統領はじっくり検討すると言った。

ついに、ボーの容体に改善が見られた。ラマディが陥落した日、ボーはベッドから出てほんの少しリハビリのようなことができた。看護師の助けを借りながら、五分間まっすぐ立っていられたのだ。「いい日だ」とドクは記録した。翌日にはナタリーとハンターが父親に会いに来た。二日後に行なわれた手術により、ボーの脳内で最も深刻な部分の圧迫がついに軽減されたようだった。ボーの意識はみるみるさえていった。ドクは、長く麻痺していた右半身の上腕、さらには右の太ももをボーが動かせていることに気づいたと教えてくれた。翌日には電動車椅子に座ってナースステーションの周りを一周できるほど元気だった。いまやボーは周囲の状況をはっきりと認識し、質問に頷いたり、拳を突き合わせる《フィスト・バンプ》こともできた。ハリーはボーを外に連れ出す許可を得て、ボーは二週間半ぶりに太陽の光を顔に浴びることができた。生ウイルス投与から七週間後、ボーはようやく暗い穴から這い上がってきたように思えた。

その土曜、バラクからゴルフに誘われた。私のことが心配で、数時間でも気分転換をしてほしいという。ジルは行ってらっしゃいと言った。ボーはもうよくなりそうなんだから、と。問題は、結局そのゴルフに行ったかどうかさえ覚えていないことだ。

ラマディ陥落から一週間後、アシュトン・カーター国防長官がＣＮＮに出演してイラク軍の兵士たちを非難した。五月二四日の日曜日に放送された『ステイト・オブ・ザ・ユニオン』のインタビューでカーターはこう述べた。「明らかなのは、イラク軍部隊が戦う意志をまったく示さなかったということです。数では負けていませんでした。実際、数では敵を大きく上回っていました。それなのに彼らは戦おうとしなかったのです」このコメントは、イラクは本当にＩＳＩＬと戦う気があるのかと疑う人々が私たちの政権のなかにいることを反映していた。その疑念はもっともだが、カーターにはそれを口に出さずにいてほしかった。

戦没将兵追悼記念日《メモリアル・デー》にあたる翌日の朝に予定されているアバディ首相との電話会議に関してチーム

からブリーフィングを受けたとき、驚きはなかった。ジョーンズ駐イラク大使とマクガーク特使代理はイラク当局者と連絡を取り合っていたが、アバディがカーターの発言に傷つき、まもなくイラクが見放されるのではないかと懸念しているとみなが語っているという。アバディの心境は想像に難くなかった。「ラマディを失ったことで、私の心は血を流しています」と記者団に述べた彼の言葉が本心であることはわかっていた。チームも同意したように、その朝の電話での私の主な役目は、アバディに対する信頼をあらためて強調することだった。大きなプレッシャーにさらされている彼に、われわれはいまでも味方だという言葉を確実に届けたかった。ラマディがＩＳＩＬの前身であるイラクのアルカイダに支配されていた二〇〇六年にその地域を訪れたことのある私は、ラマディの現状の厳しさをよく理解できた。そのときには、世界で最も優秀な戦士であるアメリカ陸軍と海兵隊の兵士数千人が四カ月にわたってラマディ奪還のために必死に戦った。その戦いで七五人のアメリカ軍人と数え切れないほどのイラク人が命を落とした。ボーの従軍経験からも、無慈悲で凶悪な敵との恐ろしく困難な戦いに挑むには相当な勇気が求められることを知っていた。確実な支援を受けることがどれほど重要になるかもわかっていた。

朝の電話でのアバディは丁重な態度だった。われわれが彼に求めるものを思い出させる必要はなかった。彼はすべて理解していた。私は、イラクの兵士たちの多大なる犠牲を認識し尊重していることをまっすぐに伝えた。提供を約束した武器と装備も引き続きそちらに向かっていると強調した。そして、カーター長官はあのような発言をしたが、私たちの政権はあなたへの信頼を失っていないと。あなたにはこの流れを変えられるはずだといまでも信じているからこそ、そのための支援を引き続き約束する。あなたは真のリーダーであり、政治家としても一人の男としても勇敢な人物だ、とあらためて伝えた。

メモリアル・デーのその後の予定は小さな公共イベントが一つあるだけで、それが終わればウォルター・リード医療センターに行ってボーと過ごせることになっていた。ボーに会うのが待ちきれなかった。さらに容体が改善しているかどうかを知りたかったこともあるが、前の晩に見た夢の光景が頭を離れなかったというのもある。夢のなかのボーは病気から全快し、昔のままの姿だった。映像はとても鮮やかでリアルだった。ボーは遠くの方にいて、いつものようにタットノール・スクールの敷地内を走り終えてから家の裏の湖の周りを走っていた。私は必死でジルや家族の誰かを探し、このすばらしいニュースを伝えようとしていた。「ボーが走っているのを見たんだ！」と叫びたかったのだ。

「ボーが走っていたんだ！」

第九章　真実を伝えてください

メモリアル・デーの午後にウォルター・リード医療センターに着いたとき、ボーはこの数週間で最も元気そうに見えた。一時間ごとに意識がはっきりして反応もよくなっているようにさえ思えた。医師たちは、ついに重大な問題を解決できたかもしれないと考えていた。左側脳室に脳脊髄液がたまることで引き起こされていた脳内の圧迫だ。通常の脳室は脳脊髄液を産生、再吸収、排出して量のバランスを保つが、ボーの脳内では適切な排出が行なわれていなかった。ドクは、落ち葉が側溝に詰まるようにがん細胞の死骸が排出経路を塞いでいるのではないかと話していた。数日前にウォルター・リードの脳神経外科医が行なった手術により、ついにその経路が開かれたように思えた。ボーの左側脳室はすっきりと小さくなっているように見えた。排出された液体の中にがん細胞は確認されなかった。病院の脳腫瘍研究グループは高い関心をもってボーの病状改善を見守っていて、この種の神経膠芽《こうが》腫《しゅ》治療、つまり生ウィルスと抗PD－1抗体を併用した新たな治療法における初の成功例になるかもしれないと大いに沸き立っていた。

脳室の水分量のバランスを保って脳への圧迫を軽減することは、ボーの痛みを和らげて意識をはっきりさせるためにきわめて重要だ。私たちに希望を与えるという意味でも。ボーの命が危ぶまれるいま、家族の感情は揺さぶられていた。ハリーも、ジル、アシュリー、私も、脳脊髄液のバランスを適切に保つことがいかに重要であるかわかっていたので、ほとんど一時間ごとに状況を見守りながら希望と絶望のあいだを行き来した。また、生ウイルスと抗PD-1抗体による治療はまだ実験的であるため、アルフレッド・ユンとフレデリック・ラングが細かい調整を指揮できるようにすることも重要だとわかっていた。そのため、ウォルター・リードの医師らは毎日ボーの脳室から髄液を排出し、結果をMDアンダーソンに送るため新たにスキャン画像を撮影した。しかし、異なる病院の医療従事者間でのデータ伝達における障害はここにも存在した。ジェファーソンのときと同じく、ウォルター・リードからも迅速かつスムーズにスキャン画像をMDアンダーソンに送ることはできなかった。またもやハワードとハンターは自分のiPhoneやiPadでスキャンの映像か画像を撮影してハワードとドクター・ユンとドクター・ラングに送らなければならなかった。この無情なシステムに対してハンターが毒づいているのを何度か耳にした。とくにボーが危険な状況にあるいま、一日、一時間、一分でも無駄にすることは家族全員にとって大きな苦痛だったのだ。ああ、もっといい方法が絶対に必要だ、と私は思った。私がどうにかしなければ。

だが、こうした現実問題にいら立ちながらも、ボーがもうすぐ一気に回復に向かうはずだと思える兆候はあった。

その日の午後にも、翌日の夕方にも、ジルと私は車椅子でボーを三〇分も外に連れ出すことができた。五月下旬の気候は穏やかだった。夕暮れの気温は二七度ほどで、ときおり涼しい風がそよいだ。ボーが痛みに苦しんでいることはわかった。表情から見てとれた。それでも、以前よりは元気に見えた。ボーはときどきうなずいたり、ほほえんだり、親指を立てたりした。夕焼けが雲を彩りはじめると、私は幼いころのボーを思い出した。よく私の寝室のバルコニーに座って、木々の向こうに広がる夕日を眺めていた。「見て、パパ」そして太陽が木々の下に落ちるのを見ながらこう言っていた。

「消えていくよ」

翌日、午後早くにブルッキングス研究所で演説をするために病院を出た私の気分はいくらか軽かった。ボーが回復していると思えたからだ。その日の演説のテーマは、苦境にあるウクライナだった。二度目のミンスク合意から三カ月間、プーチン大統領は隣国に圧力をかけつづけていた。彼はいまだにウクライナの政治と経済を不安定化させるべく工作に励み、重火器も軍隊も引き上げていなかった。実際、ロストフ地域の国境地帯だけで一〇個もの大隊と防空システムが配備されたことをわれわれは把握していた。一〇日前には、ウクライナ国内での戦闘で二人のロシア正規兵が負傷して捕らえられていた。ロシアの支援を受けた分離主義勢力は、ロシア兵と協力しながら散発的だが激しい攻撃を続けていた。彼らが手を引く兆候はまったく見られない。二週間前の会議でジョン・ケリー国務長官は、ロシアはウクライナ分離主義勢力に訓練と装備を提供するのをやめ、国境地帯から軍隊を撤退させる必要があるとあらためて伝えたが、プーチンは耳を貸さなかった。

ウクライナのペトロ・ポロシェンコ大統領は、前線のウクライナ兵が分離主義勢力および現場で彼らを支援するロシア勢力の挑発に乗らないよう最善を尽くしていたが、停戦が実現することはなかった。それでも、ウクライナを分断しようとするプーチンの露骨な工作を受けながら、ポロシェンコはどうにか政府を団結させて透明性を高めようとしていた。この三カ月、私はほぼ毎週、ポロシェンコか、彼にとってあまり信頼できない統治パートナーであるアルセニー・ヤツェニュク、あるいは両者と電話をし、個人的な野心よりも愛国心を優先するよう促した。そうしてポロシェンコ大統領とヤツェニュク首相は手を組み、大きな政治改革に向けた第一歩を踏み出していた。政府は国家汚職防止局を設立し、初代局長もすでにポロシェンコによって任命されていたのだ。アメリカもできるかぎりの支援をした。ヨーロッパの同盟諸国とともに、ロシアへの経済制裁を拡大したうえで、ウクライナに七五〇〇万ドル相当の非戦闘用軍事装備（装甲兵員輸送車、通信機器、監視用無人機、迫撃砲探知レーダー）を追加で供与した。しかし、五月の最終週になっても、プーチンはいまだウクライナの国境地帯から飼い犬たちを呼び戻していなかった。みずからが署名した協定に対する重大な違反をなおも続けていたのである。

ブルッキングスで演説をする日のニュースでは、プーチンによってNATO、EU、アメリカの決意はさらに試されることになりそうだと報じられていた。ウクライナから五〇キロ離れたロシア軍の野営地から戻ったばかりのロイター特派員は、四台の列車が軍用装備と軍隊を載せてそこに到着するのを目撃したという。「輸送されてきた兵器のなかには、ウラガン多連装ロケットランチャー、戦車、自走式榴弾砲があった」とニュースは報じた。「その基地の軍用装備の量は、ロイターの記者たちが今年三月にこの地域にいたときと比べておよそ三倍に増えていた」

さらに、平時の〝特殊作戦〟下におけるロシア人の死亡情報公開を禁止する法令にプーチンが署名しようとしているという不吉なニュースもあった。戦時中に長年存在した規制を復活させようというのだ。ロシア国民の三分の二はウクライナの領土の一部を手に入れるためにロシア兵の命を犠牲にすることに反対していたため、プーチンはウクライナで戦死者が出ているという証拠を隠したかったのだ。「この変更の背景として、考えられる理由は一つだとする専門家もいる」とワシントン・ポスト紙は報じた。「それによると、ロシアはウクライナへのさらなる侵攻に向けて準備を進めている」

今回の演説で手加減する気はなかった。アメリカとヨーロッパのあらゆる人々が注目するとわかっていたからだ。私たちはロシアの侵略に対する制裁を拡大しなければならない。ウクライナの人々に自衛のための兵器を供与することについて、本気で議論しなければならない。しかしそれ以上に、プーチンを悪と呼び、西側諸国は悪に立ち向かうのだと世の中に思い出させるときだ。その日、私は、ブルッキングスの聴衆に、そして世界の人々に向けてこう語った。「私たちはいま、大西洋を越えた同盟関係がふたたびリーダーシップを必要とする時代にいます。私たちの両親と祖父母の時代に存在したような、自由主義を守るための基本的なリーダーシップです。当時と状況は似ていると感じます。しかし、根本的に情勢はこちらに有利だと私は信じています。統一、統合、民主的自由がこの先に必ず待ち受けているからというわけではありません。扇動家や修正論者はどの世代にも存在し、大きな変化が起これば彼らにチャンスを与えてしまう危険がそこらじゅうに生まれます。

私が楽観的に考えられるわけは、プーチン大統領のビジョンが、ヨーロッパの人々、ひいてはロシア国民のためにさえならないからです。彼のビジョンが土台とする誤った幻想は、過去の栄光を取り戻すというものですが、そもそも調べてみればその過去自体すばらしい時代ではありません。強いリーダーシップと正しく機能する制度がないことをごまかすための、市民社会、反体制派、同性愛者に対する弾圧。強さと攻撃性を一緒くたにするプロパガンダの時代です」

その晩、ウォルター・リードに戻ったとき、ボーはまだ回復しつづけているように見えた。

しかし、水曜の夜にボーの容体は悪化し、翌日の木曜の午後までほとんど反応がなかった。うなずくことも、フィスト・バンプも、親指を立てることもなかった。私たちはみな、今回も病状が一時的に後退しているだけであるように、また抜け出せるようにと祈った。そして抜け出したときには、前よりも少しよくなっているようにと。医療スタッフが翌朝の会議についての段取りを決めるために病室に入ってきた。会議では医師たちが、ボーの現状と予後についての評価を私たち家族に伝えるという。それまでにまた新たなスキャン画像を見ることになるのだろう。おそらく脳脊髄液の量が増えているのではないか。それを排出してしまえば、ボーはまた回復に向かうはずだ。

金曜の朝一〇時、家族全員が狭く細長い会議室に集まった。テーブルの片側にウォルター・リード医療センターの医師たちが座り、私たち家族は反対側に座った。中央にスピーカーフォンがあったのでMDアンダーソンのチームも参加できた。ドクとアシュリーの夫ハワードを含め、医師たちはすでに話し合っていたらしく、伝えたいメッセージは一致しているようだった。医師たちが見た結果は好ましくなかった。スキャンの結果はたった二日前よりもはるかに悪かった。しかし、それがウイルスの影響なのか腫瘍なのかは確信がもてないという。

それでも、ボーがこれを乗り越えて命をつなぎとめる方法はまだあるはずだと私は考えた。家族のほかのみなも同じように感じていたと思う。四五分ほどたってついに、ウォルター・リードの医師の一人が、このまま二四時間か四八時間ようすを見てもいいかもしれないと言った。会議室を出てボーの病室に続く廊下を歩く私たちは、きっと彼はまたこの窮地から抜け出すはずだという希望にしがみついていた。しかしそのとき、後ろからハワードの声が聞こえた。「戻ってきてくれ」と言い、ハワードは私たちをふたたび会議室に連れ戻した。「彼らに真実を伝えてください」と、まだそこに集まったままの医師たちに言った。そして医師たちは、ボーの脳の状態を元に戻すことはもうできない、と言った。ボーを救うすべはない、と。「彼はもう回復しません」

それは、私が人生で耳にしたなかで最も心を打ちのめす言葉だった。「彼はもう回復しません」しかし、それでもなお、私は信じたかった。きっと、きっと何かが起こるはずだと。

ハリーは月曜に子どもたちを連れてくるべきかとハワードに尋ね、ハワードは、いいやハリー、いますぐ連れてこなければだめだと言った。その夜、ハリーの両親がナタリーとハンターをウィルミントンから車で連れてきた。子どもたちはいつものお見舞いだと思っているのか、笑顔で病院の廊下を歩いてきた。ハリーは子どもたちの手を引き、ナースステーションの横を通りすぎてボーの病室に連れていった。六年以上、私たち家族を守ってきてくれた者も多いシークレットサービスのエージェントたちは、うつむいて大理石の床を見つめるか顔を背けていたので、ナタリーとハンターがそばを通るときに彼らの泣き顔は見えなかった。

土曜の夜、私たちは病院から一歩も出なかった。ハンターの妻と娘たちも来た。私の妹ヴァレリーと夫のジャック、弟のジェームズと妻のサラも。子どものころによくボーと遊んだ私の姪ミッシーも。全員で一緒にボーを見守った。夜七時すぎ、ハンターとハワードはみんなの食べ物を買いに少しのあいだ病室を離れた。二人が部屋を出てまもなく、ボーの呼吸が苦しげになり、それからきわめて浅くなり、やがて止まったように見えた。モニターに心拍は示されていなかった。ハンターとハワードは急いで病室に戻り、二人が到着したとき、私たちはみなでボーを囲んでいた。ハンターはボーのもとに近づき、身をかがめて頬にキスをし、ボーの心臓に手を当てた。そのとき、ハワードがモニターに目をやり、「おい」と言った。ボーの心臓がふたたび鼓動を始めたのだ。

しかし、長くは続かなかった。

「五月三〇日午後七時五一分。時が来た」私は日記にそう記した。「神よ、息子よ。愛する私の息子よ」

ボーが亡くなってからほぼ二四時間後の日曜日の午後八時ごろ、ジルと私はエアフォースツーでデラウェア州の自宅に到着した。かつてボーが所属したデラウェア州兵の司令官を務めるフランク・ヴァヴァラ将軍が、妻とともに駐機場で私たちを迎えてくれた。二人とも涙を流し、私たちが近づいても泣き止むことができなかった。「私たちはボーを愛していました」とヴァヴァラは言った。ジルと私は五分近く駐機場で二人を慰め、やがて車に乗って出発するときには、将軍がその場でまっすぐに背筋を伸ばして敬礼していた。涙をこぼしながら。

ジルは、家に着いたらまずはドックに行きたいと言ったので、私たちはチャンプを連れて丘を下り、湖のほとりに向かって歩いた。一年で最も日が長い時期だったので、私たちが腰を下ろしたとき空はまだ真っ暗ではなく、ジルは湖の向こう側のほとりに白鷺を見つけた。ボーが愛したこの場所にいると、ボーとつながっているみたいに感じられる、とジルは言った。ボーが亡くなる前、ジルはボーに顔を近づけてこうささやいたのだという。「幸せなところに行きなさい、ボー。ドックに行きなさい、ハンターと一緒に」二〇分ほど白鷺を見ていると、ついに飛び立った。無言で座っている私たちの頭上を旋回しながら徐々に高度を上げ、やがて南に向かって雲の下を飛んでいき、だんだんと見えなくなっていった。「神のしるしよ」とジルは言った。「ボーが最後にもう一度湖に来て、天国に向かっていったのよ」

それからまもなくしてジルはベッドに入ったので、私は寝室の隣、壁紙を張り替えたばかりのリビングルームに一人でいることになった。張り替え作業後の部屋はまだ散らかっていた。家具は脇にどけられ、本や記念品などは部屋の真ん中に積まれるかふたの開いた箱に詰め込まれていた。シークレットサービスのエージェント数人にジルの机と私のキャビネットを元の位置に戻すのを手伝ってもらったが、作業はすぐに終わってしまった。眠れるまで何かをして頭のなかをいっぱいにしておく必要があったので、いくつかの箱から本を取り出し、ジャンルごとに並べて棚に戻すことにした。最後に手にした箱には、スクラップブックの一部と昔の家族写真が入っていた。山積みにされたうちいちばん上の写真がひらりと落ちたので、身をかがめてそれを拾い上げた。それは、ボーが写った一〇二ミリ×一五二ミリのカラー写真だった。おそらく八歳か九歳のボーは、スニーカーと短パン、上着と野球帽という姿で、ネイリアが亡くなった直後に買った家、〝ステーション〟の生け垣のあいだを歩いていた。息子たちとアシュリーが育った家だ。写真のボーは撮影する私から離れていくところで、肩越しに振り返って笑顔で手を振っていた。その瞬間、激しい感情がこみ上げてきた。この写真を見たのは少なくとも三〇年ぶりだったが、ボーを思い描くときはいつもこの年齢の彼だった。いつも私にほほえみかけ、こんなふうに安心させるような顔をしてくれるのだ。

ああ、このとき、ひどく痛感した——ボーに会いたくてたまらない、もうボーが恋しい。ボーはいつでも私の恐怖心を追い払ってくれた。四〇年前、ネイリアとナオミが自動車事故で亡くなったあと、ボーはハンターと一緒に私の命を救ってくれた。いま、私はどうすればいい？　子どものころから、ハンターと同じように、ボーは私に自信と勇気をくれる存在だった。「大丈夫だよ、パパ」とボーはよく言っていた。「ぼくはいなくならないから」生涯を通して人々に勇気と不屈の精神を伝えようとしてきた大の男が、自分の息子たちに支えを求めるとは、なんと情けない話だ。「父さん、ぼくを見て」と言うボーの声が聞こえてくるようだ。「忘れないで。ホームベースに立つんだ」

私はもう五〇年近く公職に就いている。つまり、私の子どもと孫は生まれたときから公人の家族だ。私から言うまでもなく、これからの一週間で自分たちがどうふるまい、どのようにしてボーに別れを告げるかがとても重要であることをみなわかっていた。ボーもまた公人であり、デラウェアで愛され尊敬される人物だったので、祝われるときと同じく、公に嘆かれる必要があった。すでに予定は決まりはじめていた。木曜日には、国旗で覆われた棺に入ったボーとともに、みなでデラウェア州都のドーバーまで車で行く。そこの州議会議事堂で、ボーの棺を前に四時間の儀式が執り行なわれる。夜には、メイジー・バイデンの八年生修了祝いのため飛行機でワシントンに戻る。金曜の朝は、ウィルミントンでボーの娘ナタリーの四年生修了を祝ったあと、地元の教区であるブランディワインの聖ジョセフ教会で家族だけのミサを行ない、その後にウィルミントンの中心部にある聖アンソニー教会で通夜が行なわれる。土曜日は、同じく聖アンソニー教会で葬儀ミサが開かれたのち、聖ジョセフ教会で一族の墓地に遺体が埋葬される。この予定を立てていくなかで、私は同心円状に広がるみずからの責任をつねに意識していた。ボー、彼の妻と子どもたち、私の妻とほかの子どもたち、孫、弟たちと妹、親戚、友人、さらには、通夜や葬儀に参列する人々や、儀式の一部がテレビで全国に生放送されるときにそれを観る人々に対しての責任だ。同じようにつらい現実に直面している数多くの人々に、大きな損失を受け入れて乗り越えることは可能なのだと示すことが公人としての自分の役目だと思った。私と家族には、悲しみに耐え、品位を失わずにいる義務があった。

その数日間の計画は、ハリー、妹のヴァレリー、ハンター、私がほぼすべてを担った。私たち親族がどこを歩き、どこに座り、どこに立つかを示す図も作成した。気づけば、作業に取り組む私たちを仕切っているのは、ボーの願いを必ず尊重すると心に決めたハンターだった。ボーが、夫として、父として、すべての人のために尽くした公人として、兵士としてみなの記憶に残りたいと望んでいたことを知っていたハンターは、ボーの赤く沸き立つ生命を葬儀に吹き込むと決めていた。ハンターは、プロテスタントの牧師、ユダヤ教のラビ、イスラム教の聖職者を葬儀に招き、ローマカトリック教会の枢機卿および司祭たちとともに祭壇に立ってもらうようにした。さらに、ボーが所属した州兵部隊の席を確保し、ボーの棺を載せてウィルミントンの街路を通る霊柩車には馬が引くものを手配し、その周りには儀仗隊および州司法長官時代にボーが指揮した州警察の部隊を並ばせるようにした。葬儀の音楽には、アフリカ系アメリカ人の合唱団に明るい歌声を響かせてもらう一方、バグパイプ隊に死を悼む物悲しいアイルランドの音色を奏でてもらうことにした。

最後は、ハリーから子どもたちへの特別な贈り物だ。ある日の午後、彼らが車に乗っているとき、コールドプレイの曲がラジオで流れたことがあった。「これ、パパが好きな曲だ」と九歳のハンターは言った。ハンターは父親が使っていたiPodを譲り受けていて、それでコールドプレイの『ティル・キングダム・カム』を繰り返し聴いていることにハリーは気づいていた。そこでハリーは、ボーの親友だったロビー・ブッチーニの妻ベスに電話をした。ベスはコールドプレイのリードシンガーであるクリス・マーティンの連絡先を知っていた。そうして、葬儀会場でその曲を演奏するためにマーティンがロンドンから飛行機で来てくれることになった。ロビーは寛大にも、マーティンの旅費全額を支払ってくれた。

バラクはボーへの弔辞を申し出て、私たちはそれを受け入れた。ボーのイラク駐留時代に軍の総司令官を務めたレイ・オディエルノ将軍も弔辞の依頼に応じた。現在は米陸軍参謀総長となった将軍は、ボーが亡くなってから二日後に、彼と妻が葬儀に出席できるか尋ねる電話をくれた。「私は、いつかボーがこの国を率いてくれることを心から期待していました」と、そのときの彼は言った。家族の代表としてはアシュリーとハンターが演説するのがベストだと思った。二人が立ち上がって兄に弔辞を捧げるべきだと。二人もそれを受け入れた。ただ、こうして綿密な計画を立てても、一家そろって家を出て最初の公の儀式に向かうとき、これからの予定を楽にこなせるという幻想を抱く者はいなかった。

ようやくすべてが終わった六月六日の土曜日の夜、私は書斎に一人で座っていた。ボーがいなくなってからちょうど一週間がたったが、なお彼の存在は感じられた。「まだ現実味がない」その夜の日記にはこう記してある。「ボーが人々の記憶のなかに威厳をもって強く残るようにしなければと必死だったので、この胸に広がる巨大なブラックホールに呑み込まれないよう意識を背けていた。ハントとアッシュに注意を向けていれば、まだボーはここにいるのだと思い込める。いまでも、『彼を帰して』を除けば（葬儀ではミュージカル『レ・ミゼラブル』から同曲が歌われた）、すべてをボーと私がともに引き合わせているかのように、何をするにもボーのことを中心に考えている」

座ったままそれまでの三日間を振り返ると、息子と家族にとても大きな誇りを感じた。達成感が悲しみの壁を突き抜けていくようだった。ボーは「仲間の人間たちを深く気遣い、あらゆる人に対してつねに敬意をもって接していました」とオディエルノ将軍は弔辞で述べた。「たいていの人には備わっていない、生まれながらのカリスマ性が彼にはありました。人々は喜んで彼に従いたいと思い、彼の判断を全面的に信頼し、彼自身を信じていました」また、バラクが弔辞でふだんなら決して見せない感情の深い部分を解き放ってくれたことにも感動した。私たちはともに多くのことを経験してきたが、あの日の聖アンソニー教会で私はかつてないほど大統領を近くに感じ、彼の友情に心から感謝した。「ミシェルと私、それからサーシャとマリアは、バイデン家の一員になったんだ。もはや名誉会員というわけだ」と彼は語った。「だからバイデン家のルールがあてはまる。私たちはいつであろうときみたちの力になる。これからもずっとだ。バイデン家の人間として約束しよう」

アシュリーとハンターが祭壇に上ると、会場はしんと静まり返った。出席者の誰もが二人の喪失感の深さを知っていて、私にいたっては愛する者に弔辞を捧げるつらさは経験ずみだった。二人はいまその苦しみにあり、冷静に振る舞うには相当に強い心が必要だった。私はあのときほど息子と娘を誇りに思ったことはない。兄について話す二人には、どこか神聖なものさえ感じた。まるで自分たちという三位一体を保とうとしているかのようだった。「ハンターについて話さずにボーについて話すことはできません」参列者たちの前でそう述べたアシュリーは、スピーチの文章は必ず自分で書くと言って譲らなかった。「ハンターはボーの翼を持ち上げる風でした。ハントは彼に飛ぶための勇気と自信を与えました。（中略）何かを決めるとき、ボーは必ず最初にハンターに相談したのです。二人が話さない日は一日もなく、どんな道を進むにも隣の操縦席に座っていました。ハンターはボーにとって、すべてを打ち明けられる親友でした。彼の居場所でした。

私が生まれたとき、ボーイーとハンティーは両腕を広げて私を迎え、ぎゅっと抱きしめてくれました。愛情を込めて、兄たちのことはずっとこのあだ名で呼んでいました。私の名前をつけてくれたのは兄たちです。私は二人のもので、二人も自分のものだというふうに感じました」

アシュリーが話すあいだ隣にいたハンターがマイクの前に立ち、家族を代表して参列者に感謝を述べるあいだ、アシュリーもそのまま彼の横に立っていた。「私にとって最初の記憶は、兄の隣で病院のベッドによこたわっていたときのことです」ハンターはそう話しはじめ、母親と妹の命を奪った自動車事故のあと、病院で一緒に過ごした日々を振り返った。「私はもうすぐ三歳になるところでした。

私より一年と一日だけ年上だった兄が、私の手を握って目をじっと見つめ、何度も何度も『アイラブユー、アイラブユー』と言ってくれたのを覚えています。それから四二年、彼は決して私の手を離さず、私をどれだけ愛しているか伝えつづけてくれました。ただ、ボーが握った手は私のものだけではありません。助けを必要とする人はみな、ボーのもとに手を伸ばしました。そして、助けてほしいと言う前からすでに、ボーの手はみなに差し伸べられていました」ボーの人生の旅路と、そこでかかわったさまざまな人々について、ハンターは二五分近く話した。調子はずれな発言などいっさいなしに、兄という人物を的確に表現し、最後はこう締めくくった。「彼はたくさんの手を握ってきました。虐待を経験した人たち、命を落とした兵士仲間の両親、愛する街ウィルミントンで起きた暴力犯罪の被害者。これが兄のストーリーです。いま、何千もの人たちが彼のストーリーを語っています。ボー・バイデンがいつ自分の手を握ったかという物語を。私が一つだけ自慢したいのは、彼が最初に握ったのが私の手だということです……

そのストーリーは、始まったときと同じように、終わりを迎えました。家族が彼を囲み、みんなで彼を抱きしめました。私たち一人一人が必死に彼を抱きしめました。『アイラブユー、アイラブユー』と繰り返しながら。私が手を握るなか、彼は息を引き取りました。私は兄に愛されていました。そして、兄が私の手を離すことはこれからも決してないでしょう」

私はすばらしい家族に恵まれている。儀式が続いた三日間、互いにそばで支え合えるだけで自分たちはどれほど幸運なのだろうと感じたことを覚えている。誰かの心が弱ったり、落ち着きを失いはじめたりしたとき、いつもほかの誰かが横にいてサポートした。「ほら、父さん」天井を見上げる私の肩が震えだすと、それに気づいたハンターがそう声をかけてくれた。心を覆い尽くしてしまうような深い悲しみを分かち合えて、愛する人たちにそばで巨大な痛みの一部を吸収してもらえるのはとてもありがたいことだ。それでも、どれほど近しい相手にもすべての痛みを取り除いてもらうことはできないのだとやがてわかった。私たち一人一人が、自分なりのやり方で、喪失の重みを一人で背負わなければならないときもあるのだ。それを本当に理解しているのは、自分自身もその重みを背負っている人々だ。そして、そんな人たちもまた心の奥底に癒しを与えてくれる存在だ。つらかったあの一週間、たくさんの電話や訪問を受け、儀式の会場では何千もの人たちが私たち親族に心からの哀悼の意を伝え、励ましの言葉を送ってくれたが、なかでもとくに印象に残っているものがある。葬儀の前日、ウィルミントンの聖アンソニー教会で開いた通夜でのことだ。私はジルやほかの家族と何時間もその場で、ボーの棺のそばに立って何千人もの友人、知人、支持者を迎えていた。全国各地から参列者が訪れ、ウォルター・リード医療センターやジェファーソン大学病院の看護師たちもいたが、ほとんどはデラウェア州の人たちだった。私たちの故郷であるデラウェアは小さな州で、私はもう長年そこにいたので、参列者それぞれの名前は知らずとも、ほとんどの顔は見知っていた。途中、顔を上げて参列者の列に目をやると、ウェイ・タン・リューがこちらに近づいてくるのが見えた。五カ月前にニューヨーク市で殉職した中国系アメリカ人警察官の父親だ。彼と妻はブルックリンの自宅からウィルミントンまで三時間車に乗り、ボーの棺が横たわる教会から数ブロックにわたって歩道に延びる列に何時間も並んでくれていた。

ウェイ・タン・リューは何も話そうとせず、私も話そうとしなかった。彼は英語を話せず、私も広東語を話せなかったからだ。彼はただこちらに歩み寄り、私を抱きしめた。自分の悲しみを心から理解してくれる人の腕に包まれることは、私にとってとても大きな意味があった。彼は黙って私を抱きしめ、しばらく離さなかった。前に私たちが会ったときは、彼のためだった。しかし今回は、私のためなのだ。

「ありがとう」としか私は言えなかった。「ありがとう。ありがとう。ありがとう」

第一〇章　帰らないでくれる?

私には前にも経験があったので、これからどうなっていくのか、おおよそのことは想像がついていた。あまりに大きな衝撃を受けると、心はいっさいの感覚を失ってしまう。やがてその時期が過ぎると、今度は痛みが襲ってきて、それはしだいに激しさを増していく。傷は心のなかに物理的に存在していて、二度と消えることはない。四三年前にネイリアとナオミを失ったときと同じく、私の胸の真ん中には、とても小さくて暗い穴があいているかのようだった。いつまでも考え続けていたら、その穴はどんどん広がって、自分がまるごと呑み込まれてしまいそうになる。いっそのこと、その喪失感のなかに身を隠し、苦痛から解放されたほうがかえって楽なのかもしれない。そんなふうに思うことは何度もあった。私は何カ月ものあいだ、長い、深い呼吸ができなかった。そんなとき、信仰はいくばくかの救いを与えてくれる。私の慰めとなったのはカトリックの儀式だ。なかでもロザリオの祈りは心を落ち着かせる。瞑想したときのように穏やかになれるのだ。そしてミサでは、周りに大勢の人がいても、私は一人になれる。邪魔するものは何一つなく、そこにいるのはただ神と私だけだ。祈りを捧げるとき、私は神のみならず、神と私を結びつけてくれたネイリアと母のためにも祈る。そうしていると、二人がいまでも私の一部で、自分のなかに存在していることをあらためて感じられるからだ。ボーが亡くなってほどなくして、私は彼にも話しかけるようになった。それは、彼がずっとそばにいてくれると実感するための私なりのやり方だった。

そうしたプロセスがいったいどのようなもので、なぜ必要なのかを、ボーに捧げた追悼の言葉の最後にアシュリーがこんなふうに記している。「私たち家族が悲しみや苦しみ、お祝いや喜びのなかで何かを決断するとき、あなたはこれからもずっと、私たちとともにいます」アシュリーはボーの話をしながら、私や、ほかの家族たちに向かって語りかけていた。「私たちは、あらゆるところにあなたの面影を見るでしょう。美しい自然のなかに。見知らぬ人のほほえみに。あなたが私たちみんなにしてくれたように、これから私たちが大切にしていく、あなたのすばらしい子どもたちに。あなたは私たちの身体と心の隅々に刻まれています。私たちの骨であり、肉であり、血なのです。あなたは私たちの人生に存在しつづけます。今日も。明日も。永遠に」

この言葉を思い出すと、決まって心に浮かぶ思いがある。それは、ハントが生きているかぎり、ボーも生きているということだ。生きているあいだはもちろんのこと、ボーが亡くなってからも、二人は決して切り離せない絆で結ばれている。そしていまもボーは私のなかにいる。いや、それだけではない。私の頭のなかでは、彼の声がこだましている。私が何度も何度も繰り返す言葉は、ボーの言葉なのだ。昨年秋のある夜、ボーとハリーは私たちを夕食に招いた。そのころには、すでにがんがボーの身体をむしばんでいることは見た目にも明らかになっていた。ジルは大学での講義を終えると、ウィルミントンから電車に乗り、仕事着のままま っすぐボーの家に来ていた。食事がすむと、ジルは自宅に戻って楽な服に着替えたいと言う。「父さんは帰らないでくれる?」ボーはそう尋ねた。「ハリーとぼくから話したいことがあるんだ」

ボーはハリーにナタリーとハンターを二階に連れていくよう頼み、彼女が降りてくるのを待った。二人は細長いテーブルを挟んで私と向かい合った。「父さん、あのね」とボーは切り出す。「世界で父さんほどぼくを愛してくれる人はいない。そうだよね。

いいかい、父さん。よく聞いてほしいんだ。何が起こってもぼくは大丈夫だ。大丈夫だよ、父さん。約束する」息子がみずからの死を受け入れようとしていると知って、私は動揺した。ボーは身を乗り出して私の腕に手を置いた。「約束してくれないか、父さん。どんなことがあろうと大丈夫だと。絶対に大丈夫だって、誓ってほしい。約束してくれよ、父さん」

「心配はいらないよ、ボー」私の答えに、彼は満足しなかった。

「いや、だめだ」と彼は言った。「聞きたいのは、政治家としてのバイデンの言葉だよ。誓ってよ、父さん。約束して」

私は誓った。

私があれほどすぐに公務に復帰するとは、ホワイトハウスの誰一人として思っていなかったようだ。オバマ大統領と彼に最も近い側近たちはとくに心を砕き、傷を癒やすのに時間や場所が必要なら、これからも支えつづけると公私を問わず私に伝えてくれた。「葬儀がすんだからといって、終わりではありません。ある意味それは始まりなのです」大統領と親しく、顧問であり友人でもあるヴァレリー・ジャレットは記者にそう語った。「彼はこれからも愛とサポートに囲まれ、必要なものはなんでも与えられるでしょう。悲しみを受け入れるには途方もない時間を要します。友情とは、それを理解して、長い苦しみのあいだずっと寄り添うことだと思います」その一方で、きわめて有能な外交政策チームが、私の不在中も代わりに任務を果たしつづけてくれていた。私の国家安全保障問題担当補佐官であるコリン・カールは、とくにイラクを注視しつつ、すべての外交問題を統括していた。マイケル・カーペンターはウクライナ、そしてファン・ゴンザレスは中米北部三角地帯諸国の監視を続けていた。また、国務省のビクトリア・ヌランド、ホワイトハウスNSCスタッフのチャーリー・クプチャンはロシアの対応に当たっていた。ブレット・マクガークはイラク、シリア、トルコを訪問し、ジェフリー・プレスコットは極東にいた。エイモス・ホックスタインは世界じゅうのエネルギー政策を担当していた。私は彼らから多大なサポートを受けた。きっと、頼めばいつまでも私に代わって重責を担ってくれていただろう。けれども私は、悲しみを抱えてただじっとしているなどということには耐えられそうになかった。自分のためにも、むしろ職務に打ち込む必要があったのだ。

ボーの葬儀から四日後、私はホワイトハウスに出向き、公務に復帰する用意ができたとオバマ大統領に報告することにした。仕事に集中して、ほかのことを忘れたかった。正気を保つには、忙しくしているよりほかに手だてはなかった。大統領はドイツで開かれたG7サミットから戻ったばかりだ。サミットでは、プーチン大統領がミンスク停戦合意に従ってウクライナから撤退するまで、ロシアに対する経済制裁を継続し、さらに強化するよう、メルケル首相をはじめとする欧州各国のリーダーにオバマ大統領は強く要請していた。大統領の断固とした主張はじつに堂々たるものだった。「ロシアは約束した合意事項をないがしろにしたも同然だ」と、首席報道官は大統領の見解を発表した。「約束を守らなければ、ロシアは孤立を深め、その代償として経済がますます打撃を被ることになるだろう」その日、私はワシントンを訪れていたウクライナのヤツェニュク首相と会うことになっていた。アメリカ政府はウクライナの国民と政府を支持していると伝えるのみならず、今後もアメリカに支援を求めるのならば、ポロシェンコ大統領と協力のうえで反汚職改革を迅速に進める必要があることを、首相に十分に理解してもらうのがその目的だった。

二日後には、スンニ派の政治指導者でイラク国民議会のサリム・アル＝ヤブーリ議長との会談が予定されていた。ラマディ陥落はアバディ政権にとって強烈な痛手となった。だが一方で、オバマ大統領はヤブーリとアバディに対する支援を強化していた。今後の反撃に備えてスンニ派の部族戦闘員を動員、訓練、配備すべく、大統領はすでにラマディから二四キロも離れていない危険な空軍基地に米軍要員を派遣することを承認していたのだ。そのため私は、長引くＩＳＩＬの脅威に立ち向かうにはイラクの結束力がきわめて重要であることを、あらためてヤブーリに強調したいと考えた。

その会談から五日後、私はワシントンでホンジュラスのフアン・オルランド・エルナンデス大統領を迎え、三月初めにグアテマラシティで合意した改革案の実行に引き続き真剣に取り組むなら、オバマ政権は今後も支援を続けると明言することになっていた。あらゆることを迅速に進めていかなければならなかった。

六月一〇日、水曜日。歩いて執務室に向かうとき、私はボーに見守られ、話しかけられているような気がした。「周りの人たちに悲しむ姿を見せてはいけないよ、父さん」彼ならきっとそう言うだろう。「立ち上がるんだ。一歩ずつ前に進んで。動き続けるんだよ」

復帰初日、ヤツェニュク首相に会う前に、私はオバマ大統領と昼食をともにした。大統領は私のよき理解者だった。任務に邁進し、ボー以外の別のことに没頭しているほうが、私の心が救われることをわかってくれていたのだ。だからその日も、大統領は余計な気を回すことなくただちに本題に入り、私たちは昼食をとりながらもっぱら外交政策の目標について話をした。だが、ウクライナ、イラク、北部三角地帯諸国における状況を報告したときは、私のチームと私の任務がそこまで進捗していたと知って、大統領は驚いたようだ。残り一年半となった任期のなかで具体的にどんな任務に取り組みたいか、対処したい新たな課題は何か、と大統領は尋ねた。ウクライナ、イラク、北部三角地帯諸国の問題を解決に導きたいのは当然のこととして、近い将来自分がいったい何をしたいのか、まるで見当がつかない。そのため大統領には、少し考えて、後日、返答すると伝えた。

ホワイトハウスには、七万を超えるお悔やみの手紙のほか、官僚、各国の要人、政治コメンテーターからのメッセージが一〇〇〇通近く届いていた。なかでもボーと親しい友人や同僚たちの言葉は私の心に鋭く突き刺さり、勇気づけられるものもあれば、身を切られる思いがするものもあった。「力をもたない人々のために闘い、最も弱い立場の人や子どもたちを守るためにたゆみなく尽力する彼と仕事ができたのは光栄です」「それに加えて、彼の輝き、純粋さ、まじめさ、公務に対する無条件の愛」「彼の人となりがよく表れているのが、友人を失ったことがないということです。それが彼のすべてを物語っています」「彼は本当にすばらしい父親でした。いつも子どもたちのそばにいました」「ボーはすべての試合に駆けつけました。チーム全員の名前を覚えていて、どの子も自分の息子と同じように熱心に応援していました」「家族第一の人でした。いつどんなときでも彼には家族がいちばん大切でした」ボーの小学校時代の友人は、数年前に偶然会ったときのエピソードを教えてくれた。ちょうどボーの自宅のリフォーム中で、ボーの一家がジルと私と一緒に生活していたころのことだ。その友人は、ふたたび親と同居するのは大変じゃないかと思ったが、「ボーは、家族みんなが一つ屋根の下で暮らすのは、とてもすばらしいことだと言っていました」という。「家族が一緒にいることが、彼にとって何より重要だったのです」

ボーが亡くなってまもなく届いた手紙のなかで、大きな慰めとなったものが二通あった。一つは、かつての私のスタッフ、エバン・ライアンからのものだ。彼女のメッセージには詩が引用されていた。「私は立って、小さな船が海へと漕ぎ出していくのを見ていた。沈んでいく太陽が白い帆を金色の光で染めていた。やがて彼の姿は消え、私の耳元でささやく声が聞こえた。『彼は逝ったよ』」姿が見えなくなってもそれは終わりではなく、未知の、新たな場所における始まりを意味する。「遠く離れた岸では、友人たちが集まって、幸せな期待を胸に船の行方を見守り、到着を待ち望んでいた」私はネイリアとボーの妹ナオミ、私の両親がずっと向こうの海岸に立って、ボーを迎える準備をしている姿を思い描いていた。「突如として、彼らの目は小さな帆船をとらえ、その瞬間、私の仲間はささやいた。『彼は逝ったよ』すると喜びに満ちあふれた歓迎の声が上がった。『彼が来たぞ』」

そして、もう一つ強く心に響いたのが、テディ・ケネディ（第三五代大統領ジョン・F・ケネディの末弟）の未亡人、ヴィッキーから寄せられた手紙である。ヴィッキーはアメリカの歴史上で類まれなるファミリーに嫁いだ。ケネディ家は華々しい成功を享受する一方で、衝撃的な悲劇にも見舞われた。人生には逃れられない運命というものがあり、どんな人も、どんな家族も、幸運と不運はつり合いがとれていて、差し引きゼロだというのが私の父の持論だった。ケネディ家はまさにその言葉をなぞるかのような運命をたどった。山が高いほど、谷は深い。私自身も父の言葉を体現するような人生を送ってきたが、ケネディ家の場合はまるで次元が違う。テディの父、ジョー・ケネディ・シニアは手がけたほぼすべての事業で大成功を収め、息子の一人は合衆国大統領になった。その反面、彼は四人の息子のうち三人とかけがえのない娘一人に先立たれた。ヴィッキー・ケネディは私への手紙のなかで、ジョー・シニアが息子を失った友人に宛てて書いた手紙のことに触れていた。人生のどん底にあるとき、テディはよくその手紙を取り出しては読んでいたという。「愛する人を失うと、あと何年か生きられたとしたら、亡くなった人は何ができただろうと人は考える」ジョー・シニアは手紙にそう記している。「そして、残りの人生で自分は何をすればいいのだろうと思う。やがてある日、あなたは自分が生かされている世界で、何かを成し遂げなければならないことに気づく。亡くなった人が実現することができなかった何かを。おそらくそれが、あなたが残りの人生を生きる理由なのだ。そうであってほしい」私も、そうであってほしいと思う。

あと何年か生きることができたとしたら、ボーが何をしていたのかは想像がついた。彼は権力の乱用、とりわけ子どもの虐待との闘いを続けていたことだろう。なぜならそれがボーという人間の真ん中にあったからだ。彼に敬意を表し、ハンター、ハリー、アシュリー、ジルとともに、私はそうした取り組みを推し進めていくことを決意した。彼の意志を継いで、私たちはボー・バイデン財団を設立した。それが私たちに生きる目的を与えてくれた。家族の誰もが、生きていくための目的を必要としていた。

六日後のランチミーティングでは、大統領は少しばかり困惑したかもしれない。残りの任期で何をしたいかと、彼はふたたび私に尋ねた。私はまたもや明言を避けたが、このときの大統領は「立候補についてはどう考えている?」とたたみかけてきた。私は、二〇一六年の民主党候補者指名選挙への出馬を完全に断念したわけではない、と答えた。まだ決心がついていなかったし、当分のあいだは決断を下すことはできないだろうと思ったからだ。そして私はこうも言った。「大統領、もしあなたがヒラリーとビル・クリントンに支持を確約したなら、事情は理解する」しかし同時に、私が立候補を決めた場合は、政策の違いのみに焦点を当て、ヒラリーが指名を勝ち取って大統領候補になったときに彼女の足を引っ張りかねない性格や人格の問題を争点にしないことを請け負った。「約束するよ」その話はそれで終わった。

翌日は、公務に復帰してから最も多忙な一日となった。予定が詰まっていたのだ。日課であるブリーフィングのあとに待っていたのは、翌週国務省で行なう予定の、中国との経済関係強化の必要性をテーマとしたスピーチの準備をするためのミーティング。その後は、中央アメリカに関するブリーフィングにエルナンデス大統領との会談が控えていた。それらをすべて片づけ、ウィルミントンの自宅に戻って記念日をジルと過ごすことができた。とても祝うような気分ではなかったが、とにかく一緒にいたかった。

「六月一七日。多忙だったせいでいくらか救われた。よい一日だった」その夜、ウィルミントンで私は日記にそう書いていた。「ボーが亡くなったなんていまだに信じられない。彼が一年間イラクに行っていたときと同じように、私は彼の存在を感じている。気持ちをうまく整理しないと、気が変になってしまいそうだ。ボーの声が聞こえる。『父さん、ぼくは大丈夫。万事うまくいっているよ。心配しないで』」

その夜、ジルは沈み込んでいた。夏は彼女の好きな季節だが、いまは楽しむ気になれないという。彼女の苦しみを軽くしてやりたいのに、私にできることはあまりなかった。今度の旅がいいきっかけになればと期待していたが、自信はない。ちょうど来週、家族で休暇をとって、サウスカロライナにあるお気に入りのビーチを訪れることになっていたのだが、みんな、その旅を不安に思っているようだった。ボーが愛した場所に集まるのに、そこに彼の姿はないのだ。つらい休暇になるかもしれない。だが私は、大切な人を失ったいまだからこそ、これまで家族にとって大きな意味があったことをやりつづけることがなおさら重要なのだと言い張った。家族の恒例行事をこのままなくしてしまうのは心が痛むし、ボー自身も私たちに旅をしてもらいたいと思っているはずだと。過去の経験から、苦しみが大きいほど、それに目を背けるのではなく乗り越えなければならないと私は思っていた。私たちには家族で一緒にいる時間が必要だった。だから、みんなでキアワ・アイランドのビーチに一週間滞在することに決めた。六月二三日の火曜日に家族が出発し、数日後に私が合流する予定になっている。

振り返ってみると、旅までの数日間も、旅のあいだも、私たちの感情は予想をはるかに超えて、さながらジェットコースターのように目まぐるしく変化した。記念日の夜、ジルが旅に出る六日前、サウスカロライナ州チャールストンの黒人教会で九人の罪なき人々が殺されるという事件が起きた。被害者の一人は、〈エマニュエル・アフリカン・メソジスト監督教会（エマニュエルAME教会）〉のクレメンタ・ピンクニー主任牧師だ。私は彼と面識があった。ピンクニーは上院議員で、サウスカロライナの政界でその名を知られている。私もこの数年間、政治イベントで何度か一緒になったことがある。まだ四一歳とボーよりも若く、妻と二人の娘（一一歳と六歳）がいた。

殺人犯は二一歳の白人至上主義者だった。教会に来ていたその男は、毎週水曜の夜に行なわれていた聖書勉強会への参加を認められた。会が終わるまでの三〇分のあいだ、座って話を聞いていたが、男はいきなり発砲し、一二人の出席者のうち九人を無残にも撃ち殺した。最年長の犠牲者は八七歳、最も若い犠牲者は二六歳だった。人種間の憎悪を煽ることが犯人の目的だったという。ジルと私はその夜、公式の声明を発表し、私は遺族に電話で哀悼の意を伝える手はずを整えた。そして、翌週のスケジュールに是が非でも新たに予定を追加しなければならないと思いはじめた。犠牲者の家族や友人の心を少しでも慰めるために、自分たちにできることがしたい。私たちはキアワからチャールストンに向かい、ピンクニー牧師をはじめとするエマニュエルAME教会の犠牲者のための公式追悼式に出席することを決めた。

次の夜、ジルを元気づけたくて、私は小さな贈り物をいくつか渡したが、どうやら逆効果だったらしい。彼女は、夕食はいらないと言い、スープを少し口にしただけで八時半に床についた。外はまだ明るかった。私はハンターと話をした。彼は次の大きな目標に向かって突き進むべきだと、しきりに私を促した。彼は私以上にボーの望みをよくわかっていたからだ。けれども、それと同じぐらい私の気持ちもよく理解していた。

「父さん、もし明日、神様が目の前に現れて、『汝を民主党候補に指名する。ただしいまここで決断を下せ』と言われても、父さんはきっと『やりません』と答えるよね」

「本音を言うとな……、出馬すれば勝てるチャンスは十分にあると心から信じているよ」と私は言った。

ハンターと話しているうちに、私はあらためて思った。悲しみに襲われていようがいまいが、大統領選挙というプレッシャーを受けてもなお、私たち家族は絆を深め、強くなれるはずだと。

ハンターも私も、明確な目標のもとに力を合わせれば、どんなときも私たちがその本領を発揮してきたことは知っていた。分が悪い場合ならなおさらだ。しかし、ボーを失った悲しみが状況を一変させた。立候補を表明してしまえば、たとえ最高の環境が整っていたとしても、とてつもなく重い責任を背負うことになる。いまから心の準備をしてその責任を果たせるものか、私には自信がなかった。

六月二六日午前一〇時すぎ、キアワでチャールストンの追悼式に向かう準備をしていたところに、ニュースが飛び込んできた。「連邦最高裁判所の歴史的な日」——裁判所を出てすぐの場所からCNNがそう報じていた。「私の右側では、同性愛者の権利を主張する人たちが、『結婚の権利は基本的人権であり、ゲイやレズビアンをその権利から排除することはできない』としたケネディ判事の判決を受けて喜びに沸いています。広く影響を及ぼすこの判決のなかで、判事は『結婚の権利は基本的人権である』と認め、同性カップルから自由、すなわち結婚する権利を奪うことはできないと述べました。それによって今日、ふたたび、同性婚はアメリカの憲法上の権利であるとの裁定が下されたのです。これは現代における最大の公民権問題の一つです。同性愛者の権利擁護を訴える人たちは、この判決を何十年ものあいだ待ち望んできました」

判決は五対四だった。ロナルド・レーガン政権の最後の年に就任したアンソニー・ケネディ判事は、判決を左右する〝浮動票〟だっただけでなく、この歴史的判決の判決文の執筆者でもある。私はこの判決を心から誇りに思った。一つには、私が上院司法委員会委員長としてケネディ判事の指名承認公聴会を取り仕切ったからだ。じつはアンソニー・ケネディは、レーガン大統領が選んだ第一候補ではなかった。最初に指名を受けたのはロバート・ボーク判事だったが、憲法で付与されている基本的なプライバシーの権利にかかわるボーク判事の解釈があまりに狭いことが公聴会の場で明らかになったため、上院は五八対四二で彼の指名を否決したのだ。与党からも六票の反対票が投じられた。そこで白羽の矢が立ったのが、ケネディ判事だった。公聴会で私はボーク判事を公平に評価しようと努めた。彼は裁判官として名高いうえに、申し分ない知性の持ち主だったからだ。しかし一方で、私はボークの見解と判決記録が大半のアメリカ人の憲法解釈と食い違っていることを証明するべく力を注いだ。ボーク判事は、個人の権利はすべて憲法に明文化されていると考えていた。ところが実際には、プライバシーの権利も、避妊の権利も、法の下で女性が平等に扱われる権利も、同性婚の権利も憲法には明記されていない。そうした権利を認めるのは議会の役割だった。それらの権利にかかわる問題については、裁判所は政治プロセスに従わなければならないというのがボーク判事の見解だった。つまり、多数派がすべてを決めるというのである。

指名公聴会における証言から、アンソニー・ケネディ判事の憲法解釈はより幅広く、個人の権利や法の下の平等についてもはるかに広範な見解をもっていることがわかった。その判断が正しかったことは、これまでの年月が証明している。今回の同性婚をめぐる裁判の判決文は、最高裁判事としての彼の三〇年の実績のなかでもとりわけ評価が高い。

結婚の平等を求める闘いは長きにわたって遅々として進展せず、不屈の意志をもつ同性愛者には、精神的にも肉体的にも想像がつかないほどの強さが求められた。自分が同性愛者であることを公表するだけでも、少し前までは勇気のいる行為だったのだ。カミングアウトし、平等な扱いと平等な権利を主張したゲイやレズビアンは多大なリスクを負った。さまざまな場所で強烈な憎悪に遭遇しながらもみずからの権利を主張し、それにより肉体的、精神的虐待の犠牲になったのである。深刻なエイズ禍に見舞われたとき、保守的な原理主義者の聖職者や保守派の当局者の多くが、毎年数千人のゲイの若者の命を奪う病は神の思し召しによるものだと残酷にも主張したことを、私は記憶している。だが、同性愛者の前に立ちふさがった最も手ごわい障害は、憎悪ではなかったのかもしれない。本当の敵は、ほとんどの市民の無知だった。同性愛者はほかの人々と同じ権利を望み、それを手に入れて当然の、きわめて善良で慎み深い、尊敬すべき人々だという単純で明白な真実をアメリカ人が理解しはじめるまでには、長い歳月を要した。そういう私も、彼らがいたるところで困難に直面しているという事実を遅まきながらきちんと認識したのは、一九九〇年代のある日の夜のことだった。上院議員だった私は、同性愛者に関する軍の司法委員会の公聴会を終え、ウィルミントンに戻る列車に乗った。アムトラックのスナックバーの係員の男性とは、何年も前から顔見知りだった。報道された公聴会での一連のやりとりを見ていた彼は、反同性愛者の発言に心底困惑していた。「あの……上院議員……じつは私はゲイなんです」彼はそう切り出した。

「いや、それは知らなかった」

「私には息子が二人いますが、そのうちの一人もやはりゲイです」と彼は言った。「あの人たちの何が腹立たしいか、おわかりになりますか？　彼らがこれを〝品行〟の問題だと考えていることです。あの人たちは、ある朝、私たちが目覚めて、『ちくしょう、ゲイになるってカッコよくないか？　ゲイになるって最高じゃないか？　まったくもう、これで人生楽勝さ。なんてすばらしいんだ。おれはゲイになるよ』なんて言ったとでも思っているんです」

もう一つ覚えているのが、一九八六年に司法委員会の公聴会で証言を行なった全米ゲイ・アンド・レズビアン・タスクフォース事務局長、ジェフリー・リーバイの話をどうしても理解できなかった同僚議員のことである。リーバイは外部グループの多くの代表者の一人で、ウィリアム・レンキスト首席判事の指名承認公聴会で最後に発言を行なった。

リーバイが意見を述べはじめたときには、公聴会に残っていた委員はストロム・サーモンドと私だけだった。つまり、証人がアメリカの人口の約一割、すなわち三〇〇〇万人がゲイであることを裏づけるデータを提示したときには、委員は二人しかいなかったのである。ストロムは呆然としていた。きっと、一九三三年から公職に就いている八四歳の上院議員は、自分の知り合いに同性愛者は一人もいないと信じて疑わなかったのだろう。「ジョー」リーバイが発言している最中にストロムは私に向かってこう言った。「あれは事実なのか？」。確かに専門家の何人かが、人口の一割が同性愛者だと主張しています、と私は小声で答えた。

それでもストロムは、控えめな服装に身を包み丁寧な話し方をする若い証人に目をやると、「その数字は本当に正確なのかね？」と尋ねた。するとリーバイは、著名な性科学者アルフレッド・キンゼイが一世代前にまとめた統計を引き合いに出した。ストロムはそのデータも受け入れることができず、悪意はないにせよ人を傷つける的外れな質問をいくつも放った。

「あなたの組織では、ゲイやレズビアンが自分を変えて、ほかの人々と同様の、正常な人間になれるように、なんらかの治療を勧めていますか？」

「あの、議員、お言葉ですが私たちは自分自身をきわめて正常だと思っています。私たちはたまたまほかの人と違っているだけです。それにアメリカ社会のすばらしさは、まぎれもなく、行動や見解のあらゆる違いが認められるところにあります。……信頼できる医学関係者は誰もが、もはや同性愛は病気ではなく、標準的行動の一つのかたちにすぎないと考えています」

「ゲイやレズビアンは矯正できるものではないというのですか、それとも――」

「ですから議員、そういうことではなくて――」

「なんらかの方法で、同性愛者をほかの人々と同じようにすることができると思いませんか？」

「あの、私たちはほかの人々と同じです。小さな違いが一つあるだけです。ですが不幸にも、社会のほうがその違いを仰々しく騒ぎ立てているんです」

「小さな違いですと？　これはとんでもなく大きな違いです。そうではありませんか？」

「残念ながら、社会がそれを大きな違いにしているんです」

ストロムはマイクを手で覆い、私のほうを向いて「これ以上話をしても無駄だ」と言った。「そうだろう？」

それがついに、二〇一五年六月二六日、この国の法律はすべての人の結婚を平等に認めることになった。「婚姻関係を結ぶことによって、二人の人はそれまでの自分たちをはるかに超えたすばらしい存在になる。これらの訴訟の申立人が証明するように、結婚はたとえ死が二人を分かつとも生きつづける愛のかたちである」その朝、最高裁の法廷で、みずからの記した判決文をケネディ判事は読み上げた。「申立人が望んでいるのは、非難を受け、社会で最も古い制度の一つから締め出され、孤独のなかで生きたくはないということだ。彼らは法の観点から平等な威厳を求めている。憲法は彼らにその権利を付与している」

私自身が大きなリスクを負ってLGBTコミュニティの平等を擁護してきたとは言わない。それでもその日、同性婚を認めた最高裁の判決にいささかでも貢献できたと思うと、自分が誇らしかった。そしてボーのことを思った。二〇一三年七月一日、デラウェア州で同性婚を認める法律が施行されたその日、彼は州司法長官として同性愛者の結婚式に出席した。また、一回目の放射線治療と化学療法を終えたばかりの二〇一三年秋には、結婚の平等を支持する意見書を第九巡回区控訴裁判所に提出した。数カ月後、彼はユタ州で合法だった短い期間に実現していた同性婚を、デラウェア州でも承認すると発表した。「結婚の平等は、デラウェア州においては法で認められており、誰を愛し誰とともに生きるかを選ぶ自由は州境の外にいる人々にも平等に与えられるべきだと、私は強く考えている」とボーは主張していた。

その日の朝、キアワで、私は父のことも思い出した。私が十代のころ、父は人生においてとても大切なことを教えてくれた。ウィルミントンのダウンタウンの交差点で、父と私は近くにいた二人の男性の姿を目にした。彼らは抱き合い、キスをして、それぞれがその日を過ごす場所へと別々に向かっていった。それは市内のそこかしこで毎朝ふつうに見られる夫婦の姿だった。私が説明を求めると、父は「ジョーイ、簡単なことさ」と答えた。「あの人たちは愛し合っているんだよ」

その日の午後遅く、チャールストンで追悼式が営まれ、出席したバラクの哀悼の言葉に私は胸を打たれた。それまでの彼のどんなスピーチよりもすばらしいものだった。私は、少しでも慰めになればと、すでに電話でお悔やみを伝えていた犠牲者遺族を抱きしめた。葬儀で遺族たちと顔を合わせたあと、私はエマニュエルAME教会の日曜礼拝に列席するため、二日後にふたたびチャールストンを訪れることを決めた。人目を引きたくなかったので、近くの教区のエマニュエルAME教会で長老司を務め、古くからの友人で長く私を支援してくれているジョセフ・ダービー牧師に連絡をとった。ダービー牧師は、人に気づかれず静かに教会に入るために、エマニュエルAME教会の代理牧師とどう話をつけたらいいか、アドバイスをくれた。わざわざ説明するまでもなく、ダービー牧師は、私が礼拝に参加したい理由を理解してくれた。信者たちは傷つき、助けを必要としていたし、息子を亡くしたばかりの私が姿を見せることによって、彼らに力を与えられるのではないかと思ったのである。それに、苦しむ人たちを慰めることで私自身も救われる。そのころの私は、心を落ち着かせるすべを必死になって探していたのだ。

いや、それ以上に私は、悲しみを受け入れようとするエマニュエルAME教会とその信者たちの広い心を感じたいと切に願っていた。私のほうにこそ、彼らの強さが必要だった。彼らの寛大さが必要だった。あの教会の歴史と、新たに襲った恐ろしい悲劇が何をもたらしたかを知れば、その理由がわかるだろう。〝マザー・エマニュエル〟（エマニュエルAME教会の愛称）はおよそ二〇〇年ものあいだ、信者にとっての避難所であり、奴隷制度や人種差別に対する防波堤でありつづけている。二〇一五年、教会は若者のコミュニティの維持に苦労していて、信者の数も減っていたが、道を見失ってはいなかった。私が資料を読んで知ったエマニュエルAME教会の人々や、数日前の追悼式で会った信者たちは、恨みや皮肉を口にせず、長年にわたり執拗に憎悪を向けられ、それと闘ってきた人々につきものの心の傷というものがいっさい感じられなかった。最も愛すべき善良な九人の人々を無慈悲にも銃で殺害した犯人までも赦そうとする彼らの心の大きさには、畏敬の念さえ覚えるほどだ。犠牲者の娘であるナディーン・コリエールは保釈審問に出席し、母親を殺した犯人に向かってこんなふうに語りかけた。「母と話をすることはもうできません。抱きしめることも二度とできません」殺人犯はうつろな目をしていた。「それでも、私はあなたを赦します。あなたの魂に神のご加護を。あなたは私を傷つけました。多くの人たちを傷つけました。しかし神はあなたをお赦しになります。だから私もあなたを赦すのです」

いちばん若い犠牲者の母親であるフェリシア・サンダースは、なかなか赦しの気持ちをもつことができずに苦しんでいた。彼女はあの日事件が起きた部屋に居合わせ、恐怖に身をすくめながら、息子の最後の言葉を聞いた。「こんなことしなくていいんだ」彼は犯人に言った。「ぼくたちは誰も危害を加えたりしない」

「おれはやらなければならない」と言って、犯人は彼女の二六歳の息子を撃った。そしてこうも言った。「使命を果たさなければ」

フェリシア・サンダースは心のなかの葛藤を認めている。「私の場合、赦しはプロセスです」と彼女は言う。「小さなことでも人を赦すには、ときとして神の促しがなければなりません。これほどむごいことが起きたのですから、私にとって非常に大きなプロセスになるでしょう」その努力こそが途方もない寛大さの表れだと、私は感じた。

礼拝に出席したいと言うハンターとともに、日曜日の朝、私は車で教会に向かい、途中で〝エマニュエル9〟（エマニュエルAME教会の九人）と書かれたリボンを襟につけた。その日の教会は人であふれていたので、ピンクニー牧師の代理を務めるノーベル・ゴフ・シニア牧師が出席者全員に立つよう求めた。立ち上がった礼拝者の数の多さに、私は驚いた。友情を分かち合い、教会の家族の支えになりたいと、アメリカじゅうから人々が集まっていたのだ。黒人と同じぐらい多くの白人の姿があった。銃撃犯は人種戦争を煽ることなどできなかった。そこではまるで正反対のことが起こっていたのだ。エマニュエルAME教会は、肌の色など関係なく、信じがたいほど多くの人々の支援の心であふれていたのである。

その朝、私はゴフ牧師から礼拝で短く話をしてほしいと頼まれた。「遺族や教会の痛みを楽にできるようなことを言えればいいんですが」と私は答えた。「しかし、かつての経験から言えるのは、そして二九日前に思い出したのですが、言葉では壊れた心を治すことはできません。どんな音楽も大きな喪失感を埋めることなどできないんです。……ここに集まるすべての牧師のみなさんがご存じのように、ときにほんの一瞬ですが信仰にさえ置き去りにされるように感じることがあります。疑いをもつことさえめずらしくありません。……『信仰は暗闇のなかでこそよく見える』という有名な言葉がありますが、九人の遺族にとってはいまがまさに、暗闇、真っ暗闇なのですから」

スピーチをするつもりはなかったのだが、念のためにと準備をしておいた讃美歌の言葉を、集まった人たちに向けて私は語りかけた。つらいとき、私の慰めとなった讃美歌だ。

神よ、あなたの愛は天に届き、あなたの真実は雲にまで達します。
あなたの正義は最も高い山のごとく不動で、その判断はきわめて深遠です。
神よ、あなたは人も獣をも守ります。
尽きることのない愛が、どれほどかけがえのないものか、おお神よ！
人々は御翼の陰に身を隠します。

「大切な家族を亡くしたみなさんが神の翼の陰に安らげる場所を見つけられるよう、私は祈ります。信者の方々が遺族に、全国から集まった人々が私に見せてくれた愛が、遺族や私の傷ついた心を癒す助けになりますように」

礼拝が終わると、ゴフ牧師、ダービー牧師とその妻、チャールストン市長ジョー・ライリーは、私に教会を案内すると申し出た。外に出ると、日は高く、白い教会の正面をまばゆく照らし、事件が起きてからの数日間に人々が手向けた花や手紙で飾られた献花台を輝かせていた。依然として絶えることのない弔問者の列を眺めながら、私たちはしばしそこに立っていた。そろそろ失礼しようとすると、ライリー市長が、ほかにも見てもらいたいものがあると言う。市長のあとについて、全員で教会の脇を通って下の入り口まで行き、階段を六段降りてクレメンタ・ピンクニーのオフィスに向かった。銃撃が起きたとき、牧師の妻と六歳の娘はそこに隠れていた。右側の五、六メートル先に、聖書勉強会が行なわれていた大きな集会場が見える。わずか一一日前、九人の善良な人々が信者席のすぐ下で銃弾に倒れた。だが、教会は困難に屈することはなかった。教会員は銃弾が開けた穴をパテで埋め、毎週水曜夜の聖書研究会を一週も休まず続けた。事件後最初の水曜日には一五〇人が出席した。「この場所は神に属しています」ゴフ牧師は世界にそう語った。

歩きながら、私はこみ上げてくる感情で胸がいっぱいになった。エマニュエルAME教会の人々、彼らに力を貸そうと集まった人たち、支援金を送り祈りを捧げた人たちに深い感謝の念を抱いた。教会に差し伸べられた支援に背中を押され、サウスカロライナ州の政治リーダーは立ち上がり、必ずや人々の勇気と慈悲の心に報いるに違いない。この悲劇からすばらしい何かがもたらされると私は心から信じていた。また、州議会では両党の議員が、議事堂の敷地内に掲揚されていた南部連合旗（南北戦争で奴隷制を支持した南部連合のシンボルとなった旗）、つまり南部の州に暮らす黒人を最も傷つけるシンボルの撤去についての話し合いをすでに始めていると知って、元気づけられた。「以前の私は南部連合旗を擁護しようとしていた」かつて極端な人種分離主義者だったストロム・サーモンドの息子で、共和党上院議員のポール・サーモンドはそう述べていた。「どうして擁護することなどできる？　できるわけがない」

ライリー市長に連れられて、私はピンクニー牧師のオフィスに入った。壁に貼られていた写真を見て、私はハッとした。そこには牧師と私が一緒に写っていたのだ。七カ月前、二〇一四年の中間選挙の直前に、地元の聖職者を集めるイベントの企画をピンクニー牧師が手伝ってくれたときに撮ったものだ。あの日の私たちはほほえんでいた。前に会ったとき、クレメンタ・ピンクニーの人生はこれからだった。いま、彼はもういない。


翌朝、早くに目覚めた私は、固い砂のビーチをサイクリングすることにした。サウスカロライナに滞在しているあいだずっとそうだったように、その日もほぼ申し分のない天気だった。たまに雲がまばらに現れても、風に乗ってどこかに飛んでいく。穏やかな風を顔に受けながら、ビーチを走り、建ち並ぶ民家を通りすぎ、オーシャン・コース・クラブハウスを越えて、サイクリングロードの終わりまで走った。そこは砂がやわらかく、海のそばには並木が生い茂っていた。シークレットサービスのエージェントはずっと後ろから、デューン・バギー（砂漠や海岸などの悪路を走行するための車）に乗って私を追いかけている。周りには誰もいない。ふいに、以前家族で休暇を過ごしたとき、ボーと自転車に乗ってこの場所まできたことを思い出した。「父さん、座って休もう」私たちはそこに腰かけ、ひと息ついた。「見てよ、父さん。絶景じゃない？」とボーは言った。「きれいな眺めだね」

ふと、私に話しかける彼の声が聞こえた気がした。「父さん、座って休もう」自転車を降りると、まるで海と砂浜と木々しかない地球の端に立っているような感覚に陥った。美しい景色だ。すると、突然私は感極まった。喉が絞めつけられる。息もどんどん荒くなっていく。後ろをふり返り、広大な海と暗い森を左右に見ながら私は砂の上に腰を下ろし、むせび泣いた。

第一一章　出馬《ラン》だ、ジョー、出馬《ラン》してくれ

ウォール・ストリート・ジャーナル紙にその記事が載ったのは、サウスカロライナ滞在最終日のことだった。「出馬はあるか？　バイデン氏をめぐって憶測高まる」と見出しは問いかけていた。ジャーナル紙は、「ボーが彼の出馬を望んでいたのはよく知られています」と、私の長年の友人で支援者でもあるという人物の言葉を引用していた。「息子の望みをかなえようと思えば、可能性はあるでしょう」その記事がマスコミの関心をさほど集めなかったのはありがたかった。なぜなら、私は必死にもがいていたからだ。ボーが亡くなって日も浅いというのに、大統領選挙への立候補を考えるなんてとても無理だ。「これまでの話は一旦白紙に戻してくれ」私はすでに、マイク・ドニロンとともにキャンペーン・プランを統括していた、チーフ・スタッフのスティーヴ・リケッティにそう告げていた。

民主党指名選挙への立候補は、ボーの意向だった。家族のみんなもそれを望んでいた。病を患う前から、ボーは私に出馬すべきだと訴えていた。ハンターも同じだ。ジルとアシュリーはつねに私を支えてくれている。家族の誰もが、この国がどれほど危機に瀕しているかわかっていたし、バラクと私

とで着手していた任務をやり遂げられるのは私をおいていないと信じていたのだ。ボーが病気にならなければ、早々に立候補を表明していただろう。家族全員で張り切って選挙戦に挑んでいたはずだ。「忘れないで、父さん」ボーならきっと言っただろう。「ホームベースに立つんだ、父さん。ホームベースに」ボーのいない選挙戦を思うと、胸が痛かった。だがしだいに、出馬を断念すれば、彼を、みんなを落胆させはしまいかと案ずるようになった。ハンターはいまでも、大統領選が家族に目的を与えてくれると思っていた。大きな目標にフォーカスすれば、深い悲しみを乗り越えられるのではないか、と。ジルは可能性があるのなら引き続きそれを検討するべきだと言う。私はというと、とうてい打ち負かすことができそうにない敵との闘いでボーが見せてくれた勇気を、ことあるごとに思い出していた。MDアンダーソンの医師の一人は以前、「ボーは闘いに敗れましたが、勝負に負けたわけではありません」と言っていた。ボーを見習って、勇気を奮い起こすことができたら。しかしその反面、私は自分の心のなかにそうしたエネルギーが沸き起こるかどうか自信がなかった。それに、悲しみはスケジュールにもタイムテーブルにも頓着しないことを、過去の経験から学んでもいた。しかるべきときが来れば、もしそんなときが来るなら、私の準備も整うのだろう。それまでは、何をどうすることもできない。そしてそのときがいつ訪れるのかは皆目わからなかった。

一方で、出馬の可能性がゼロでないとするなら、キャンペーンに取りかかるための複雑な手順について検討しておかなければならない。そこで、マイクとスティーヴに通常の業務とは別の難しい分析を頼んだ。まだ、道は残されているだろうか？　実際のところ、キャンペーンの準備は間に合うのか？　二人はすぐに分析を再開した。じつを言うと、二〇一六年の大統領選挙に向けた真剣な話し合いは、二〇一三年の夏に早くも始まっていたのだ。その年の八月、スティーヴが休暇に向かう私を車で駅まで送ってくれたときには、メッセージも戦略もすでに決定ずみで、あとは実行に移すばかりになっていた。ところがそのわずか数日後、ジルと私、そして家族全員がMDアンダーソンがんセンターでボーの病名を知らされ、すべてが保留になったのである。

マイクとスティーヴは今度もただちに仕事にかかり、ほかの顧問たちとも協議したうえで、七月第二週にはレースの現状と参戦の余地の有無について重要な評価を行なっていた。私たちは公務の合間を縫って三日間にわたりミーティングを重ね、選挙戦を闘えるか話し合った。その場にいたのは、私が最も信頼を置く近しい人たちだけだ。ジル、ハンター、アシュリー。妹のヴァレリー。長年の友人にして、私が上院議員になって間もないころに首席補佐官を務めていたテッド・カウフマン。スティーヴとマイク。出馬の余地は十分にあり、最初の何州かでうまくやることができれば、最後まで走りきり、指名を勝ち取れる可能性は高いというのが全員の意見だった。アイオワを皮切りに、ニューハンプシャー、ネバダ、サウスカロライナの四州を闘う資金を集め、〝地上戦〟（足で回って戸別訪問する選挙活動）を展開する時間に不足はないと考えたのである。見込んだとおりにことが運べば、そこから先のキャンペーンの資金調達も難しくないだろう。しかし、もし負ければ、とりわけ現職の副大統領が大敗したとなったら、私の政治家としての功績にとんでもない傷がつきかねないと指摘する声もあった。「気高い敗北なんてものは夢物語です」と彼らは言う。「負けたら、痛手は測りしれません」

それはよくわかっていた。選挙の敗北と現実にもたらされる損失が別物であることを、私は重々承知していたのだ。私は選挙で負けることは怖くなかった。それに、自分こそがその任に最もふさわしく、最も有能な人物であると信じてもいた。あとは立候補する勇気を奮い立たせることさえできれば。出馬の可能性を残しておきたいというのが、その場に集まったみんなの強い気持ちだった。

少数精鋭のわがチームは、大統領選挙キャンペーンの要となる現場スタッフ集め、資金調達、メッセージの作成に着手した。オハイオ州でオバマ・バイデン陣営の選挙活動を束ね、アメリカで最も優秀なオーガナイザーを知るグレッグ・シュルツがみずから現場を取り仕切り、民主党全国委員会（DNC）の元財務ディレクター補佐のマイケル・シュルムは、資金調達計画を立てるスタッフの指揮を買って出た。どんなメッセージを盛り込むべきかについては、マイク・ドニロンにはすでに明確なビジョンがあった。それは二年前に作成したものと本質的には変わらず、彼はそれを下敷きに出馬表明のスピーチを組み立てようと考えていた。それは同時にミッション・ステートメント（なぜ立候補するか、自分の使命を深く信じている理由は何か）の役割も果たすことになる。「心に響く出馬表明スピーチが書けなければ、出馬してはならない」と言った人がいるほど、それは重要なものだ。

ミーティングの結果、時間は十分にあるのだから、ことを進める必要があるとの思いを誰もが強くしたと思う。しかし、自分が選挙戦を闘う心の準備などまるでできておらず、出馬の決断がどれだけ厳しいものになりそうかを、私は早晩思い知ることになった。七月二一日、民主党の資金集めのイベントでスピーチをするために、私は西に飛んだ。コロラド州オーロラのバックリー空軍基地に着陸すると、少し離れた場所で軍関係者とその家族たちが手を振っているのが見えた。六〇メートルばかりあったろうか。私は彼らのもとに走り、言葉をかけた。「みなさんの国への奉仕に感謝します」握手をしていると、後ろから声が聞こえた。「ボー・バイデン少佐とイラクで兵役をともにしました、サー！　すばらしい兵士でした、サー！　すばらしい方でした！」私は胸が締めつけられるのを感じた。にわかに呼吸が浅くなり、声がうわずる。感情にのみ込まれはしないかと不安になった。周りにいた人たちも気がついていたと思う。私は彼らに手を振り、急いで車に乗った。大統領選挙に打って出ようとする者が、人前で見せるふるまいではとうていなかった。

六日後、ニューヨーク州ロチェスターで、私はアンドリュー・クオモ知事とともに代替エネルギー、医療、建設、および製造分野で利用可能な最先端テクノロジーへの新たな投資を発表した。その後、ニューヨーク市に向かい、知事がラガーディア空港の大規模改築計画を発表する場に同席した。その日はアンドリュー・クオモと五時間一緒に過ごしたが、話題はやがて政治からプライベートなことへと移っていった。クオモは私が抱えている葛藤を理解していた。父であるマリオ・クオモ元ニューヨーク州知事が私と同じように選挙への立候補を思い悩んでいる姿を、彼はその目で見ていたからである。マリオはその年の初めに亡くなったばかりで、その存在がアンドリューの心を大きく占めていた。それに、彼はボーのこともよく知っていた。ボーがデラウェア州司法長官に選出された同じ日に、アンドリューもニューヨーク州司法長官に選ばれていたのだ。二人は仕事で協力し合い、友人関係を育んだ。アンドリューとボーは、著名な公職者の息子でありながら、野心に燃える政治家でいることの苦労を慰め合っていたという。二人とも父を、そしてその息子であることを誇りに思っていたが、それが自分の道を切り拓くのを難しくしているとも感じていた。しょっちゅう、父を「なんとかしてなだめよう」とした笑い話をしたり、ことスピーチに関して父親たちがいかに注文が多いかをネタに冗談を言ったりしていたそうだ。「父はどこまでも完璧主義者でした」とアンドリューは語った。「完壁でなければ、つまり人の心を動かす原稿が書けないと、演説をしたがりませんでした。それはどんな場合でも同じです。たとえ聴衆が三〇人しかいなくても、父にとっては大切な機会でした。ボーから、あなたも同じだったと聞いていますよ」

以前から私は、マリオ・クオモに親しみを覚えていた。一九八四年の民主党全国大会で彼の有名なスピーチを聞いたとき、彼の公正や正義に対する感覚、権力を乱用する者への軽蔑の根源が、私と同じように、カトリック教会の教えにあると思ったのを記憶している。一月に営まれた通夜で彼の家族に伝え、それ以前に公の場で話したこともあるのだが、マリオ・クオモは、私が自分よりすぐれていると驚嘆した数少ない公職者の一人だった。

そして私はしだいに、大統領選への出馬を巡ってマリオが抱えていた苦悩がどれほどのものだったかがわかるようになった。その是非について、外野が何を言おうが、最終的な意思決定は彼が正しいと思うものでなければならなかった。私の決断が私にとって正しいものでなければならないのと同じように。七月の終わりのその日、アンドリューは、大統領の夢を断念したことに彼の父は決して心から納得していなかったと語った。「どんな決断をしようと、くれぐれも後悔のないようにしてください」と彼は言った。「一生、それを引き受けて生きていくのですから」

八月二日のニューヨーク・タイムズ紙の一面に、次のような記事が掲載された。「副大統領本人や近しい顧問と話をした人たち数名によると、ジョセフ・R・バイデン・ジュニア副大統領と彼の側近は、予備選出馬の可能性を前向きに検討しはじめた。バイデン出馬となれば民主党の指名争いの構図は一変し、ヒラリー・ロダム・クリントンには大きな脅威となるだろう」。記事のなかには、同じ日に発表された同紙コラムニストのモーリーン・ダウドによるコラムが引用されていた。ダウドはボーが私に出馬を促していたという事実をありのまま記したのに対し、一面記事のほうは、死の床にあったボーがさも臨終の間際にそう言ったかのごとく歪めて伝えていた（同紙は正式に訂正したものの、それは数カ月もあとのことだった）。それからというもの、出馬への賛否を問わず、部外者からの電話の数が倍に増えた。

記事が表に出てから数日後、マイクは以前に書いた原稿に手を入れた出馬表明スピーチの新草案を私に見せてくれた。それは、すべてが込められた二五〇〇語のミッション・ステートメントだった。今回のキャンペーンの基盤となるのは、根本的な一つの原理だ――「アメリカは一つで、平等と機会と民主主義の壮大な試みにおいて固く結ばれている。ここはすべての人々に恩恵が行き渡る国なのである」

出馬表明のスピーチを通して、私たちはこの国に置き去りにされたと感じている人たちに向かって語りかける必要があった。われわれが彼らの絶望を理解していることを知ってもらわなければならなかった。私はこれまでもたびたび、失業や差し押さえのせいで引っ越さなければならなくなったと息子や娘に告げるために自宅の短い階段をのぼるときほど、親にとって長く思える時間はないという話をしてきたが、そのときの聴衆の反応にはいつも驚かされた。私は自分の父親もそのような苦しい思いを味わったひとりなのだと語り、近年、そうすることを余儀なくされた人々がどれほどの数にのぼるのかを考えてみてほしいと訴えた。すると、多くの聴衆の目に涙が浮んだ。本物の涙だ。他人の苦しみをわがこととして受け止めたからこその涙である。

また、成功者に対しても訴えかけなければならなかった。私は、富裕層もそうでない人も国を思う気持ちは変わらないと発言して、さんざん揶揄された。だが、私は本心からそう考えていた。豊かなアメリカ人の大半は、子どもたちによい教育を与え、この国のインフラを再建し、必要とするすべての人たちにまともな医療を提供するためなら、自分たちのためのさらなる減税など行なわなくてもかまわないと考えているはずだ。自分の資産を増やすことだけが大切なわけではないことを、彼らはよくわかっている。国全体を繁栄させることも彼らの役割なのだ。

さらに、大企業とウォール街には、自分たちや株主のほうばかり見ているようではいけないことを、あらためて考えてもらわなければならなかった。彼らには、社員やコミュニティ、ひいては国に対する責任がある。彼らの名誉を傷つけるつもりも、くどくど説教をするつもりもない。ただ、長い歴史のなかで繁栄を共有し、成長を続けてきた安定した中間層が、アメリカがそれまで最も揺るぎない民主政治を維持することができた原動力であることを、彼らにふたたび思い出してもらう必要があった。それが忘れられたままでは（いままさに忘れられつつある）、どれだけお金があろうと、人々の激しい怒りを鎮めることはできないだろう。これはたんに収益や経済の問題ではない。この国の社会的安定性の問題なのである。

そして語りかけるべきは、誰をおいてもこの国の偉大なる中間層だった。彼らの懸念のみならず、願望にまで理解を示す必要があった。中間層の希望をしぼませるのではなく、かき立てること、それこそがこのキャンペーンの目的だった。

中間層の心を動かすには、もう一つ、どうしても触れないわけにはいかないことがあった。大統領候補バイデンは、スーパーＰＡＣ（特別政治行動委員会）（政治資金を集める資金管理団体。資金調達額に上限がなく、税制上の優遇措置があるうえに、献金者名を明らかにする法的義務がない）制度を使うつもりはないということだ。本音を言えば、頼りたいのはやまやまだった。なにしろ、選挙戦のスタートを切るのが相当遅くなりそうだったからだ。長年選挙運動を経験してきて初めて、スーパーＰＡＣを受け入れれば私も多額の資金が調達できることを知った。しかし一方で、私は人々がうんざりしていることにも気がついていた。政治の主役はもはや「我ら人民」ではなく、「我ら献金者」であるというのが現実だ。際限なく金が流れ込むしくみのなかに中間層が闘うチャンスがないことは、周知の事実だった。スーパーＰＡＣの資金を拒否することは、私には何の苦でもなかった。振り出しに戻ればいいだけだ。合衆国上院議員として私が最初に策定した法案の一つが、選挙の公的資金にからんだものだった。いま、無謀と言われようがなんと言われようが、私はこの国の政治をだめにしている選挙のマネーゲーム化に一石を投じようとしていた。

　このメッセージはきっと人々の心に届いたに違いない。というのも、私が目にしていた二〇一五年夏の大統領選挙キャンペーンは、このうえなくネガティブで、退屈で、対立を生み、個人攻撃に終始していたからである。言うなれば、恐ろしく薄っぺらいものだったのだ。私はほかの候補者が盛んに説いていた、国の行く末に関する悲観的な見方を信用していなかった。私たちは国として多くのことを成し遂げてきたし、正しい方向に向かっていたからだ。オバマ大統領の功績によって、六年のあいだにこの国はとてつもない苦境から抜け出すことができた。政府は一三〇〇万の新規雇用の創出に尽力し、民間部門の雇用者数六七カ月連続増加の記録を打ち立てた。財政赤字を半分にまで減らした。

私たちはようやく、回復から復興に向かって進みはじめたのだ。あとは上昇気流に乗るだけだ。

これまでずっと、私は大統領と力を合わせて任務に当たってきた。その実績を掲げて立候補できるなら、これほど名誉なことはない。何を恥じることもなく、なんの心おきもなく、何を撤回することもない。それに、質問を受けるといつも答えていたように、正しくやり遂げたことの功績を少しでも評価してもらえるのなら、私たちが犯したいかなる間違いについても、私はすべての責任を進んで引き受ける覚悟だ。私たちはターニング・ポイントにいる。やらねばならないことからやりたいことへ、焦点を移すことができるところにいるのだ。

その事実が、大統領選挙キャンペーンの見通しを刺激的で自由なものにしていた。出足の遅れと資金不足を理由に、〝賢明な〟誰もが私を候補者から外すなか、私には自分の敵が見えていた。要するに、カメのごとく慎重にキャンペーンを進めていくのでは意味がないということだ。そのため、大統領候補バイデンは大胆な主張に打って出ようと決めた。というのも率直なところ、キャリアのこの時点で、そして家族があれほどの悲しみを味わったあとでは、思い切った行動でなければやってみる価値がなかったからだ。私たちは、公平性をまるで失ったおかしな税制度を変えたいと考えていた。信託基金の税制上の優遇措置や、ヘッジファンド・マネジャーに流れる「繰越持分」を排除したい。不労所得より勤労所得に重い税を課す制度を終わらせたい。投資を生業にしている人が労働者よりも優遇される理由がわからないからだ。そして、これまでにできた山のような法の抜け穴について真相を究明したい。ロナルド・レーガン大統領の時代に六〇〇〇億ドルだった連邦予算の〝租税支出〟（つまりは抜け穴だ）が、現在は一兆三〇〇〇億ドル超にまでふくらんでいる。それについて納得できる理由を説明できる人は、ただの一人もいなかった。

だから長年私は、わが国には問題に対処するための予算がないという人がいたら、それはたわごとだと考えてきた。信託基金の優遇税制を撤廃するだけで、コミュニティ・カレッジの授業料を無料にできる。たったそれだけで。

時給一五ドルの最低賃金、公立大学の無償化、実践的な職業訓練、職場での託児所の設置、男女平等賃金、医療保険制度改革法の強化、道路や橋や上下水道設備への投資および近代化を基盤とした雇用創出プログラム、中間層の減税。これらすべてを実現させる力が、私たちにはあった。あとは意志の問題だ。

その夏の予備選の候補者たちは、過去にとらわれているように見えた。さながら、起きてしまったことやうまくいかなかったこと、アメリカが失ったものに闘いを挑んでいるかのごとく。出馬するなら、私はアメリカの未来を、私たちのこれからの姿を、あらゆる人に利益を分配する手立てをはっきり示したい。私たちに必要なのは、私が〈アメリカン・リニューアル・プロジェクト〉と呼ぶものである。重要なのは、人々のニーズを満たすだけでなく、活力を与えるものをつくることだ。高速道路や鉄道や空港を建設する予算とインフラ法案があればいい、というものではない。私たちが予算を投じたいのは、数千カ所に電気自動車用充電ステーションを配置し、自動運転車専用車線を備えた未来の高速道路だ。そうした車線があれば、ロサンゼルスのラッシュ時の所要時間は半分に減るはずだ。私たちがほしいのは、時速三五〇キロ以上で走行可能な超特急列車だ。アメリカ各地を一、二時間で結ぶジェット機だ。なぜなら、それが未来だからである。私は電力スマート・グリッドの構築を目指して闘い、アメリカ復興・再投資法を成立させた。大統領になっても、もちろん闘いを続けるつもりだ。私はまた、銃の安全性ルール向上のための闘いにも挑もうとしていた。私たちは臆病風を振り払い、全米ライフル協会（NRA）に立ち向かわなければならない。掌形認証といった新たな技術が、第二のニュータウンやチャールストンの悲劇を阻止できるかもしれない。がん研究もただ予算を増やすだけで終わりにしてはならない。がん撲滅のための研究推進プロジェクト〈キャンサー・ムーンショット〉を立ち上げて資金を投じ、予防、研究、治療のためのシステムを改善し、最高峰の医師や科学者やその他の専門家を集めてスピードを倍に上げ、実際の成果を患者に届けたい。いま人々を苦しめているがんをなくすことは可能なはずだ。

マイクは選挙戦に関してこれまでになく楽観的だった。八月初め、彼は状況が半年前より私に有利になっていると主張した。支持率が上がり、さらに上昇傾向にあったのだ。好感度はいずれの党のどの候補者よりも高かった。信頼度、誠実度、共感の評価も伸びていた。しかも、ペンシルベニア、オハイオ、フロリダといった主要な激戦州《スイングステート》（勝負の行方が最後まで読めない州のこと）では、私が最も強く、誰より手ごわいはずのヒラリー・クリントンが最も弱かった。オバマ大統領のチームの何人かはヒラリーの指名獲得のため積極的に動いていたので、大統領は現状について多くの情報を耳にしているに違いなかった。というのも、次に昼食をともにしたとき、彼がふたたび私の意向を単刀直入に尋ねてきたからだ。「大統領、まだ決心がついていない」と私は言った。じつのところ、これから一年半のあいだ選挙戦に全力を尽くす準備ができているか、まだ考えている最中だった。「いまは先のことは考えず、目の前の職務にだけ集中している。立候補するなら、キャンペーンに間に合う時期までに決断をくだすよ」大統領から出馬を促す言葉は聞かれなかった。

「いろいろなことがあった」。次の週末、ようやくウィルミントンでしばしの休憩がとれた私は、日記にそう記していた。「気力が奪われないよう注意。もっとゆとりがもてるように、八月の予定を減らさなければ。気持ちを固めるために知るべきことを把握しなければならない」

出馬を熟慮していることは信頼する関係者以外には知られないように、細心の注意を払っていたが、それでもほかの人たちからの助言にも広く耳を傾けるようにしていた。民主党内部や大半の政界の情報通のあいだでは、遅すぎるというのがもっぱらの評価だった。選挙資金を調達できず、現場のキャンペーン活動を担う有能な人材や、地上戦を闘うスタッフも集まらないだろう。出馬すれば、現在の高い支持率も崩壊するというのだ。私の好感度の高さは一時的なものにすぎない——ボーの死に対する世間の同情——と分析する人も多かった。また、マーサズ・ヴィンヤード島ではバラクがビル・クリントンとゴルフをする姿が目撃された。そこで開かれたヒラリーの資金集めのイベントを取材していた、政治ニュースサイト『ポリティコ』の記者が、八月一六日、私の無謀な挑戦を記事の見出しにした。「ジョー・バイデンが指名選挙への出馬の可能性を検討する一方、頼みとすべき資金提供者は彼を候補者から除外しつつあるようだ……」

「いまのところ、対抗馬は出ていません」と、ある資金提供者は語っていた。「ヒラリー支持で一本化しています」

オバマ大統領のチームのなかには、私に勝算はないと言う人もいた。彼らの話にはたいていこのような前置きがついていた。「われわれは副大統領を守ろうとしているのだ」「ジョーが傷つくのを見たくないんだ」「いま彼が味わっている試練がどんなものか、想像することしかできない」。しかし、彼らのやり方は器用さに欠けていた。彼らはスティーヴとマイクに、二〇〇八年にバラク・オバマの周りで巻き起こった、歴史に残るけたはずれの勢いを思い起こしてみろと言った。クリントン・マシーン（集票組織や強力な支持者のこと）に闘いを挑み、かろうじて勝利をもぎとったキャンペーンのことだ。自分たちが負けそうになったほどの相手なのだから、きみたちは間違いなくやられるぞというわけである。その話を聞かされて、困難な状況であることはわかったものの、私にとってそれはたいした問題ではなかった。同じように、バーニー・サンダースの動きの速さも、ヒラリーがにわかに弱さを露呈しはじめたことも重要ではなかった。要するに私がいちばんに警戒していたのは、ほかの候補者たちではなかったのである。

八月には一週間の休暇を取ったが、私はずっとウィルミントンの自宅で過ごし、出馬表明スピーチの原稿の手直しをしながら、以前の生活に戻ってひと息つこうと思った。このところ湖沿いの家に長くいる時間がとれなかったので、家の手入れをするいい機会でもあった。チェーンソーを取り出して枯れ木を切り倒し、切れた電球を交換し、スタッコ壁を水圧洗浄機で洗った。釣竿をしまっている湖のそばの小さな物置小屋に新しいトタン屋根をつけるのに、業者に電話して見積もりを出してもらった。

そのあいだも出馬を勧める大勢の人たちが電話をよこしたが、なかでもかつての同僚の上院議員、ドン・リーグル、ボブ・ケリー、クリス・ドッド、トム・ダシュレは、私が出ると決めたら一〇〇パーセント支持すると何カ月も前から言ってくれていた。ビル・ブラッドリーなどは私の番号を短縮ダイヤルに登録しているのではないかというぐらい、しょっちゅうかけてきた。ゲイリー・ハートは私がどんな人物かについて発言していた。ケント・コンラッドも同じだ。「ジョーにはにじみ出る人間性がある。彼は本物だ。彼は物事を信じている。自分の価値観を明確に示すことができるし、しっかり責務を果たせるだろう」元ノースダコタ州選出上院議員のコンラッドは公の場でそう述べた。元アイオワ州知事のチェット・カルヴァーは電話で、アイオワ州は勝負の余地があるので応援すると言ってくれた。サウスカロライナ民主党元議長のディック・ハルプトリアンはレースに参戦するようしきりに私を促した。彼は、「この国にはジョー・バイデンが必要だ」と公言していた。そして、有能なサウスカロライナの政治工作員、トリップ・キングは熱心な支持者のリストをもっていた。そこにはチャールストン市長のジョー・ライリーをはじめ、彼が数えたところよると州議会黒人幹部会に所属する二三人の半分以上が名を連ねていた。オバマ・チームのトップクラスの資金調達担当者のなかにも、電話で私を支持すると言う人たちがいた。そのうちの一人、アジータ・ラジはスウェーデン大使に任命されていたが、私が出馬するのならアメリカに残り、キャンペーンの財務責任者を務めると申し出た。デニーズ・バウアーは、ベルギー大使を辞任して帰国し、私に力を貸すと言ってくれた。ほかにも市長や州の議員、資金集めの責任者、民主党のキャンペーン・コンサルタントなど、たくさんの人たちが協力の意志を示した。私はそうした電話や申し出があったことはいっさい口外しないと約束した。出馬しないと決めた場合に、誰か一人でも宙ぶらりんの状態になるのは嫌だったからだ。私への義理立てのせいで、彼らとほかの候補者との関係が危うくなるのは本意ではなかった。

一方で、私のもとにはマスコミを介して異なるメッセージもいくつか届いていた。「副大統領には、彼と彼のご家族にとって正しい選択をしてほしいと思います」ヒラリーは遊説先のアイオワでそう語った。「彼には強い尊敬と敬愛を抱いています。副大統領はご自身、そしてご家族のために非常に難しい判断を迫られていることでしょう。自分がどうしたいかを考える場所と時間をつくるべきです」しかしその裏では、ヒラリー陣営による私に関する対抗馬調査（イデオロギーや財務記録、過去の投票記録をはじめ、対立する候補者のあらゆる情報を集め、攻撃の材料とする選挙戦術）はすでに始まっていたのである。八月の終わりには、私が法案を起草し、ビル・クリントン大統領が署名した一九九四年暴力犯罪取締りおよび法執行法が仰々しく取りあげられた。地域警備《コミュニティ・ポリシング》の強化により犯罪を抑止するこの犯罪法を、当時大統領は大きな前進と評価していた。ところがいまになって、あれは大きな間違いだったと主張しはじめたのである。続いて、上院議員時代に私が銀行やクレジットカード業界と親密な関係にあったと批判する記事が書かれた。しかも、ヒラリー支持者たちは、私が大統領選に参戦するなら、投票記録や政策にかかわる調査を徹底的にやるぞというシグナルを送ってきた。「あまり注目されていないが、これは問題だ」支持者の一人は『ポリティコ』の記者にそう語っている。「非難すべきは大統領としての彼の適性だ。容赦するつもりはない」

私は応援してくれる人たちからの電話に気持ちを集中させた。とりわけ、長年私という人間を知り、私のために働いてくれた人たちの励ましの声は、大きな支えになった。立候補するとなれば、彼らのサポートは勝負に影響を及ぼすに違いない。だがそれでも私は心を決めかねていた。そして八月に一週間ウィルミントンにいるあいだに、真の問題、つまり問題の核心を痛感させられることになった。

ボーの子どもたち、ハンターとナタリーは車でほんの五分のところに住んでいたので、よく我が家にやって来た。ハンターは樹脂製の小型ボートに乗って桟橋から一四〇メートルほど先の向こう岸まで湖を斜めに渡り、森を探検し、捕まえたばかりのカメを手に戻ってきた。ナタリーはほとんどの時間をプールで過ごした。みんなで裏のベランダとサンルームの下のプールに集まり、水しぶきをあげたり、日光浴したりするのがとても楽しかった。ナタリーはときどきこう言ったものだ。「おじいちゃん《ポップ》、私ね、いつもパパが見えるの」ハンターは私の胸を枕に、太陽を浴びながら、よく昼寝をしていた。「パパの匂いがする」ある日の午後、私の胸に頭を載せたままハンターはそう言った。「ポップはいなくならないよね？」

当初、休暇が終わるころにはすんなり答えが出ているだろうと思っていた。ところが予想に反して悲しみは私の心にずしりとのしかかったままで、八月の末になっても少しも軽くならなかった。それに、かつてのつらい経験から、私はいろいろな意味で二年目がいちばん苦しいことを知っていた。ショック期が終わり、それまでとは違う休暇や記念日や誕生日を初めてやりすごすと、その喪失が永遠のものであることが疑いようのない事実となって胸に迫りはじめるのだ。来年の夏に指名を勝ち取ったとしても、本選挙の真っ最中に、私たちは悲しみの新たな段階を乗り越えなければならなくなる。

私を支持してくれている人たちが、ほかの候補者のキャンペーンでポストを確保できるようにするには、いますぐにでも自分の意志を明らかにしなければならない。にもかかわらず、頭のなかでは相変わらずボーの声がしている。「父さん、約束してくれないか、どんなことがあろうと大丈夫だと」

ジルは出馬を強く勧めることはなく、ただ私が納得するまで決断しないでほしいと言った。私がどんな思いをしているか、どれほど傷ついているかを彼女は手に取るようにわかっていた。なぜなら、彼女も同じ思いを味わっていたからだ。ジルはずっとこんなふうに励ましてくれた。「気を強くもって、ジョー。負けないで。ボーの話をするときは、ほほえんでね」スティーヴとマイクにはもう少し時間をかけるようにと言われた。私の回復力《レジリエンス》をもってすれば、いつ出馬してもキャンペーンで存在感を発揮できるだろう、と。

そして労働者の日《レイバー・デー》（アメリカでは九月第一月曜日）に、私はピッツバーグのダウンタウンで行なわれた野外パレードを訪れた。何かが起こりそうな気配がしていた。そこで私は思いがけない歓迎を受けた。同行していた全米鉄鋼労組会長のレオ・ジェラルド、アメリカ労働総同盟・産業別組合会議（ＡＦＬ－ＣＩＯ）トップのリッチ・トルムカも驚いていた。パレードは並々ならぬ熱気にあふれていた。通りを埋め尽くす何千もの人たち。一〇〇〇を超える人の行進の列。にぎやかで活気のある大勢の群衆。若者に高齢者、白人がいれば黒人、ヒスパニック系もいた。スーパーマンのＴシャツを身につけた八歳の男の子。派手な色のヘアバンドをした十代の少女。「鋼の女《ウィメン・オブ・スティール》」とプリントされたシャツを着た働く母親。孫を肩車する初老の男性。スケートボードあり、自転車あり、車椅子あり。そのようすは、まさにアメリカという国そのものを映し出していた。繰り返される「出馬《ラン》だ、ジョー、出馬《ラン》してくれ！」のかけ声。人々は「大統領候補バイデン」と手書きされたプラカードを掲げていた。熱気のせいでマスコミまで気が緩んでいたように見えた。私は昔の自分を取り戻せたような気持ちになった。この一カ月半のあいだ私のなかに蓄えられていた力が、このとき初めて表に見えるかたちで現れたのだ。人が多すぎて全員とあいさつを交わすのは無理だったが、それでもできるだけ多くの人に言葉をかけようと努めた。私はいつの間にか走り出し、しだいにスピードが上がっていった。背筋を伸ばして胸を張り、通りを縦横無尽に駆け回った。暑い日だったが、生きていることを実感できた。気分は爽快だった。私は心からそう思った。

その夜の『ABCワールドニュース・トゥナイト』は、パレードでの私のようすをトップで伝えた。「気合十分のジョー・バイデン……果たして立候補はあるのでしょうか？」そして、それからことはうまく回りはじめる。三日後、私は新番組『ザ・レイト・ショー・ウィズ・スティーヴン・コルベア』の最初の週のメインゲストとして招かれた。番組前半で司会のコルベアは、ボーのことや私にとって息子がどんな存在だったかについて、思う存分話をさせてくれた。それは自分を試すよい機会だった。私は過剰に感情的になることなく、落ち着いて話をすることができた。自分は悲しみを乗り越えつつあるのだと思った。CMが終わってトークが再開すると、観客の「ジョー！　ジョー！　ジョー！　ジョー！」の大合唱が始まった。

「今後のプランについて何かお話しすることはありますか？」コルベアが尋ねる。

「いかなる人も、第一に、なぜ大統領になりたいかという明確な理由がないかぎり、第二に、世の中の人々の顔を見て、『私は自分の心のすべてを、魂のすべてを、エネルギーを、情熱を捧げてこれを実現させると約束します』と言えないかぎり、大統領選挙に立候補すべきではないと考えます。そして、いま自分がその条件を満たしていると言えば、それは嘘になります。それが私の偽らざる本音です。思うに、一一〇パーセントの力を注ぐ意志のない人に、大統領を目指す権利はありません。私は楽観的で、私たちの未来を前向きに考えています。しかし……」ここでまたもや感情が高ぶりはじめた。「ときには気持ちが押しつぶされそうになることもあります」私は何とか言葉を続けた。それから、デンバーの空軍基地で胸を詰まらせたエピソードを話した。

番組のセットを出ると、何とかもちこたえられてホッとしたが、くたくたに疲れ果てていた。私が感情を抑えるのにどれだけ苦労したかを、ハンターは見抜いていた。「父さん、よくやったよ」帰宅した私に彼はそう言った。「でも、ボーが亡くなったことを話すのは、これでおしまいにしたほうがいい。これからは、ボーが成し遂げたことや、未来のことだけを話そう」

翌日、『コルベア』でのインタビューのレビューがメディアに掲載されると、バイデン出馬の噂は過熱していった。「アメリカの文化や政治の現状を思えば、きわめて稀有なシーンでした」トーク番組『モーニング・ジョー』の冒頭で、ジャーナリストのマイク・バーニクルはそう語った。「彼の姿はじつに人間らしいものでした」。その日私はニューヨークにとどまり、クオモ知事とともに9・11の式典に出席した。知事はすでに故郷の州選出の元上院議員、ヒラリー・クリントンの支持を決めていたが、それでも私に出馬を真剣に考えるよう強く促した。「後悔する決断をしてはいけません」しかも彼は私を手放しで称賛した。「いま、求められているのは人間性です」第一対応者《ファースト・レスポンダー》（消防士、救急隊員、警察官など、事故などの現場に最初に駆けつける緊急対応要員）が集まる席で、彼はそう言った。「この人物は信頼できます。誠実な人です。……あなたに寄り添い、あなたの目を見て、自分は味方だと言ってくれるでしょう。……彼は思いやりにあふれています。彼の使命は正しいことを実行に移すことです。いいときも悪いときも友人でいてくれる人です」

四日後、ニューヨーク・タイムズ紙のコラムニスト、デイヴィッド・ブルックスは、『コルベア』での私の姿を見て考えを変えたと記した。いまは私が立候補すべきだと思っているという。「大統領選挙のすべての候補者には、みずからの性格がどう形成されていったかを説明するストーリーが必要である。スティーヴン・コルベアとのインタビューで、バイデンは自分のストーリーをさらけ出し、人を引きつけ、心を動かす、いまの空気に合ったキャンペーンの展開を予感させた」。その二日後に私は西海岸に向かい、副大統領としての公務の移動距離は累計で一六〇万キロを越えた。ロサンゼルス市長は私に立候補すべきだと迫った。もっと驚いたのは、エンターテインメント業界のある幹部が、ハリウッドではヒラリーよりも私のほうが支持率が高いと言い切ったことである。私なら何の苦もなく資金を調達できるだろうという。ほどなくしてジョージ・クルーニーからスティーヴ・リケッティに連絡があった。「ジョー・バイデンを心から応援している」と、クルーニーは語った。「彼が決意を固めたなら、できるかぎり支援させてもらいたい。資金集めの腕にかけては実績があるから、ぼくは引っ張りだこなんだ。でも、ぼくはきみたちに賭ける。よければキャンペーンにも参加させてもらうよ」

私の好感度の高さは一時的なものではないと、マイクはずっと言いつづけていた。そして現に私の人柄に対する支持率は上がる一方だった。政治家としての私の人格、メッセージ、経歴を考えても、立候補の正当性はいっそう高まっているという。有権者には信頼性がますます重要な要素になっていた。政治の現場では中間層に訴えかけられる人材の必要性が急を要しており、党派の溝を超えて職務を遂行できる人を求める声は根強かった。九月に入り、勝利を信じるマイクの気持ちは七月の時点よりもずっと強くなっていた。

カリフォルニアから戻ると、ビル・ブラッドリーがふたたび電話をかけてきた。そして、私に波が来ている、と断言した。彼はコーヒー・ショップである女性が私に出馬してほしいと話すのをたまたま耳にしたらしい。その女性は友人に、「彼が攻撃されるのを見たくないのよ」と言っていたという。「とてもつらい思いをしてきたんだもの」

「ジョー、人にはここぞというときがあるものだよ」かつての同僚はそう話した。「悲しい出来事がきみと人々を結びつけたんだ。それを頼みにすればいい。ジョー、いまがチャンスだ。きみが名乗りをあげれば、国じゅうが味方につくさ」プレッシャーをかけるつもりはない、時間をかけて、やれる態勢が整ったと確信してからでいいと、彼は言った。コーヒー・ショップの女性が正しいとすれば、遅すぎることはないさ、と。「きみは特別なんだ」

ヒラリーを相手に苦戦を強いられるのは覚悟していたが、その反面で勝てる自信もあった。彼女にとって出馬の決断は相当難しいものだったに違いない。日頃から彼女を酷評している勢力が何かしかけてくることは容易に予想がついたからだ。実際その通りになった。共和党員による容赦ない攻撃や批判的な報道に直面し、ヒラリーの支持率は下降していたのだ。バーニー・サンダースはニューハンプシャーでは彼女を一一ポイントリードし、アイオワではほぼ互角というところまできていた。ヒラリーは、Eメール（国務長官時代に公務に私用メール・サーバーを使っていたことが問題視された）やウォール街からの巨額の講演料をめぐる問題から世間の注目をそらすことができずにいた。それらがどこまで大きな影響を及ぼすかは不明だったが、共和党候補との一騎打ちとなれば私のほうが強かっただろう。「大統領に立候補してもいないのに、バイデンは最有力候補を追い上げている」モンマス大学ポーリング・インスティテュートのディレクターはそう語った。消防士組合は私が決断するまでヒラリー支持の表明を控えることに決めていた。AFL－CIOのトップは私を高く評価し、その発言にヒラリーの選対本部は大いに慌てふためいた。私の出馬をクリントン陣営が非常に危惧しているのは明らかだった。

だが他方では辛辣な反応もあった。この数カ月、スティーヴとマイクのもとにはクリントン選対で働く親しい友人や、オバマ大統領のチームでともに任務に当たってきた人たちから幾度となく電話がかかってきた。こちらの動向に探りを入れていたらしい。「で、何をもくろんでるんだい？　まさか本気じゃないんだろう？」ただ、最近では電話の声にとげが感じられるようになった。以前からクリントン陣営は、過去の話を蒸し返しては、私の政策を自滅的だの非現実的だのと騒ぎ立てていた。そして今度は、私がいまの勢いに乗って立候補すれば、党は二つに割れるか、ヒラリーから私に多くの票が流れ、結局はバーニーがその間隙を縫って指名を勝ち取ることになると主張しはじめた。結果、本選挙は間違いなく敗北に終わるだろう、と。大統領に近しい何人かの顧問は、相も変わらずスティーヴとマイクに勝ち目はないと言いつづけていた。「いい加減わかったらどうなんだ？」

率直なところ、チームの面々も私も、選挙戦の初期に劣勢に立つのは不安ではなかった。対立候補の反発が強くなってみんないささか気分を害したものの、それで逆に肚をくくったようだ。スティーヴは、その場で耳を貸そうとする者すべてに、私にはみずからの意志で決断する権利があると主張していた。最初の投票も行なわれないうちから、民主党の指名を誰が勝ち取るか憶測で判断すべきでないと。一〇月になるころには、チームのメンバーはきっと気合の入った顔になるに違いないと、私は確信した。

　私たちは、一流のチームを結成し必要な資金を調達できるかどうか、最終的な判断をするために、一〇月五日にミーティングを開いた。スティーヴとマイクのほか、七月以降実務に携わってきたグレッグ・シュルツ、マイケル・シュルムも出席した。ジル、ヴァレリー、ハンターも加わった。それからテッド・カウフマンも。そのころには内々のチームの人数が増えていて、オバマ・チームの主要メンバーだったボブ・バウアーやアニタ・ダンも加わっていた。ホワイトハウス法律顧問を務めたボブは、自分の法律事務所の理解を得て、本来の業務以外の時間に、私が決断に向き合うあいだ心強いパーソナル・アドバイザーの一人として協力してくれていた。彼らが選挙戦の動向について意見を交わすのを、私はほとんど黙って聞いていた。立候補の届け出がすべての州の期限に間に合うことは明白だった。最初の四州を闘うのに必要になる資金の額も正確に把握できたし、富裕層から無制限に寄付を受け取れるスーパーＰＡＣに頼らずとも、十分な資金を調達する手段はあった。かつてオバマ・バイデン陣営で二五万ドル以上の資金を集めた実績をもつ五〇人を超える人々から、二〇一六年の選挙でバイデン・チームのためにもう一度協力する約束を取りつけていたからだ。あとは行動に移すようお願いすればいいだけだった。

　グレッグ・シュルツはアイオワ、ニューハンプシャー、ネバダ、サウスカロライナ各州の責任者を決定していた。また、ペンシルベニア、オハイオ、フロリダといったスイングステートには最も有能なオーガナイザーを確保していた。優秀な人材が数多く残っているのは明らかで、彼らはすぐに始動できる態勢にあった。オバマ政権の元広報部長アニタ・ダンはすでに動きはじめていた。オバマ大統領の首席補佐官代理を務めたピート・ラウスもチームに加わることに同意していた。オバマ大統領のかつてのキャンペーンチームのメンバーやホワイトハウスのスタッフ、そして閣僚メンバーの多くが支援を申し出てくれたのを知って、私は心から誇りに思った。

私たちは支持者と支持団体の堂々たるリストをまとめた。アニタは二週間か三週間後に控えた出馬表明のためのメディア・プランを作成した。選対本部を置く事務所をウィルミントンで探す準備もできた。ミーティングが終わるころには、現場の選挙活動を担う最高のスタッフ、そして最初の四つの州の予備選挙を乗り切るだけの資金を集めるのが可能であることは、部屋にいた誰の目にも明らかになった。七月初めには何一つ自信のなかった私だが、一〇月五日のその日には確信をもっていた。いま私の決断を止められるものはただ一つ……私自身だけだった。

しかし、翌一〇月六日にニュースサイト『ポリティコ』に掲載されたある記事が私を真に困惑させた。スタッフはその見出し――「独占記事　バイデンがみずから息子の遺言をリーク」――さえ、私に見せたがらなかったほどだ。記事には、「ジョー・バイデンは八月以降、二〇一六年の予備選挙に出馬を検討しているのは、すべて亡き息子のためだと言いつづけてきた。八月一日、つまりヒラリー・クリントンに批判的なことで知られるモーリーン・ダウドがコラムを発表した日が、大統領選をめぐる下馬評のターニング・ポイントとなった……バイデンは巧みにニューヨーク・タイムズ紙に広告を打ったのである」と書かれていた。

いまにして思えば、そうなることはわかっていたはずだ。

とはいえ、『ポリティコ』の記事にこんなことまで書かれるなどとは、とうてい予想していなかった。私が息子の死を利用して政治的に優位な立場に立とうとしているなど、不愉快きわまりない。そんな言いがかりを信じる人がいるとは思わなかったが、怒りがこみ上げるのを感じた。いまの心の状態で、それがいかに危険なことかを私は知っていた。もしどこかでその話題を振られたら、おそらく私は怒りをコントロールできないだろう。きっと何ごとかを言うなりやるなりして、あとになって悔やむことになるに違いない。

予定より遅れて一〇月二〇日火曜日の夜に始まったミーティングが、結果的に最後のミーティングとなった。スタッフがまだキャンペーンの詳細を一つ一つ検討しつづけるなか、マイク・ドニロンだけは私をじっと見ていた。マイクとは知り合って三〇年になる。二〇一六年の予備選に向けたメッセージを作成するときも、彼はそばにいて私を支え、異を唱えるあらゆる人々に断固反論してきた。「出馬の可能性を彼から奪わないでくれ」と、彼はよく言っていた。のちに語ったところによると、あの日の夜、いよいよ決断のときが近づくと、私が歯をぐっとくいしばっていることに、マイクは気づいたという。私の表情から、彼は尋常でない苦悩を読み取った。それに、マイクはジルが私の出馬の決断に賛成するのはわかっていたが、彼女の目に不安が宿っているのも見抜いていた。私に向けられた彼の視線に気づいて、私は合図を送った。「何だい、マイク？」

「今回は出馬すべきでないと思います」と彼は言った。

この二年のあいだ検討を重ねてきたが、彼が出馬に対して否定的な意見を言ったのはこのときが初めてだった。マイクが政策戦略官として話しているのでないことはわかっていた。なぜなら、彼が私の立候補をどれほど強く信じていたかを、そしていまでも私たちの勝利を私と同じように信じていることを、私は知っていたからである。それは友人としてのマイクの言葉だった。

その夜、みんなを家に帰すと、ついに決断すべきときがきた。そして、私は意を決した。自分のくだした決断を最初に伝えたのはジル、次がハンターとアシュリーだった。

翌朝、私はオバマ大統領に電話をかけて、前の晩に出した結論を報告した。それから、スティーヴとマイクに電話で伝えた。スティーヴのもとにはホワイトハウスの首席補佐官からも電話があり、できるかぎり私の力になるという大統領の言葉が伝えられた。バラクは寛大にも記者会見に同席すると言い、オーバルオフィスの裏手にあるローズガーデンを発表の場として使ったらどうかと勧めてくれた。朝まだ早いうちにマイクとスティーヴは副大統領公邸まで車でやって来た。私たちは一つの車に乗り、ホワイトハウスに着くまでの短い時間に、会見で何を言うべきか話し合った。「家族のためにそうするべきだと思う」と、私はマイクに言った。「私にとっても正しい選択だ」

大統領はジルと私をオーバルオフィスに招き、朝の記者会見で話す内容を確認した。彼はこのうえなく協力的だった。ローズガーデンに立ち、ジルとバラクに見守られながら、候補者になるために全力を注ぐと誓うことができないと発表したとき、私は自分が正しい決断をしたと悟った。時間切れだ。

私は、大切な人を失った悲しみを乗り越える過程は、「候補者登録の期限、討論会、予備選挙、党員集会などといったことを考えてくれるわけではありません。いっさいおかまいなしにやってくるものです」と言った。しかも私はまだ悲しみのなかにあった。

　私は、明るく、背筋を伸ばし、ほほえみを絶やさぬようにと自分に言い聞かせた。原稿はなくメモだけだったが、いまでもこの国の未来に希望を抱いていること、今後も黙っているつもりはないことを明言しておきたかった。「この国を分裂させ、対立を煽る党派政治は終わらせなければなりません。私たちにはできるはずです。それは狭い考え方です。つまらないことです。しかも、そうした政治はあまりにも長く続きました。一部の人と同じように、私も、共和党との対話を甘い考えだとは思っていません。共和党を敵とみなすべきだとも思っていません。彼らは反対党であって敵ではないのです。それに、私たちは国のために力を合わせなければなりません。……政党間の激しい対立がさらに四年続けば、この国に過度の負担を強いることになるでしょう」さらに、ほとんど思いつきだったが、私は一つだけ後悔していることがあると述べた。「もしも何にでもなれるとしたら、大統領になってがんを撲滅させたかったと思います。なぜなら、そうすることが可能だからです」

　マイクはその日、ローズガーデンで私の会見を見ていた。あとになって彼は、「ジョー・バイデンは肩の荷をいくらか下ろしたように見えました」と述べた。そしてこうも言った。「少しばかり精気を失ったようにも」

エピローグ

一二月六日、私はキエフに向かう機上の人となり、一六〇万キロを超えていた副大統領としての公務上の移動距離をさらに伸ばした。ラーダ、すなわちウクライナ議会で議員に向けた演説をするよう依頼されていた私は、この機会はそれまで欧州で行なってきたどんな演説にも劣らず重要なものになるだろうと考えていた。二〇一五年の終わり、ウクライナは歴史の分岐点にあった。私はこの特別な節目を祝い、ラーダに席をもつ議員たちに、彼らが非凡な、そして人生で最も価値のあるものがすべてそうであるように、きわめてもろい何かが生まれ出るのをまさに目の当たりにしようとしているのだと知ってほしいと思った。自分が発する言葉のみならず口調にも注意を払いながら、私は演説の重要なテーマについて何週間もかけて真剣に検討した。欧州に向かって東に飛ぶ飛行機のなかでも、原稿の修正はつづいていた。

私の頭にあったのは、約二年前にキエフで勃発した「尊厳の革命」の騒乱で命を落とした一〇〇名あまりのウクライナ市民――天上の一〇〇人《ヘブンリー・ハンドレッド》――だった。彼らはすでに、自由と独立の信念に殉じて亡くなった者として祀られていたが、かつては希望を抱き幸福を願う生身の人間であった。私は、夫を、父を、息子を、妻を、母を、娘を失った一〇〇の家族、そしてかけがえのない大切な親友を亡くした数多くの人が味わった多大な苦痛にも思いを馳せた。それでも、失われた命と引き換えに、母国が輝かしく生まれ変わったと思うことができれば、そうした人たちの心も少しは慰められるだろう。

「この世の終わりを思わせる炎と憎悪に包まれ、屋根の上では狙撃兵が狙いを定める街で、ヘブンリー・ハンドレッドは世界じゅうの愛国者のなかでも究極の代償を払いました」私は考え抜いた演説原稿を読み上げた。「彼らの血と勇気によって、ウクライナの人々は自由を得るためのセカンドチャンスを手に入れたのです。率直に言います。彼らが犠牲を払ってでも成し遂げようとしたことは、いまやあなた方の義務になったのです」

ウクライナ政府が国家を立て直すための時間はなくなりつつあった。ウラジーミル・プーチンがいちばんの泣きどころ――エネルギー供給、債券市場、産業と政治の世界に長くはびこる買収行為――に圧力をかけつづけているせいで、ウクライナの経済は打撃を受けていた。腐敗が経済成長の足を引っ張り、軍を空洞化させ、政府に対する信頼を失墜させていた。ウクライナ議会は新たに国家汚職防止局を設置して捜査官を置いていたものの、これまで一人として起訴されておらず、主要政党では依然として不正が蔓延していた。検事総長みずから汚職に手を染めていたと報じられたほどである。改革を任された人たちは意欲を失っていた。リーダーの一人は、ウクライナは発展の可能性をもったまま、いまにも崩壊しかねないと案じていた。このままではおそらく、ヘブンリー・ハンドレッドの犠牲も、その後の闘いで失われたその他何千というウクライナ人の命も無駄になりかねない。一年前、まもなく感謝祭を迎えるころに訪れて以来、初めて足を踏み入れるウクライナの、それが現状だった。

そのときの東欧へのフライトは、晴れた日なら眼下にまずアイルランドが小さく見えてくる北大西洋経由だった。アイルランドは、私自身の人生と家族の歴史において決定的な価値判断の基準である。同僚の上院議員の一人、ダニエル・パトリック・モイニハンはかつて、アイルランドの血を引く私たちについてシンプルながら深い見解を述べている。「挫折を知らない者は、アイルランド人の人生の何たるかを知らない」モイニハンが言葉にする前から、私はそれが真実であることを知っていた。モイ川の川幅が広がって北大西洋に流れ出る、メイヨー県のブリューイット家、そしてアイリッシュ海から続く入り組んだ小さな入り江に面した、ラウス県のフィネガン家の子孫ならば当然のことである。これまでに私は何度も打ちのめされていて、いわばアイルランド人らしい人生というものを送っていたが、とりわけこの一年はその言葉の意味を思い返さずにはいられなかった。

しかし、それは私のなかのアイルランドのすべてではなかった。半分ですらなかった。「信念を貫きなさい、ジョーイ」母方のフィネガン家の祖父は、彼の家を出る私にいつもそう声をかけた。「覚えておくんだ。おまえに流れている血の最良の一滴は、アイルランド人の血なんだよ」未来に対して本当に楽観的な民族は私たちアイルランド人だけなんだ、と私はよく周りに言っている。私は夢を見るのをやめたことはない。可能性を信じることをやめたくもない。エアフォースツーで北大西洋上空を飛んでいるあいだ、ウクライナ議会のための演説原稿を書きながら、脳裏にはいろいろなことが思い浮かんだ。そのとき、私は人生を動かすことができるもう一つの力の存在を思い出した。そして演説を通してそれをウクライナのすべての議員たちに伝えた。

世界各国の政治家や指導者との連携を通じてわかったのは、彼らと私には相違点よりも共通点のほうがはるかに多いということである。私たちのほとんどが同じものを求めている。それは、国家にとって重要で意義のある何かを生み出す一翼を担う機会であり、歴史的瞬間に立ち会い、行動を起こしてその勇気と国の将来に関する展望を人々の心に刻みつけるチャンスである。だから私は、どんな政治演説をすればウクライナの議員たちを動かせるかもわかっていた。十代になったばかりのころ、母は私に、大人になったら何をしたいか、何になりたいかと聞いた。私には確かな願望が一つだけあった。歴史的な大変革にかかわり、変化を生み出したいということだ。それは私が公民権について思いを巡らせていたからだと思う。

そうした意欲は紛れもなく強い力を秘めていて、それを活かして国をよくすることが、未来に対する私たちの最大の希望である。演説の原稿を書きながら思ったのは、ウクライナの議員たちに向かって、ただたんにアメリカは新たに一億九〇〇〇万ドルの直接支援を実施すると発表し、アメリカとその同盟国はプーチンによる軍事的、経済的圧力に直面してもウクライナの支持をつづけ、自国の意思で決断をくだし、同盟国を選ぶ主権国家としてのウクライナの権利を守りつづけると断言し、ウクライナは国政にはびこる汚職を根絶やしにする努力を続けなければならないと念を押すだけで終わってはならないということだ。ウクライナの現状を考えれば、それだけで十分とはとても言えないだろう。彼らにはさらに高いところにある目的を意識してもらう必要があった。

一二月七日、ウクライナ議会の演壇に歩み寄ったときには、議員たちの目先の利己心を満たす以上に重要なこと、つまり何世紀ものあいだ追い求めてきた自由と民主主義を実現させ、子や孫の世代に遺すチャンスはいまをおいてないのだということを強く訴えようと決めていた。私は、二〇〇年以上前にアメリカが革命を成し遂げたときと同じく、現実的で、自律した、持続可能な民主主義をウクライナに確立できるときがやってきたと言った。「それは、植民地時代のアメリカの各地域、すなわちマサチューセッツ、ペンシルベニア、バージニアの、きわめて幅広い利益を代表する立法府において、強い道義心をもつ人々が立ち上がり、それぞれの州で自由な人間がもつ固有の権利……自由になる固有の権利を宣言したときに始まりました」と、私は語った。「彼らは、合衆国建国の父で、のちの大統領の一人であるジョン・アダムズが〝扱いにくい機械〟と称した広大な大陸と多様な人々を治め、その機会を、人々が自分自身を第一にアメリカ国民と、第二にそれぞれの地域の市民とみなす、一つの議会制民主主義国家につくり変えました」その結果、ワシントン、アダムズ、ジェファーソン、フランクリン、マディソン、ハミルトン、その他数十人の名が歴史の本に刻まれることになったのだ。

「みなさんは、ウクライナ国民が長きにわたって望み、手に入れたいと願ってきた自由の柱を、ようやく、永遠に打ち立てた議会として記憶される、歴史的な機会を手にしています」選挙で選ばれたウクライナの議員全員に、私はそう訴えかけた。「いまこそ行動を起こすときです。自由を実現させるのはあなた方の責任なのです」彼らには党派も教区も忘れ、エドマンド・バーク（アイルランド出身のイギリスの政治思想家）が〝公益〟と呼んだものの実現に向けて努力する義務があった。成功すれば、彼らの孫たちが敬意を込めて厳かに彼らの名前を語る日が来ると、私は心から信じていた。

「あなた方にはその力があります。チャンスは手の中にあるのです。ほかの誰でもない、あなた方の手の中に」私は議会の面々に向かって語りかけた。

政治家や公職者として生きるのが楽だなどという話は聞いたことがない。人生と同じく、政治も失望や苦悩と無縁ではないのだ。しかし、私はどんなときも努力する価値はあると信じてきた。そして、二七歳で選挙に初当選し公務に携わってきてわかったのは、いかなるよいこともそれを成し遂げるのは並大抵ではないうえに、長い時間がかかるということだ。ウクライナで起こった「尊厳の革命」が本当に成功したかどうかが明らかになるのは、一世代、あるいはそれ以上あとのことかもしれない。ホンジュラス、グアテマラ、エルサルバドルの北部三角地帯諸国へのアメリカの支援が、これら三国を経済が拡大し中間層が十分な教育を受けて繁栄する安全な民主主義国家に変えるかどうかが判明するのにも、同じぐらいの歳月を要するだろう。流された血と失われた大切な人の命、そしてボーをはじめイラクに駐留した数十万人のアメリカ軍兵士が注いだ労力が、自由と宗教的寛容にもとづいてあらゆる人を受け入れる、統一された民主主義国を生み出せるかどうかが明らかになるのも、同じぐらい先の話だろう。たとえ任期最後の一年であろうと、物事を正しい方向に進めつづけるためにできることをしようと、私は決意していた。それはウクライナの議員たちも同じだった。

キエフから戻って一週間ほどがたち、私が多大な時間を費やし、名誉をかけて目標の実現に尽力してきた北部三角地帯諸国に対して、アメリカ議会は七億五〇〇〇万ドルの支出を承認した。その額は前年の三倍に増え、北部三角地帯諸国の政治指導者が市民の声に耳を傾ける民政を敷き、安全と機会の拡大をもたらすのに寄与するには十分と思われた。その後、一二月最後の週に、アメリカ軍の訓練担当者の支援によってＩＳＩＬを標的に六〇〇回以上の空爆が実施され、イラクの治安部隊はイスラム過激派からラマディを奪還した。すでに市中心部に進攻していたシーア派とスンニ派の戦闘員からなるアバディ首相の連合軍がこれを制圧したのだ。司令官たちはすでにアンバール県のその他の主要都市にいるＩＳＩＬの掃討作戦を立てていたので、いずれモスルも奪還するものとみられた。その知らせを聞いて私は誇りに思った。九ヵ月前アバディが電話で「ジョー、きみの助けが必要だ」と言ったとき、私は彼を支持することを決めた。それがこの結果につながったのである。

二〇一六年一月、最後の一般教書演説でオバマ大統領は私にサプライズを用意していた。「昨年、バイデン副大統領は新たな大目標《ムーンショット》によってアメリカはがんを撲滅できると言いました」演説開始から二五分ほどたったところで、大統領はそう言った。「今夜、そのための新たな国家プロジェクトを発表したいと思います。彼は四〇年以上、私たちのために数多くの課題に立ち向かってきました。私はジョーにこのプロジェクトのミッションを任せるつもりです。これまでに失った愛する人々のために、これから救うことができる家族のために、アメリカを徹底的ながん治療ができる国にしようではありませんか。どうだろう、ジョー？」アメリカ国民と同じように、私にとっても初めて聞く話だった。大統領が私のほうを向いてうなずくと、かつての同僚である両党の議員たちが立ち上がり、拍手した。その光景は、私たちが重要なことをやり遂げられるという希望にあふれていた。

この何年か、私たち家族がどんな経験をしてきたかをバラクは見てきた。そのつらさは言うまでもなく、ＭＤアンダーソン医療チームの才能と尽力が大きな希望を与えてくれたことも。数カ月前にホワイトハウスのローズガーデンで、私の唯一の後悔は出馬しないことではなく、いま人々を苦しめているがんの終わりを見届ける大統領になれないことであると言ったのを、彼は目の前で聞いていた。大統領にミッションを委ねられたということは、連邦政府のすべてのメンバーの前で、私は政府がもつあらゆる資源を結集し、国内外の専門家コミュニティに働きかける全面的な権限を与えられたことになる。大統領がプロジェクトを成し遂げるためにそこまでの権限を一人の人間に委任するというのは過去に例がない。オバマは特別な機会を私に与えようとしていた。私たち家族が味わった悲しみから、ほかの家族を救う助けになるチャンスを。

私はこれまでの数年をがんとの闘いを加速させるために費やしてきた。いまがまさに現実的な、大きなブレイクスルーを起こせる転換期だと信じ、私は一刻も早く闘いを終わらせるべく、二一世紀の最高の科学とテクノロジーを活かした予防・研究・患者ケアのシステムの構築に全力を傾けてきた。毎秒一〇〇京《けい》回の演算能力をもつスーパーコンピューターの完成は目前だ。数千、数百万人の患者のデータを集めることができれば、それを使って新たな答えを導き出せる確率が高まる。私は、チーム科学に加え、国内および世界じゅうのさまざまながん研究施設の臨床医、研究者、医療関係者間の連携とデータ共有の強化を重視する制度の確立を促してきた。さらに、最良の予防と治療をいかなる地域でも受けられる体制を整え、病気の治療が住む場所によって左右されるという問題を解決するために尽力し、製薬会社の協力と併用療法の臨床試験の拡充を促す奨励策を練るのに力を貸してきた。そうしたあらゆる取り組みの中心にあるのは、ほかのどんな検討事項よりも患者とその家族の利益が優先される制度と文化を築きたいという願いだ。たとえ最良の環境にあっても、最強の家族であっても、がんとの闘いは恐ろしく、大きな犠牲を伴う厳しい試練である。私はこれ以上ないほどつらい体験を通して、そのことを身をもって知った。私たちは苦しむ人たちに追い打ちをかけるように立ちはだかるいかなる障害をも突きとめ、それらを断じて許すことなく、排除に向けて力を尽くさなければならない。

その取り組みは議会における超党派の支持、全国の企業からの支援、がん撲滅のため連携を図ろうという多くの国の協力を得ている。ゴールは手の届くところにある。そこにたどり着ければ、私たちはこの国が見失っていたかもしれない何かを思い出せるだろう。全力で取りかかれば、私たちアメリカ人に実現できないものはない。切り抜けられない困難もない。初めて上院議員に選出された二九歳の若造のときより、いまのほうが私はアメリカの可能性を強く信じている。二一世紀はふたたび「アメリカの世紀」になるのだ。

これを書いている二〇一七年夏になっても、私は二〇一五年一月にオーバルオフィスを出てすぐのところにあるプライベート・ダイニングルームでバラクが私にぶつけてきた質問を思い出す。「ジョー、あなたは残りの人生をどう過ごしたい？」私の答えはいまもそのときと変わっていない。じつは、議員としてスタートを切ったときから、答えは同じなのだ。上院議員に立候補するたびに、私はきっと同じことを答えていただろう。三六年間務めた上院議員をやめて副大統領になったときもそうだ。ボーががんの診断を受ける前も、がんとの闘いの最中も、そのあともずっと。違うのは、いまは頭のなかでもう一つの声がすることだ。穏やかでいて、消えることのない声が。「約束してくれないか、父さん。どんなことがあろうと大丈夫だと。絶対に大丈夫だって、誓ってほしい」

ナンタケットで一緒に過ごした最後の感謝祭のわずか数週間前、私を夕食に招き、ボーは約束してほしいと言った。しかしボーはそれがどんな約束なのか詳しいことは言わなかった。その必要がなかったからだ。私たちはどんなときも互いが何を考えているのかわかっていたし、ボーが何を言いたいかは明白だった。それに彼は、ハンターが必ず私に約束を守らせると信じていた。ボーが亡くなってから、私は毎日、彼のロザリオを手首につけている。彼が私に求めていたものを忘れないようにするために。任期が終わるまで、私は副大統領としての職務を果たさなければならなかった。それに、夫、父、祖父としての役目もあった。ナタリーとハンターを育てるハリーにも精一杯協力しなければならなかったし、ジル、ハンター、アシュリーを支えなければならなかった。だが、ボーのいちばんの気がかりは、じつのところ家族ではなかった。私たち家族の絆は揺るぎないもので、どんな激流が待ち受けていようと決して流されることはないと、彼は確信していたからだ。どんなことが起こっても耐えられると信じていたのだ。一方で、私が何よりも家族を優先することをよく知っていたボーは、自分がいなくなったあと、私が世界に対する大きな義務を手放すのではないかと心配していた。ボーは、私が自分自身にも、長年力を注いできたあらゆることにも忠実でありつづけてほしいと言ってきかなかった。そして、アメリカのため、世界のため、政治に携わりつづけることを私に約束させた。「ホームベースに立つんだ、父さん。ホームベースに」

残りの人生を、私はどう生きたいか？　できるだけ長い時間を家族と過ごしたいのはもちろんのこと、私はやはり国や世界をよい方向に変える一助にもなりたい。そうした務めには生きる目的以上の意味がある。それは私に希望をくれる。そして、明るい未来を思い描く力になるのだ。

あとがき　ボーが遺したもの

二〇一七年の感謝祭、私たち家族はふたたびナンタケットを訪れた。

ジルと私、五人の孫が顔をそろえ、私たちはずっと続いてきたバイデン家の恒例行事、つまりボリュームたっぷりのディナー、お気に入りのお店巡り（おじいちゃん《ポップ》からのプレゼント）、スコンセット・ビーチの散歩、クリスマスツリー点灯、そしてもちろん、クリスマスリスト作成をすべてやることに決めた。ただ一緒にいるだけで、昔を思い出してうれしかった。しかも、ナンタケットに着いて最初の夜にいい知らせが舞い込んだ。本書『約束してくれないか、父さん』がその週のノンフィクション部門のベストセラーになったという。副大統領を退任してからの九カ月間は、いろいろな意味で期待以上に充実していた。多忙で意義のある、目的にあふれた毎日を送っていたのだ。ペン・バイデン・センター・フォー・ディプロマシー・アンド・グローバル・エンゲージメントのほか、デラウェア大学バイデン・インスティテュート、バイデン財団、バイデン・キャンサー・イニシアチブが設立され、そして最も喜ばしいことに、ボー・バイデン・ファウンデーション・フォー・ザ・プロテクション・オブ・チルドレンがすでに活動を開始していた。ちょうどこの本の宣伝ツアーが始まり、私は合わせて三八都市を訪れた。家族の誰もが日に日に元気と心の強さを取り戻していった。

私たちは、ナンタケットハイスクールの講堂〈メアリー・P・ウォーカー・オーディトリアム〉で開かれる著者イベントのために、ナンタケット滞在を一日延ばしていた。感謝祭が終わったあとの土曜日に街でコーヒーを買っていると、一人の高齢男性が歩道を私のほうに向かって歩いてきた。「お会いするのは初めてですが……」と男性は丁寧な口調で私に話しかけた。「四年ほど前、この通りを歩いていましてね。薬局の真ん前で困っていたんです。すると、親切な青年が立ちどまってくれて、『荷物を運ぶのを手伝いましょうか?』と声をかけてくれたんです。私が道に迷っていたので、その人はかばんをもって角のところまで送ってくれました。あとになってわかったのですが、あのときの青年はご子息のボーさんでした」

思いがけないところでボーの名を耳にしたものだから、私はほんの少し動揺した。じつは一週間前、ナッシュビルでのイベントでも似たようなことがあった。司会を務めていた著名な編集者で歴史家のジョン・ミーチャムが、二〇〇〇人近い聴衆の前で私にこう言ったのだ。「私はボーさんと少し面識がありました。ニューヨークでコーヒーを一緒に飲んだとき、〝この人はいつか大統領になる〟と思ったのを覚えています」どこへ行っても、何をしていても、私はボーとどんなつながりがあったかを話したがる人に遭遇した。ボーとともにコソボに駐留していたという男性もいた。私のもとには、親しい人たちばかりでなく、一度も会ったことのない人までもが、この本が刊行された秋のころはほぼ毎日、それ以降もよくボーの話をしにやって来た。彼らの話は、ボーが見知らぬ人に見せたちょっとした思いやりから、デラウェア州司法長官として選挙区民のために発揮した粘り強さ、そして「いつか大統領になる」という壮大な約束にいたるまで、さまざまだった。

ボーの逝去から三年以上がたつというのに、喪失感は私のなかでいまだ生々しい。いまでも少なくとも何日かに一度は、ベッドで目覚めて最初に、ボーはいないのだと思い、ボーがいないことを感じる。朝起きると、彼に会いたいと思う。ボーに電話をかけて声が聞きたいという思いが真っ先に頭をよぎる。彼の不在に私は相変わらず苦しんでいる。「目が覚めて、（彼は）消え、昼がまた夜をもたらした」

しかし、私はボーに誓ったのだ。その約束を守る決意に変わりはない。著書の宣伝ツアーもはじめのうちはきつかった。ボーの死について取り乱すことなく話をするのは骨が折れたし、本音を言えば、ボーの人となりや彼がやり遂げたすばらしい成果の話だけをしていたいところを、国内政治の現状や国際関係に関する山のような質問をうまくさばくのも至難の業だった。だが、人前で話をすることは、思っていた以上に心を解き放ってくれた。価値のあることを実行し、目的をもち、息子との約束を果たしているという実感をくれた。意外なのと同時にうれしかったのは、政治に関心があるというより、慰めを必要としてイベントに足を運ぶ人の多さだ。彼らが求めているのは〝つながり〟だった。私はときどき、集まった人たちに向かって、大切な誰かを失った経験がある人、自分自身ががんなどの命にかかわる病との闘いを余儀なくされている人は挙手してくださいと呼びかけることがある。見たところ、ほとんどの会場で四分の三以上の人が手をあげていた。

どのイベントでも、サイン本を購入し、私と写真を撮りたいという人たちの列ができた。毎回一時間ぐらいは残って、私はそうした人たちに対応した。すぐにわかったのだが、彼らの多くは、一瞬の握手や、本棚に置くなり書斎に飾るなりする思い出の品よりもはるかに大きなものを求めていたのだ。ロサンゼルスでのある夜のこと、とても落ち着いたようすの女性がこちらに向かって歩いてきて、黙ったまま出し抜けに私を抱きしめた。押し戻そうとすると、かろうじて聞こえるぐらいのかぼそい声で、こんなふうに言うのが聞こえた。「すみません。すみません」そして突然涙を流しはじめた。「五日前に娘を亡くしました。膠芽腫《こうがしゅ》だったんです。ちょっとだけ抱きしめてもらえませんか。すみません。お願いします。どうか少しだけ抱きしめてください」

本書の販売促進イベントでは、そんなことがよくあった。男性か女性かを問わず、「ハグしてもいいですか？」と尋ねるのだ。数日前に身近な人を亡くしたばかりだと話す人が五、六人はいたし、近いうちに必ずそうした悲しみに直面することになると言う人はもっと多かった。どの人も、どれほど空気が抜けていようと、しがみつくことができる心の救命ボートを探し求めていた。そのときの感情がどんなものかを知っている誰かを。不吉な未来を、たとえ覆すことはできなくても、なんとか耐えられるものに変えることができるかもしれない不思議な力を。彼らは私によくこんなふうに尋ねた。「前にもこんなことがあったんですよね。二回目はどうやって乗り越えたのですか？」要するに、彼らが本当に知りたいのは、自分は大丈夫だろうか、切り抜けることができるだろうか、ということだった。

自分自身の経験から、私は彼らが求めているような、心からの安心を与える言葉などないことはよくわかっていた。言葉では足りないのだ。身をもって味わった者として、胸の奥底で私は、頼みとなる友人や支えてくれる人が何人いようが、信仰心がいかに厚かろうが、悲しみや痛みとの闘いは一人きりで乗り切るものだとわかっていた。だがそれでも、ただそこにいて存在を示し、彼らの前に姿を見せることで、いや、その場に立っているだけでも、私は勇気を与えられると強く信じていた。希望さえも与えられるかもしれない。人を慰めるというごく当たり前のことが、公職を離れた私にとっては誰かの力になれる最も実りある行為だった。昨今では、そうしたことの必要性はますます大きくなっているように思う。それに正直な気持ちを言うと、苦しむ人々をいくらかでも癒やせるという思いが、私自身の救いにもなっているのだ。

二〇一八年四月の終わり、ジョン・マケインに会うために私はアリゾナに向かった。それは、私にとっても彼にとっても大きな意味のある時間となった。古くからの友人であるマケインは重い病気を患っていて、回復の見込みはなかった。公の場で私は何度か彼の役に立つことができた。この年のミュンヘン安全保障会議でジョンは栄誉ある賞を受賞し、彼の求めで私が代わりにスピーチを行なった。また、「任務に対する長年の献身、個人の性格、国に対する際立った貢献」が認められ、海軍兵学校の優秀卒業生賞を受賞したときは、ジョンに代わって授賞式に出席した。式のあとに電話で話ができたので、「ジョン、みんなきみを尊敬している。全部隊がスタンディング・オベーションをしていたよ」と伝えた。

アリゾナにあるジョンの農場を訪れ、上院議員時代の同僚でもあった友人と少しのあいだ一緒に過ごした。彼にハグをし、彼のことを思っていると直接伝えたかったのだ。ジョンと彼の家族がどんな思いをしているか、私には痛いほどわかった。ジョンが闘っているのが、ボーと同じ深刻な病（グレード4の脳腫瘍）だったからだ。彼が回復する可能性は、その病気の診断を受けたほかの人たちと同じだった。治療法に奇跡のような飛躍的進歩が起こらないかぎり、多くの患者の命はもって一年か一年半だ。

ジョンのこと、そして診断を受けてから九カ月間の彼のふるまいを考えるとき、私はボーを思わずにはいられなかった。ただ、私が思いを馳せたのは、二人が同じ病気を患っていたことではなく、死の宣告に等しいものを突きつけられてもなお、消えることのない彼らの使命感だった。ジョンは可能なかぎり長く公務をこなすのだと言って譲らなかった。二〇一七年七月、診断と手術を受けた彼はわずか数日で職務に戻ると決め、移動は危険だという医師たちの忠告ものともせず、ワシントンに戻った。その後、上院議員として政治活動に携わることがもはやかなわなくなっても、ジョンは彼が愛し、果敢に守ろうとしてきたこの国に捧げる告別の辞として、新たな書籍の完成に命をかけていた。その本のなかに、私がとりわけ感銘を受けた一行がある。「私は本気で生きてきた」とジョンは記している。「そして、自身の幸福や利益以上の大きな目的を果たした」

それを読んだときも、私はやはりボーを思った。ジョンと同じように、ボーは明確な目的を最後まで失わなかった。ジョンと同じように、ボーも本物の勇気を見せた。フィラデルフィアまで車を運転し、何時間もかかる作業療法と言語療法を受けてから仕事に行くと言い張ったし、それがしだいに難しくなり、思いどおりにならなくなったときでさえ、妹のアシュリーに仕事をするから部屋を出てくれと言わずにいられなかったほどだ。デラウェア州司法長官の任期をまっとうするべく、心身をよい状態に保つためならどんなことでもすると決めて、不屈の粘り強さを見せた。彼は社会のなかで最も若く、傷つきやすい人たち、とくに子どもたちの保護を確実に強化したいという熱い思いを抱いていた。その情熱、その目的が彼を突き動かしたのである。しかも彼は、私たちの州を、国を、よりよいものにするという使命を果たしつづけるため、知事に立候補する計画まで立てていたのだ。そうした明確な目的をもっていたから、彼は朝ベッドから起き上がり、がんばりつづけることができた。ジョンが記したようにボーもまた、最後の最後まで「自身の幸福や利益以上に大きな目的」のために身を捧げようと決意していたのだ。

それはすべての人が人生の指針とすべき言葉である。同時に、「約束してくれないか、父さん。どんなことがあろうと大丈夫だと」と言ったときのボーの真意をあらためて意識させる言葉でもある。詳しく語らずとも、息子が言おうとしていたことが何なのか、私はその場で、一瞬にしてわかった。「政治家をやめないでくれ、父さん。試合に出つづけるんだ。信じることのために闘いつづけてほしい。あきらめちゃだめだよ」そのときも、そして本書を書き終えた二〇一七年春になっても、私はずっと、ボーの言葉の意味を理解できたのは、きっと私たち親子が親密で、互いの波長が合っていたからではないかという気がしていた。親しい関係、とりわけ親と子であれば、言葉にしなくても伝わること、わかり合えることはたくさんある。しかし、この一年、全国を回ってボーの人生やその功績について語り、彼が私たちと生きた意味、そして私たちの生きるよすがである彼のメッセージをじっくり思い返してみて、私は別のことに気がついた。息子は、自分が亡くなったあと私がどうやって歩みつづければいいか、私に何を期待しているか、多くを語らなかった。彼は見せてくれていたのだ。ボーは言葉でも考えでもなく、それらよりはるかに永続的で、はるかに支えになるもの、つまり堂々たる模範を示すことによって、私を未来に導いた。病を患う前でさえ、そしてもちろん脳腫瘍との闘いを通して、ボーは私に、彼の家族に、友人に、たとえ勝てる見込みがほとんどなくても、目的をもって生きることがどれほど尊いかを教えてくれていたのだ。私たちはみな誇りをもって、ボーが示した模範に従って生きようと努めている。そして彼の生きざまは、新約聖書「テモテへの第二の手紙」第四章第七節にみごとに言い表されている。「わたしは、戦いを立派に戦い抜き、決められた道を走りとおし、信仰を守り抜きました」（日本聖書協会『新共同訳 新約聖書』から引用）

ボーへの追悼の言葉

二〇一五年六月六日

アシュリー・バイデン

どんな言葉をもってしても、私の兄への愛、称賛、そして尊敬の気持ちを言い表すことはできません。何を言おうと、兄が私にとって、私たちにとってどんな存在であるかをうまく伝えることはできないでしょう。

何かの記憶を思い起こそうとすると、私はどうしたらいいかわからなくなります。なぜなら、私のこれまでの人生には、さながらコラージュのように、思い出と大切な瞬間がたくさん詰まっているからです。そしていつの日にも必ず、私のそばにはボーがいました。

小学一年のころ、幸せを感じるときを絵に描いたことがあります。私が描いたのは二人の兄と手をつなぐ自分の姿でした。そこには、「幸せはお兄ちゃんたちと一緒にいること」と記されています。当時からいまにいたるまでずっと、その思いは変わりません。

非凡な二人の兄に囲まれて育った私は、最も幸運な妹です。とはいえ、私の夫が折にふれて指摘するように、兄たちはひどい方向音痴なのですが。

ハンターについて話さずにボーについて話すことはできません。

ボーとハンターは切っても切り離せない絆で結ばれ、無条件の愛を共有していました。

ボーのほうが一年と一日年上でしたが、ハンターはボーの翼を持ち上げる風でした。ハントは彼に飛ぶための勇気と自信を与えました。

ボーは誰よりもハンターを信じ、頼りにしていました。ハンターはボーの知恵、思いやり、そして独立心の源でした。ハンターがボーに力と安らぎ、そして勇気を与えていました。

何かを決めるとき、ボーは必ず最初にハンターに相談したのです。二人が話さない日は一日もなく、どんな道を進むにも隣の操縦席に座っていました。

ハンターはボーにとって、すべてを打ち明けられる親友でした。彼の居場所でした。

私が生まれたとき、ボーイーとハンティーは両腕を広げて私を迎え、ぎゅっと抱きしめてくれました。愛情を込めて、兄たちのことはずっとこのあだ名で呼んでいました。私の名前をつけてくれたのは兄たちです。私は二人のもので、二人も自分のものだというふうに感じました。

ハンター、そして私たち家族は、ボーがいたいと望んだただ一つの場所でした。彼は永遠に私たちとともにいます。

子どものころ、私はボーのそばから離れようとしませんでした。

ボーが高校、大学へと進んでも、私はグレートフル・デッドの『ファイヤー・オン・ザ・マウンテン』を歌えたら、彼にまとわりついてもいいと言われていました。ペンシルベニア大学のキャンパスにもよく連れていってもらったものです。八歳の妹を学生寮に一晩泊めるなんて、学生時代にいちばんやりたくないことだったはずなのに。

しかし、ボーはそんなことは気にしませんでした。だいたいいつもそんな調子でした。あまりにしょっちゅう兄たちにくっついていたせいで、私は彼らの友人たちから「ノミ」というあだ名をつけられたほどです。

助けが必要なとき、私が最初に電話をかける相手もボーでした。正直に言うと、母や父ではなく、ボーが私の防御の最前線だったのです。

キッチンのテーブルで言い合いになったことは何度もありました。彼の言うことが正しいと私が納得するまで、何時間でもお説教が続いたものです。

ボーは決してものごとを決めつけたりしない人でした。私の話に耳を傾け、手を差し伸べ、肩を貸し、賢明なアドバイスをし、愛をくれました。顔を見た瞬間に、彼は私が何を考えているかを読み取るのです。そしてどんなときも、そのまなざしと、うなずきと、言葉で私を安心させてくれました。

家族との時間が、ボーは何よりも好きでした。両親の家のベランダに腰かけたり、ナタリーやハンターと釣りをしたり、キッチン・テーブルで食事をしたり。彼はいつも私たちと一緒にいたがり、私たちはずっと彼のそばにいたがりました。

ボーは家族旅行を楽しみにしていて、なかでも感謝祭に訪れるナンタケットが大のお気に入りでした。そこでは本を読み、おしゃべりをして、街を散策したり一緒に火を囲んだりして一週間過ごします。

感謝祭の週といえば、毎年、兄たちが私を学校から連れ出し、ジープ・ワゴニアにぎゅうぎゅう詰めになりながら、七時間かけて旅をしたものです。すごく楽しいドライブでした。ボーはナンタケットをとても愛していました。そこでハリーにプロポーズして、結婚式をあげたぐらいです。

私、兄、そして父と母にとって、彼はつねに頼みの綱でした。私たちの保護者、まとめ役、人生の舵を取る船長《キャプテン》でした。

ボーは私の初恋の人でした。彼が与えてくれた愛のなんと美しかったことか。

夫との出会いをくれたのも兄たちです。二〇〇八年、ある資金集めのイベントでハンターは夫と知り合いました。帰宅したハンターは、会ったばかりの、底ぬけに楽しく、ハンサムで、誠実な人物のことを私に話して聞かせました。

そのときは、彼のことをとくに気にも留めませんでした。しかしその二年後、修士課程の修了式を終え、キャップとガウンを身につけたままボーの病室を訪れた私は、将来の夫、ボーとハンターのきょうだいとなる人に出会いました。

ボーは私たち家族のもとにハワードを連れてきてくれました。私たちがハワードを必要とすることを、ボーは知っていたのです。ハワードは彼から私たちへのすばらしい贈り物です。

ボーは義姉《あね》のハリーをも私たちにもたらしました。彼はハリーを心から愛し、彼女の信じがたいほどの心の強さと意志の強さに魅かれて結婚しました。ボーとハリーと一緒に夕食を食べたり、くつろいだり、二人のちょっとした言い合いをとりなしたりして過ごした夜は何度あったでしょう。二人は自然にわかり合い、愛し合っていました。夜になるといつも、ソファの上で丸くなり、お気に入りの番組を観ながら、ボーはよくハリーに足をなでてほしいとお願いしていました。

ボーは私たちにナタリーとハンターを与えてくれました。彼に生き写しで、父親に似て勇敢で、賢明で、思いやりにあふれた子どもたちを。ナタリーは天性のリーダー、ハンターは若き保安官であり保護者です。

ボーは人生を愛し、絶対に不満を口にしませんでした。ある一つのことを除いて。彼は周囲の人たちに心配をかけることを何より嫌っていました。彼は無私無欲の心ですべての人の悩みを引き受け、「必ず乗り越えよう」と考える人でした。自分自身を、互いを、決してあきらめてはならないことを教えてくれました。

私には、一週おきの金曜日にボーの化学療法に付き添うという悲しくも誇らしい役目がありました。治療が終わると二人で朝食を食べ、ときには街を歩いたり、彼の髪を切りに行ったりしました。二人で過ごした時間を、人生について交わしたたくさんの会話を、私は一生心にしまっておくでしょう。朝食をとりながらボーはたびたび、彼のテーマソングらしい、ロックバンド、ニュー・ラディカルズの『ホワット・ユー・ギヴ』を聞かせてくれました。ボーは決して闘いをやめなかったし、生きようという意志は誰よりも強かったと思いますが、近い将来、その日がやって来ると覚悟していたのだと思います。その歌の歌詞に次のような一節があります。

こんなひどい世界は、崩れ去ってしまうかもしれない。

大丈夫だ、自分の心に従うんだ。
きみが危ない目にあっても、おれがついてる。

思い返してみると、一緒に過ごした朝にボーがあの曲をかけたのは、自分のためではなく、私のためだったのでしょう。あきらめないこと、私が、私たちが悲しみにのみ込まれてはいけないことを思い出せるように。

私が幼いときから、電話を切るとき、ボーは「バイバイ」と言わせてくれませんでした。最後の言葉は決まって「またね、愛してる」でした。

ボーイー、これからも毎日、目覚めればあなたの顔が、あなたの目が見えるでしょう。あなたの笑い声が聞こえるでしょう。あなたのほほえみが見えるでしょう。あなたのぬくもりを感じるでしょう。私たち家族が悲しみや苦しみ、お祝いや喜びのなかで何かを決断するとき、あなたはこれからもずっと、私たちとともにいます。

私たちは、あらゆるところにあなたの面影を見るでしょう。美しい自然のなかに。見知らぬ人のほほえみに。あなたが私たちみんなにしてくれたように、これから私たちが大切にしていく、あなたのすばらしい子どもたちに。

あなたは私たちの身体と心の隅々に刻まれています。私たちの骨であり、肉であり、血なのです。あなたは私たちの人生に存在しつづけます。今日も。明日も。永遠に。

あなたが与えてくれたすべてのものに、あなたを誇りに思いながら生きつづける私たちに、これからもあなたが与えつづけてくれるすべてのものに感謝します。

だからボーイー……またね、本当に愛してる。

ハンター・バイデン

おはようございます。

家族を代表し、兄の人生を祝福するためにおいでくださった宗教指導者のみなさまにお礼を申し上げます。

オディエルノ大将、本日はありがとうございます。ボーはこの国への奉仕を誇りに感じ、あなたのリーダーシップのもとで任務に当たることを光栄に思っていました。

オバマ大統領、これまでのつらい日々、私たち家族にしてくださったすべてのことに感謝します。それから、ボーへの格別の賛辞にもお礼を申し上げます。私たちは心からあなたを愛しています。

アシュリー、ボーはきみのことをとても誇りに思っていたよ。きみの人を思いやる姿勢に、その情の深さに、胸を打たれていたんだ。そしてきみが、家族だけでなく、大勢の人の人生にまで喜びをもたらすのを見ていた。ボーはきみの笑い方が好きだった。ほほえみが好きだった。デラウェアの人たちのためにきみと仕事ができることが、誇らしくてしかたがなかった。

そして、きみがハワードと結婚したこと、自分がハワードをぼくたち家族の一員にし、ぼくにもう一人のきょうだいを与えるきっかけになったことを、とても喜んでいたんだよ。

ナタリー、ハンター、前にも話したけれど、きみたちのパパは、これからもいつだってぼくたちとともにいる。ずっときみたちのそばにいる。どんなときもきみたちを愛している。それから、どうしても言っておきたい。きみたちはこれからも愛されつづける。ぼくたち家族の愛に際限などないんだ。ボーは、きみたちの一部だ。

ナタリー、きみの優しさと思いやりの心は、パパがくれたものだ。きみが弟を守ろうという気持ちが強いのは、パパ譲りなんだよ。パパもぼくに同じようにしてくれたんだ。

ハンター、きみをロバート・ハンター・バイデン二世と名づけて、パパはきみとぼくに永遠の絆をくれた。きみはパパの穏やかさと集中力を受け継いでいる。きみがパパにあんまりそっくりなものだから、あの桟橋の端できみたちが釣りをしている姿を見たときは、同じ人が二人いるかと思ったよ。

パパとぼくのそばに、いつも無条件の愛をくれたヴァレリーおばさんがいてくれたように、ジェームズおじさん、フランキーおじさん、ジャックおじさん、ジョンおじさん、おばあちゃん《ナナ》、おじいちゃん《ポップ》がいてくれたように、きみたちにはアシュリーおばさん、リズおばさん、キャスリーンおばさん、それから二人のおじいちゃんと二人のおばあちゃんがついている。

ぼくたちは、パパと同じ愛で、とても大きな、とても美しい愛できみたちを守る。きみたちのパパとぼくを育んでくれた愛が、これからきみたちを育てていくんだ。

そしてきみたちを愛していたように、パパはきみたちのママのことも愛していた。

パパはママを深く愛していた。ママほどパパに自信と勇気を与えた人はいない。

きみたちのママはぼくの知る誰よりも誠実で、人を守る強さをもった人だ。言わなくてもわかるだろうけど、きみたちのためならママはどんなことでもするはずだよ。

ママは世界じゅうのどんな人よりも、きみたちのパパに愛情を注いでくれた。パパのためならママは何だってしただろう。本当に、あらゆることをしてくれたんだ。

きみたちのママがとびきり大きな愛をくれたから、パパは出会ったすべての人に愛を与えることができた。

きみたちのママはパパを世界と分かち合い、そしてぼくにとっていちばん重要なことに、パパの人生のおよそ半分の年月、親友であり仲間だったキャスリーンおばさん、それからきみたちのパパがぼくの一部だと思っているきみたちのいとこ、ナオミ、フィネガン、メイジーと、パパを分かち合ってくれた。

もちろん、きみのパパはぼくの一部だ。そしてぼくはずっときみたちの一部でありつづける。ぼくたち家族はみな、きみたちの一部だ。これまでずっとそうだったように、ぼくたちはどこまでも一つの家族なんだ。

きみたちは、はかりしれないほど大きな愛の中心にいる。

母さん……母さんはかつて、ぼくらの心の傷を治してくれたね。ぼくたち三人の心を元どおりにしてくれた。母さんはぼくたちに想像しうる最高のプレゼント、アシュリーをくれた。母さんはボーに強さと堅実さを教え、そして母親だけが与えることができる愛を与えた。母さんはボーを心から愛した。母さんが世界の誰よりもボーを誇りに思っていることは、誰もが知っている。

母さんはボーを愛し、ボーも母さんを愛した。この家族を一つに結びつけているのは、母さんの強さと堅実さだ。母さんはこれからもぼくらの心を癒やしてくれるはずだ。

私にとって最初の記憶は、兄の隣で病院のベッドによこたわっていたときのことです。私はもうすぐ三歳になるところでした。私より一年と一日だけ年上だった兄が、私の手を握って目をじっと見つめ、何度も何度も「アイラブユー、アイラブユー」と言ってくれたのを覚えています。

それから四二年、彼は決して私の手を離さず、私をどれだけ愛しているか伝えつづけてくれました。ただ、ボーが握った手は私のものだけではありません。助けを必要とする人はみな、ボーのもとに手を伸ばしました。そして、助けてほしいと言う前からすでに、ボーの手はみなに差し伸べられていました。

それは兄のストーリーです。成果ではありません。兄は確かに多くの役割を果たしました。

- 連邦裁判所の書記官
- 合衆国司法長官特別補佐官
- 紛争後のコソボの法律顧問
- 州で最も支持される公選公職者となった州司法長官
- 陸軍州兵少佐

ですが、兄という人間を物語るのはその非凡なる経歴ではありません。彼のすぐれた人格です。あなたをいつもぎゅっと抱きしめてくれた、温かい人。いつも安心感をくれた人。怖いものなどないと思わせてくれた人。どんなときも特別な優しさをくれた頼りがいのある人。話に耳を傾けてくれた人。いちばん必要なときに必ずそばにいてくれた人。自分の功績をあなたの手柄として評価した人。

彼は、ことさらリーダーになりたいと言ったわけでもなく、決して決めつけたりせず、自然と私たちを導いてきました。ただ模範を示すことでどう生きるべきかを教えてくれたのです。

彼は澄み切った心の持ち主でした。あなたも触れることができる澄んだ心の。その心は、さながら、日の出のころのスカネアトレス湖のごとく透明でした。そのなかで漂うことができるほどに。そしてそれは、人から人へと伝わっていきました。彼の澄んだ心は、家族のためだけでなく、彼を友と呼んだすべての人のためにありました。

そして、彼には大勢の友人がいました。

彼らは、わざわざ頼んだりしなくてもボーは必ず助けに来てくれた、と証言します。ですから子どものころ、私たちは彼を〝保安官〟と呼んでいたのです。

それは、ボーが厳しいからでも容赦ないからでもありません。彼はどんな人よりも私たちを笑わせてくれましたし、誰よりもおもしろい人でした。

私たちが彼を〝保安官〟と呼んだのは、ピンチのとき、誰かに支えてほしいとき、正しい答えを見つける必要があるとき、ボーに頼ればいいことを、みんなが知っていたからです。

成長期には、周囲のお母さんたちが、ボーと一緒にいれば大丈夫と思うような子どもでした。私たちを救い出し、守り、家までの道を教えてくれるのがボー保安官でした。彼は私たちみんなを見守っていました。

私たちの誰一人、守ってほしいと彼に頼んだことはありません。私たちが彼を必要とするとき、どんなときも必ずそばにいてくれました。見返りなどいっさい期待せずに。

とはいえ、私たちは決して彼の陰に隠れていたわけではありません。いつも彼に守られていたのです。

子どものころから、ボーには大きすぎて許せない過ちも、小さすぎるから放っておいていい過ちもありませんでした。あなたの問題を自分の問題として受け止めるのがボーでした。

それなのに、彼はそれをやすやすと抱えているように見えました。そして、私たちのたくさんの秘密を内緒にしてくれました。絶対に信頼を裏切らないとわかっていたから、みんなボーに心のなかを打ち明けたのです。

彼は、あなたがただ寄り添っていてほしいと思う人でした。なぜならあなたをほほえませ、笑わせ、泣かせてくれるからです。彼のそばでは、ありのままのあなたでいられるからです。あなたがどんな人であれ、彼は愛したでしょう。それだけでなく、あなたがあなたであるがゆえに、いっそうあなたを愛したはずです。

本日、この教会には、「ボーは私の親友だった」と言ってくださる多くの人が全国からお集まりくださいました。実際に、彼はみなさんの親友でした。

彼は、私たちみんなの親友でした。シェークスピアの『ハムレット』にこんな一節があります。

「どこから見ても、立派な人間だった。あのような人物には、もう二度と会えないだろう」

それがボーという人でした。何をするうえでも、まさにあなたの世界で最も重要なことは、彼にとっても最も重要であるかのように行動する人です。そして、その心に偽りはありませんでした。どんな決断も、彼を導いたものはつねに無私の心だったように思います。彼が入隊したのは、軍服姿を見せたいからでも、経歴に箔をつけるためでもありません。そんな必要はありませんでした。彼が軍に入ったのは、それが正しいと思ったからです。イラクに赴任したのも青銅星章《ブロンズスター・メダル》を取るためではありません。それが正しいと思ったからです。

自分がブロンズスター・メダルを授与されたことを、ボーは誰かに話したでしょうか？

先日、彼の親しい友人の一人が私に言いました。「ボーがブロンズスターを授与されていたなんて知らなかった。驚いたよ」

ボーはただ、国のために奉仕することを誉《ほまれ》と考えていたのです。

兄を知らない人たちは、彼が政治の世界に足を踏み入れたのも、ジョー・バイデン（ボーの正式な名前はジョセフ・ロビネット・バイデン三世）という名をもつからには当然のことだと言います。しかし、兄が政治家になったのは、彼にとって、それがやるべきことだったからです。それができるかぎり多くの人を助けるための確実な道だったからです。

兄がそのことをどこで学んだかを、私は知っています。父からです。公職者の人生は、自分を利するためにあるのではなく、自分の力で生きることができない人々のために名誉をもって奉仕するためにあると、兄は父を通して学んだのです。

こんな言葉があります。「息子が立派な男になるのを待ってはならない。立派な少年にするのだ」事故のあと私たちが退院すると、父はできるかぎり私たちのそばにいてくれました。どんなときも私たちは一緒でした。私たちは父と全国を、世界じゅうを飛び回りました。

演説会、選挙のときのチキンディナー、ディベートには幾度となく足を運び、数千キロもの距離を電車に乗って旅をしました。三人であらゆる場所を訪れました。兄と私は、ほかの誰でもなく、父とともにいるのがごく普通のことだと思っていました。

私たちの手本は父でした。父のかすかなしぐささえ、私たちには大きな意味がありました。

上院にもついて行きました。おそらく、どんな上院議員の子どもたちよりもひんぱんだったでしょう。議事堂と議員会館を結ぶ地下鉄に乗ると、車掌がよく、「あのね、きみたちのパパは人気者なんだよ」と言ったものです。エレベーターに乗ると、今度はオペレーターが「私たちはみんなパパのことが大好きなのよ」と話しかけてきます。

私たちは、それはもう鼻高々でした。父が上院議員であることをカッコいいと思いました。まあ、父が地元のレストラン〈チャコール・ピット〉のすべての従業員と顔なじみであることのほうが、はるかにカッコいいと思っていましたが。

このように、ボーの人生の目標《トゥルーノース》、つまり彼の誠実さ、人柄、名誉は父の愛から生まれたものだったのです。

私は、愛にはそれぞれ重みがあると思います。言うなれば、人が与えられる、受けられる愛の量の限界を決めるバランスです。しかし、ボーにはそうした限界は存在しないように見えました。ボーのすばらしさは、彼がどれだけ愛されたかではなく、彼がどれだけの愛を与えることができたかを見ればわかります。しかも、彼はその愛を惜しみなく与えました。笑い、ふれあい、言葉、そして何にも増して行動を通して愛を与えました。そこが、ボーの愛の特別なところです。彼の愛は重荷ではなく、どんなときも喜びでした。

そして、彼の愛は私たちみんなのなかに生きています。ときにそれは、真っ暗闇を照らす光のように強烈な印象を残しました。しかし多くの人にとっては、彼の愛は静かで、さりげないものでした。彼のそばにいるだけで感じとることができる純粋な愛。手を握るだけで伝わる豊かな愛。彼はたくさんの手を握ってきました。

・虐待を経験した人たち
・命を落とした兵士仲間の両親
・愛する街ウィルミントンで起きた暴力犯罪の被害者

これが兄のストーリーです。いま、何千もの人たちが彼のストーリーを語っています。ボー・バイデンがいつ自分の手を握ったかという物語を。

私が一つだけ自慢したいのは、彼が最初に握ったのが私の手だということです。

四二年前、私たちは神から贈り物を授かりました。神は兄の命を救い、千回分の人生に値するほどの愛を人々に与えられる時間をくださいました。神は私たちに、背負う愛の重みに限界のない少年をお与えくださいました。

そのストーリーは、始まったときと同じように、終わりを迎えました。家族が彼を囲み、私たち一人一人が必死に彼を抱きしめました。私が手を握るなか、彼は息を引き取りました。

私は兄に愛されていました。そして、兄が私の手を離すことはこれからも決してないでしょう。

バラク・オバマ大統領

アイルランドの詩人はかつてこのように記しました。「男というものは、一人前の男なら誰もが必ず知る真実を語るようになったとき、唯一無二の存在になる」（パトリック・カヴアナーの詩の一節）。ボー・バイデンは唯一無二の人でした。誠実な人でした。人格者でした。深く愛し、愛された人でした。

猊下《げいか》、閣下、オディエルノ大将、賓客のみなさま方、ハリー、ナタリー、ハンター、ハンター、キャスリーン、アシュリー、ハワード、それからボーのすばらしいご親族の方々、ご友人、同僚のみなさん。そしてジルとジョー。私たちがここにいるのは、あなた方と悲しみをともにするため、いえ、何よりも、あなた方を愛しているからです。

愛のない人生は冷たく、残酷なものです。残酷さはときに故意にもたらされます。それは、むやみに力を振りかざす者や偏見に凝り固まった人の行ない、人の痛みに無関心な人々の怠慢といったかたちで襲いかかるのです。しかし、たいていの場合、残酷な出来事は、生きているだけで降りかかってくるもの、言ってみれば私たち人間にはどうすることもできない運命、神の思し召しのようなものです。そのような、顔のない、予測不能にも思えるむごい仕打ちは、優しい人の心をかたくなにし、前向きな人から元気を奪います。卑劣で冷酷な心や、自己憐憫の塊を生み出します。あるいは、古いことわざを言い換えるなら、その結果として人は軽い試練を与えてほしいと願うようになるのです（ユダヤには「試練が軽くなるよう願うのではなく、どんな重荷にも耐えられる強さがほしい」ということわざがある）。

しかし、強さがあれば、たとえひどい仕打ちを受けても、人は大きな試練に耐えられる力をくださいと神に祈るようになります。自分だけでなく、ほかの人の重荷までも背負う力を。シェルターを最も必要とする人を守れるだけの力を。

彼が人生においてどちらの選択をしたかを知れば、ボー・バイデンがどんな人かがわかります。ジョーをはじめバイデン家のみなさんを知れば、ボーがなぜあのように生きたかがわかります。ボーに残酷な運命が降りかかったのは、まだ幼いときです。自動車事故が彼の母と妹の命を奪い、まだ年端もゆかぬボーとハンターは、クリスマスを病院のベッドで迎える羽目になりました。

しかし、ボーはバイデン家の人です。それに、早くからバイデン家のルールを身につけていました。「助けが必要になるまで待ってはいけない」これは、あなたは決して一人ではない、という意味です。助けを求めるには及ばないのです。なぜなら、必要なときには、いつも誰かがあなたのそばにいるからです。

果たしてそのとおりでした。事故のあと、すぐにヴァレリーおばさんがかけつけて二人を看病し、子育てにも力を貸してくれました。ジョーは議員を続けましたが、ワシントンの椅子取りゲームにはいっさい目もくれず、毎日ウィルミントンの自宅から通うことを選び、数十年それを続けました。それは何よりも大切な役目を果たすため、すなわち学校に行く子どもたちを見送り、おやすみのキスをして、二人に安心できる場所があり、揺るぎない愛に包まれていることを教えるためでした。

ジョー自身が私に打ち明けたのですが、そうしたのは子どもたちが父親を必要としたからだけではありませんでした。彼のほうが子どもたちを必要としていたからです。そして、ボーはなんとなく感じとっていました。無理からぬことですが、彼の家族が、父が、どれだけ深く傷ついていたかを。ですから、幼少期のトラウマをもって、自己憐憫にまみれた自己中心的な人生を正当化することなく、ボー少年は幼いながらじつに成熟した決断をくだします。意味のある人生を生きよう。ほかの人たちのために生きよう、と。大きな試練にも耐えられる強さをください、と、彼は神に祈ったでしょう。

ボーは弟を導き、見守りました。そして、新しいママを受け入れました。聞いたところによると、二人の男の子は、いつになったら三人でジルと結婚できるのかと照れくさそうに父親に尋ねたそうです。ボーほどジルを大笑いさせた人はいません。妹のアシュリーの面倒もよく見ました。彼はどこまでも正しいことを行なう人でした。家族に、友人に、心配の種を与えないよう気を配りながら。

ボーという人をかたちづくったものが、父に対する大きな愛と敬意だったことは周知の事実です。父と同じく法律を学び、同じロースクールを選びました。それが気高く重要な務めだと信じ、父にならって公職に就くことを望みました。彼は父から、人生に打ちのめされたとき、どうすればふたたび立ち上がれるかを学びました。人の大切さに上も下もないことを学びました。ちなみにこれはジョーのお母様の教えだそうです。そして、ボーはすべての人に自分には価値があると思わせる術を学びました。なぜなら、すべての人が等しく重要であることを父が教えてくれたからです。

ボーは外見や話し方までジョーに似ていました。それでも、ジョーはボーがアップグレード版の「ジョー2・0」であることを誰よりも先に認めるでしょう。しかし、父の影響を大きく受けたのは間違いありませんが、一方で彼には確固たる自分というものがありました。唯一無二の人だったのです。

ここに眠るのは、手に入れられたかもしれない特権を打ち捨てて、自分の力でやっていくという、より困難で賢明な選択をした、偉大なファミリーの子孫です。決して慢心せず、本物の謙虚さがにじみ出ていた兵士です。自分を守る手段をもたない人たちを守った検察官です。敵より多くの味方を集めた稀有な政治家であり、何よりも私生活をいちばんだいじにしたさらに稀有な公職者です。

ボーは近道を行くことを嫌いました。正々堂々と選挙でその座を勝ち取りたいと、デラウェア州司法長官の指名を断ったぐらいです。上院議員への道が用意されたときも、司法長官としての任務をまっとうするほうを選んでいます。何も世間の皮肉な人々のご機嫌をとろうとしたわけではありません。ボーはただ自分の心に従っただけです。二十代のころ、友人と彼はペンシルベニア州スクラントン市の郊外で、スピード違反で呼び止められたことがあります。免許証を見て彼が誰なのかに気づいた警官が、ジョーが警察と連携して行なった任務を支持していたことから、ボーを厳重注意のみで放免しようとしました。ところが、ボーは警官に切符を切らせました。バイデン家の名声を利用することをよしとしなかったからです。

9・11のあと、彼は州軍に入隊しました。そうするべきだ、それが試練に耐える力をもつ者の役割の一つだと考えたからです。国に対する任務を果たし、彼はイラクに派兵されましたが、バイデン少佐の貢献についてはオディエルノ大将が雄弁に語ってくださったとおりです。私がみなさんにお伝えしたいのは、デラウェア州ドーバーで出航のため荷物を積み出していた彼に話を聞こうと、多くのメディアが押し寄せたときのことです。ボーは、自分は一人の兵士にすぎないといってインタビューを拒否しました。

私はイラクを訪れたときに彼に会いましたが、彼のふるまいはいつもと変わりませんでした。イラクへの派遣はハリーと子どもたちとっては苦しいことでした。この一四年のあいだ、同じ思いをしてきた家族は山ほどいます。ジョー、そしてジルにもつらいことでした。それもあってジルは、あれほど熱心に軍人の家族のケアに身を捧げたのです。だから、ジョーがスピーチのたびに「アメリカ軍に神のご加護を」と熱く語りかけるとき、それが彼の心からの思いであることが伝わるのです。

父と同様に、ボーは悪い心というものをいっさいもち合わせていませんでした。残酷な出来事が襲いかかっても、彼の心はすさむことなく、むしろ優しさと共感の心が育っていきました。ただし、彼がひどく嫌うようになったものがあります。それは、弱い者いじめです。

ボーの祖父、つまりジョーの父は、最もたちの悪い罪は力を悪用して他人に苦痛を与えることだと信じていました。ですからボーは、重荷を背負う強さを発揮してそうした横暴から人々を守ったのです。彼は不正行為の餌食となった住宅所有者や、詐欺に遭った高齢者のために闘いました。さらに虐待の取り締まりにも乗り出しました。子どもたちを性犯罪から守るタスクフォースを立ち上げて、無力な子どもたちを狙った二〇〇人以上の犯罪者を有罪にしました。その取り組みにおいて、彼は一貫して人の苦しみを敏感に察知し、専門家の力を借りて、子どもはもちろんその親までもが大きなトラウマを抱えないよう尽力しました。

それがボーという人でした。心づかいの人。あなたを魅了し、怒りを鎮め、心を解きほぐしてくれる人。高慢な人たちの集まる派手な資金集めパーティにやむなく出るときには、あなたのところにやってきて、まるで場にそぐわないことをそっと耳元でささやくような、そんな人でした。上院議員の息子にして陸軍少佐、さらにはデラウェア州で最も愛された公選公職者――すまない、ジョー――でありながら、愛する家族が身をよじらせるほど笑ってくれるのなら、感謝祭にソンブレロとショーツだけといういでたちで踊るのもいとわない人でした。そして、どんなときでも完璧なまでの公職者で、つねにうしろのポケットにメモ帳を入れて持ち歩き、会うすべての人が抱えている問題を書き留め、オフィスに戻って解決に当たっていました。

彼はバイデン家の人ですから、夫、父、息子、兄弟、伯父といった、家族のなかでの役割を何よりもだいじに思っていました。民主党全国大会でも、控え室で資金提供者にひたすら見えすいたお世辞を言って過ごすのを嫌いました。その代わり、彼は息子と会場のエスカレーターを上っては下り、上っては下りを何度も繰り返して遊んでいました。ジョーとまったく同じように、人生において何がいちばん大切なのかをよくわかっていたからです。

リアリティ番組が人気を博する時代、とりわけ現在の政界においては、どんな人でも名を上げることができます。大声でがなり立てるなり、物議をかもすなりすれば、けっこうな注目を集められるのです。しかしながら、名《めい》が実《じつ》を伴い、威厳と信頼までも感じさせる人物にはそうそうお目にかかれません。そのようになるための近道などないのです。お金を出せば手に入るものでもありません。しかし、子どもたちの前で正しい行ないをすれば、それを次の世代に伝えていくことができます。それ以上に重要な意味をもつ遺産があるでしょうか？　立派な親であるとはどういうことか、真の市民であるとはどういうことか、見返りを何ら求めず、心のままに惜しみなく、人に報いるとはどういうことか、そうした価値観を代々伝えていくファミリーの一員であること、それ以上に重要な遺産があるでしょうか？

私たちの国を支えてきたのは、ボーのような人です。彼らのようなファミリーです。この国には、国王も女王も貴族もいません。裕福な家に生まれなければ影響力を行使できない国でもありません。人を踏みつけにしなければ成功できない国でもありません。私たちには、身分の上下がなく、人生で得るべきものを自分の力で勝ち取ることができるという特筆すべき恩恵があります。私たちがそのことを実感できるのは、ただ建国の文書にそのように明記されているからではありません。バイデン家のようなファミリーが、ボーのような人たちがそれを行動で示してきたからなのです。

私たちのほとんどが一四六年かかってもできないことを、彼は四六年間でやってのけました。彼はもてる力をすべて出し切りました。手段は目標と等しく重要であると考えて生きました。そして彼が示した模範は、よき父、よき息子、よき兄弟姉妹《きょうだい》になりたい、充実した仕事をし、勇敢な兵士になりたいという人々の意欲をかき立てました。彼を知った人は、よりよい人間になりたいと思ったはずです。人生がどんな運命を用意していようと、人の器の大きさは、結局のところその人の生き方や、ほかの人たちをどのように扱うかにあらわれるのではないでしょうか。

その域に達するまでにどれくらいの時間がかかるかは、知る由もありません。いつ運命がじゃまをするかもわかりません。神の計画を前もって知ることは不可能なのです。わかっているのは、私たちはもてる時間のすべてを使って、この世に当たり前のものなど存在しないと、肝に銘じながら生きることができる、ということです。私たちは誰かを深く愛することができます。助けを必要とする人たちに手を差し伸べることができます。子どもたちに何が重要かを教え、思いやりや慈しみや無私の心をつないでいくことができます。試練に耐える力を身につけるよう導くことができます。

こうして脈々とつながってきた、深い絆で結ばれたバイデン家に、ボーの死はこのうえなく大きな喪失感をもたらしました。ハリー、この数年のあいだあなたが背負ってきた重荷がどれほどのものか、私には想像することしかできません。そして、彼が私たちに与えてくれたもののすべては、あなたが彼に与えたものです。あなたが彼のそばにいたように、私たちはあなたのそばにいます。

ナタリー、ハンター、きみたちのパパがどんなにきみたちを愛していたか、どんなにきみたちのママを愛していたかを言い表すのにふさわしい言葉は、どこを探しても見つかりはしない。でもいいかい、ミシェルと私、それからサーシャとマリアは、バイデン家の一員になったんだ。もはや名誉会員というわけだ。だからバイデン家のルールがあてはまる。私たちはいつであろうときみたちの力になる。これからもずっとだ。バイデン家の人間として約束しよう。

ジョー、ジル、ここにいるみなさんと同じように、ミシェルも私も、二人に巡り合わせてくださったことを神に感謝しています。あなた方との出会いは、私たちの人生にとっての大きな幸福の一つです。ジョー、あなたは私の兄弟です。あなたが広い心と、大きな魂と、試練に耐える力をもっていることに、私は日々感謝しています。そしてあなたを心から尊敬しています。

私は、ジョーの母であるキャサリン・ユージニア・フィネガン・バイデンに生前お目にかかる機会がありました。最初の大統領選挙に勝利したとき、彼女は私たちとともに壇上に立ちました。お母様はかつてジョーに、悪い出来事が起こっても、よくよく目を凝らしていれば、いずれよいことになって返ってくるものがあると話したそうです。彼女はおそらく、私が冒頭で触れたアイルランドの詩人、パトリック・カヴァナーの詩の意味を伝えていたのではないでしょうか。カヴァナーはこう記しています。

「そして私は言った。悲しみよ、夜明けには落ち葉となれ」

いまは難しくても、いつかこの大きな悲しみと涙を乗り越えたら、過去に起きたことや起きていたかもしれないことをいつまでも考えつづけるのではなく、ボーの力があってこそ実現できたいまに思いを巡らすのが、彼に対する私たちの務めです。考えてみてください。ボーのおかげで安全に暮らし、充実した人生を送れるようになった子どもたちが、夜明けとともに迎える日を。考えてみてください。彼のおかげで心穏やかに過ごせるようになった親や、心配なく暮らせるようになった家族が夜明けとともに迎える日を。なかには、自分たちのいまの幸せがボー・バイデンのおかげであることをまったく知らない人たちもいるかもしれません。ですが、それでいいのです。言うまでもなく、ボーにとっては、称賛を浴びることが公職に就いた目的ではないのですから。

しかし、哀悼の気持ちを表そうと、この一週間、多くの人がここに足を運びました。彼らは知っています。ホワイトハウスの郵便室は人々からのお悔やみの手紙であふれました。彼らは知っています。ボーとともに任務に就いた兵士たち、彼に影響されて州軍に入隊した兵士たち。彼のおかげで自宅を手放さずにすんだ、そして店がにぎわう夜に食器の片づけを手伝ってくれた彼に感謝する、レストラン〈ヴェルディ〉の従業員たち。スピーチをしたあとでも、州軍の体力テストを受けたあとでさえ、何時間も根気よく話をしてくれたことを思い出すデラウェア州ニューアーク市の学生たち。彼からの優しい留守電のメッセージを五年間保存している、同じくデラウェア州リホボスビーチの女性。彼女は言います。「彼の家族の愛し方が大好きでした」このすばらしい国の中央部からある人が送ってきた手紙には、こう書かれていました。「ただ一つの希望は、子どもたちが世界を変え、私たちを誇らしい気持ちにさせてくれることです。ボーが成し遂げたことを、これから誰かが引き継いでいくでしょう。世界は気づきました」

ジル、ジョー、ハリー、ハンター、ナタリー、世界は気づきました。彼らは気づきました。感じたんです、彼の存在を。ボーはほかの人の人生のなかに生きつづけています。そして、私たちがこの時代を生きることの重要な意味とは、ナタリー、ハンター、ナオミ、フィネガン、メイジー、マリア、サーシャだけでなく、すべての子どもたちのために、愛するこの国をより公平で正しい国にすることではないでしょうか。次の世代のために人生をよりよいものにすることこそ、私たちが歩んできたこの輝かしい旅路の意味ではないでしょうか。

ボーは早くにそのことに気がついていました。ボーはなんという遺産を私たちに遺してくれたのでしょう。なんと揺るぎない模範を見せてくれたのでしょう。

「格別の幸運を味わって、若かりしころ、私たちは火に心打たれた」とオリバー・ウェンデル・ホームズ・ジュニア（合衆国連邦最高裁判所判事。一八四一〜一九三五）は言いました。「しかし、なんといっても、幸運《フォーチュン》から鋤を授かり、下を向いて地面を掘り起こそうが、願望《アスピレーション》から斧と紐を授かって氷山によじ登ろうが、自分の意のままにできるただ一つの成功は、強い心で自分の務めに臨むことだとわかった」

ボー・バイデンは強い心をもって任務を果たしました。家族には強い心を伝えました。なんと立派な人でしょう。まさに唯一無二の人です。

彼の思い出と、彼がかかわったすべての人たちの人生に、神の恵みがありますように。

謝辞

この物語を綴るのは、私にとってたやすいことではなかった。あのころを振り返り、思い出すのがつらいと感じる日も少なくなかったし、記憶はところどころおぼろげだったのだ。さまざまなことを思い返し、出来事の順番を整理するのに力を貸してくれたり、励ましてくれたりと、ここまでくるのにたくさんの人の力を借りた。

そうしたすべてのことに、そしてそれ以外のことにも、お礼を言わせてほしい。キャシー・チャン、マークとリビー・ギテンスタイン、コリン・カール、マイケル・カーペンター、ファン・ゴンザレス、ジェフリー・プレスコット、トニー・ブリンケン。

スティーヴ・リケッティ、マイク・ドニロン、ダニエル・カーニバル、ドン・グレイブズ、ボブ・バウアー。

ケヴィン・オコナー、ジョン・フリン。

そして、MDアンダーソンがんセンターの類まれなるチームに感謝を捧げたい。ドクター・W・K

・アルフレッド・ユン、ドクター・レイモンド・サワヤ、ドクター・デイヴィッド・ファーソン、ドクター・フレデリック・ラング、エヴァ・ルー・リー、クリス・ハガーマン、ヨランダ・ハート。

また、この本を出版社に持ち込んでくれたCAAのみなさん、ありがとう。リチャード・ロヴェット、クレイグ・ゲリング、モリー・グリック、デイヴィッド・ララベル。それからこの本を読者に届けてくれたフラットアイアン・ブックスのみなさん、ボブ・ミラー、コリン・ディッカーマン、グレッグ・ヴィレピク、ジェームズ・メリアにもお礼を言いたい。

マーク・ツヴォニツァーの非凡な才能、忍耐力、そしてハードワークなくして、この本は生まれなかっただろう。マークにはどんなに感謝してもしきれない。

それから義理の娘のハリー、娘のアシュリー、息子のハンター、義理の息子のハワード、弟のジェームズ、ありがとう。妹のヴァレリーには大きな感謝を。そして誰よりもジルに、心からの感謝を込めて。

解説
バイデン再生の物語

外交ジャーナリスト・元NHKワシントン支局長
手嶋龍一

それはオバマ大統領が再選を果たした翌二〇一三年の夏のことだった。副大統領、ジョー・バイデンは思わず身震いするほどの凶報を受け取った。長男ボーの脳には腫瘍が巣くっており、手足にも痺れがあり、言葉も乱れはじめていた。良性の腫瘍か、放射線や抗がん剤で治癒が見込めるリンパ腫か、それとも不治の病といわれる膠芽腫《こうがしゅ》（グリオブラストーマ）か。ボーを苦しめていた病気の正体を突き止めるため、脳から生体が摘出された。手術を手がけたのは、テキサス・ヒューストンのMDアンダーソンがんセンターの最高権威だ。検査の結果は膠芽腫。病態はもっとも重篤なグレード4だった。

「私はうなだれて床を見つめていた。打ちのめされた思いだった。ロザリオを握りしめ、神に祈った――これに立ち向かう力を、どうか私にお与えくださいと」

『約束してくれないか、父さん――希望、苦難、そして決意の日々』は、現職のアメリカ副大統領が最愛の息子の難病に共に挑んだ勇気のドキュメントだ。長男のボーは家族に支えられ、膠芽腫という難敵に怯まなかった。ウイルスが健康な細胞を攻撃する性質を逆手にとって、膠芽腫を駆逐する生ウイルスの治験にも進んで応じ、戦い続けるさまは凄絶だ。

その一方で、日々押し寄せる副大統領の膨大な公務は、ジョー・バイデンを息子の看病に専心させてはくれない。激務の合間を縫って専用機〈エアフォースツー〉でワシントンD.C.からヒューストンに駆けつける。病室の近くに盗聴防止装置のついた通信回線を設え、現地で激戦が続くイラクやウクライナの首脳を呼び出して協議する。そんな緊迫のシーンは読む者を惹きつけずにはおかない。なぜ自分だけがかくも不条理な仕打ちを受けるのか――時に絶望に打ちのめされるジョーは、そんな心情を飾ることなく正直に綴っている。闘病中の息子を抱えながら日々の仕事もこなさなければならないひとりの父親の物語としてもずしりと読みごたえがある。

バイデン家の人びとの絆。それはこのファミリーを襲ったあの悲劇なしには語れない。ジョー・バイデンが二十九歳の若さで連邦上院議員に当選した直後のことだった。妻と三人の子供たちを乗せた乗用車がトレーラーに激突され、妻ネイリアと一歳の娘ナオミの命が奪われてしまう。遺された長男のボーは間もなく四歳、次男のハンターは三歳になるところだった。若き上院議員はふたりの息子をわが手で育てながら、連邦議会までアムトラックで長時間の通勤をしなければならなかった。そんな父親を励まし続けたのが長男のボーであり、後に再婚したジル夫人だった。

連邦議会に程近いユニオンステーションは、ジョーにとって身近な通勤駅だ。ここから上院議員会館に入り、さらに地下道を走るトロッコのような簡易電車に乗って本会議場に向かう。ワシントンの特派員時代、ここでバイデン上院議員と乗り合わせたことがあった。われわれジャーナリストだけでなく、議会スタッフとも気軽に言葉を交わす光景をいまも憶えている。当時、上院の外交委員長の要職にあったのだが、その飾らない人柄は共和党の保守派の議員にすら好かれていた。

それだけにバイデン家に再び降りかかった悲運には、ジョーの人柄を知る多くの人たちが心を痛めた。ジョーが息子と共に難病と闘いながら、とてつもなく重い決断を迫られていたことを知っていたからだろう。次期大統領選に出馬すべきか、否か――。脳腫瘍の囚われ人、ボーは、地元デラウェア州の現職司法長官であり、バイデン選対の総参謀長を務める逸材だった。彼の存在なくしてホワイトハウスなど望めない。しかも、当のボーは父親の出馬を心から願い、自分の病が父の出馬の足かせになってはならないと考えていた。

「父さん、父さんは、出馬しなきゃだめだ。そう約束して」

ボーは病床からそう訴えながら、最期までがんに壮絶な戦いを挑み、力尽き逝ってしまう。ジョー・バイデンは、ボーの言葉を心のなかで反芻しながら、側近と共に出馬の可能性を探り始める。すでに民主党内には不動の有力候補、ヒラリー・クリントンが着々と準備を整えつつあった。有能なスタッフをバイデン陣営からも引き抜き、巨額の選挙資金を集め、全米の党組織を手中にしつつあった。

だが、バイデンの選挙参謀たちはなお勝機ありとして出馬を強く薦めていた。その後の経緯を知らない読者がこのくだりを読めば、バイデンは出馬すると確信するにちがいない。だが、ジョー・バイデンは、オバマ大統領と共にローズガーデンでの記者会見に臨んで不出馬の決定を全米に伝えたのだった。

「もしも何にでもなれるとしたら、大統領になってがんを撲滅させたかった」

許されることなら合衆国大統領としてがんに打ち克つ国家プロジェクトを手がけたかった。このくだりこそバイデン家の愛と挫折の物語にふさわしいクライマックスだ。ワシントンD.C.で十数年にわたり大統領政治を取材した経験が私になければ、ここで筆を擱《お》いて解説の任を果たしていただろう。アメリカの大地には四年ごとに太鼓の音が鳴り響く。大統領選の年が明けると、アイオワ州でまず党員集会があり、続いてニューハンプシャー州で予備選挙が行われ、永く過酷なレースの幕が切って落とされる。本書が構想された時には、本命候補だったヒラリー・クリントンはすでに敗れ去り、アメリカはトランプ治世のもとで真っ二つに切り裂かれていた。いまこそ自分がこの国を結束させてアメリカに民主主義を取り戻さなければ——本書は二〇二〇年の大統領選挙を見据えて構想されたのである。

二年以上前から選挙マシーンを稼働させ出馬を表明すれば、ライバル候補の格好の標的となり、メディアの圧倒的な照射を浴びて干からびてしまう怖れがある。だが、息子の闘病記の出版なら、新刊キャンペーンを名目に激戦州を回り、講演も数多くこなすことができる。本書の終章が「出馬《ラン》だ、ジョー、出馬《ラン》してくれ」となっているのも頷けるだろう。ジョー・バイデンが不死鳥のように蘇る布石が本書の出版には密かに込められていた。

このように本書を読めば、さりげなく登場する政治家の人選にも、ジョー・バイデンの選球眼がキラリと光っている。バスケットボールのプロ選手から上院議員となったビル・ブラッドリーは、中間層に配慮した税制改革を主導した民主党の星だった。ベトナム戦争で捕虜生活に耐え、アリゾナ州の上院議員となったジョン・マケインは、安全保障政策に精通する共和党穏健派の重鎮だった。彼らとの党派の利害を超えた絆の強さを訴え、錆びついたベルト地帯の労働者や南部の中間所得層に的を絞って、来るべき戦いの戦略を練っていたのである。

かくしてジョー・バイデンは、天国からこだましてくる「父さん、ホームベースに立って」という長男ボーの声に突き動かされて、二〇二〇年の戦いに突き進んでいった。その果てにトランプとの激闘に打ち克って勝利を手にしたのだった。『約束してくれないか、父さん』は、ジョー・バイデンを再生させ、大統領への道を歩ませた書として読まれるべきだろう。

二〇二一年八月、コロナ禍にて

翻訳協力：株式会社リベル

約束《やくそく》してくれないか、父《とう》さん
希望、苦難、そして決意の日々

2021年9月10日　初版印刷
2021年9月15日　初版発行

＊

著　者　ジョー・バイデン
訳　者　長《なが》尾《お》莉《り》紗《さ》・五十嵐《いがらし》加《か》奈《な》子《こ》
　　　　安《あん》藤《どう》貴《たか》子《こ》
発行者　早川　浩

＊

印刷所　三松堂株式会社
製本所　大口製本印刷株式会社

＊

発行所　株式会社　早川書房
東京都千代田区神田多町2−2
電話　03-3252-3111
振替　00160-3-47799
https://www.hayakawa-online.co.jp
定価はカバーに表示してあります
ISBN978-4-15-210046-7　C0098
JASRAC 出 2106837-101
Printed and bound in Japan
乱丁・落丁本は小社制作部宛お送り下さい。
送料小社負担にてお取りかえいたします。